Alfred Gudeman

Grundriss der Geschichte der klassischen Philologie

Salzwasser

Alfred Gudeman

Grundriss der Geschichte der klassischen Philologie

1. Auflage | ISBN: 978-3-84608-333-8

Erscheinungsort: Paderborn, Deutschland

Erscheinungsjahr: 2015

Salzwasser Verlag GmbH, Paderborn.

Nachdruck des Originals von 1907.

GRUNDRISS DER GESCHICHTE
DER KLASSISCHEN PHILOLOGIE

VON

ALFRED GUDEMAN

»GENERA DEGUSTAMUS, NON BIBLIOTHECAS EXCUTIMUS«
QUINTILIAN

1907
LEIPZIG UND BERLIN
DRUCK UND VERLAG VON B. G. TEUBNER

Vorwort.

Der vor Jahren an mich ergangenen Aufforderung, meine 'Outlines of the History of Classical Philology'[1] auch in einer deutschen Bearbeitung zu veröffentlichen, bin ich erst jetzt in der Lage nachzukommen. An Stelle der anfangs geplanten Übersetzung ist nun aber eine völlige Neubearbeitung getreten, die den Umfang des Originals fast um das Dreifache übertrifft.

Wie das Büchlein ursprünglich als Leitfaden für meine Zuhörer bestimmt war, so bezweckt es auch jetzt, trotz seiner erweiterten Gestalt, in erster Linie als Grundlage für akademische Vorlesungen zu dienen; doch dürfte es sich nicht minder zum Selbststudium eignen.

Man wird es mir gern glauben, daß es leichter gewesen wäre, ein noch reichhaltigeres Material vorzulegen, als in engem Rahmen eine sorgfältige Auswahl zu treffen. Größere Mannigfaltigkeit aber hätte nur auf Kosten der Übersichtlichkeit erreicht werden können. Es kommt vor allem hinzu, daß eine engere Auswahl notwendigerweise ein Werturteil in sich schließt und es so dem Benutzer ermöglicht, auf einem so ausgedehnten Gebiete das Bleibende 'in der Erscheinungen Flucht' deutlicher zu erkennen und eine richtigere historische Perspektive zu gewinnen.

Daß die leitenden Gesichtspunkte bei einer solchen Auswahl für die verschiedenen Perioden verschieden sein

---

[1] 3. Aufl. Boston 1897, pp. 78, 4. u. 5. Abdruck 1900. 1902.

mußten, bedarf wohl keiner näheren Begründung. Was im besonderen aber die Gelehrten des 19. Jahrhunderts anbelangt, so ist deren Zahl, namentlich in Deutschland, eine so große, daß ich, den Zwecken dieses Buches entsprechend, nur diejenigen aufzunehmen mich entschloß, die durch grundlegende oder epochemachende Leistungen die Altertumswissenschaft in neue Wege geleitet, ihr weitere Perspektiven eröffnet haben, oder deren Arbeiten überhaupt eine hervorragende methodologische oder literarische Bedeutung zugeschrieben werden muß. Man wird daher ohne Zweifel manchen verdienstvollen Philologen der Neuzeit hier vergeblich suchen, von noch Lebenden abgesehen, die ich grundsätzlich ausgeschlossen; denn hätte ich auch diese nennen wollen, so würde allerdings die gegebene Koryphäengalerie eine nicht unerhebliche Vergrößerung erfahren haben.

Manchem wird es vielleicht auch scheinen, als ob das Mittelalter etwas zu kurz gekommen sei. Bei näherer und unbefangener Erwägung wird aber wohl darüber kein Zweifel herrschen können, daß das abendländische Mittelalter für die Geschichte der klassischen Philologie nur insofern in Betracht kommt, als es durch die handschriftliche Vervielfältigung der Originalwerke die lateinische Literatur — denn nur um diese handelt es sich — vom Untergang gerettet hat. Den Spuren des nicht geringen Einflusses nachzugehen, den diese Literatur auf die mittelalterlichen Denker und Schriftsteller ausgeübt hat, ist gewiß eine ebenso anziehende wie dankbare Aufgabe, der man sich ja auch gerade in unserer Zeit mit vielem Eifer und Erfolg widmet. Aber die bereits gewonnenen, hochinteressanten Ergebnisse dieser Forschungen gehören fast ausnahmslos der Literatur- bezw. der Kulturgeschichte jener Epoche an. Um dennoch auch hier eine allgemeine Orientierung zu ermöglichen, sind wenigstens einige der wichtigsten größeren Werke auf diesem Gebiete ebenfalls verzeichnet.

Für die lateinischen Schriftsteller habe ich mich der
Zitierweise des Thesaurus angeschlossen, wie es überhaupt
wünschenswert sein dürfte, daß diese allgemein Eingang
fände.

Durch Anwendung verschiedener Typen (*Kursiv ge-
sperrt, Kursiv,* Antiqua) habe ich den Versuch gewagt,
die relative Bedeutung der zitierten Schriften auch äußer-
lich zu kennzeichnen.

Zum Schluß ist es mir ein Bedürfnis, meinen sorgfältigen
Mitlesern, den Herren Professoren Dr. O. Hey, Dr. E. Lommatzsch
(München), Dr. L. Oelsner (Frankfurt a. Main), Herrn Dr. H. Spelt-
hahn (München), sowie dem Herrn Verleger für die Bereit-
willigkeit, mit der er allen meinen Wünschen entgegen-
gekommen, meinen aufrichtigsten Dank auch an dieser Stelle
auszusprechen.

München, im Januar 1907.

Alfred Gudeman.

Inhaltsverzeichnis.

A. Einleitung.

I. Antike Bezeichnungen.

Φιλόλογος (φιλολογία).

Das Wort begegnet zuerst bei *Plato* und zwar in verschiedenen Bedeutungen. Zunächst wird es mit einer gewissen Ironie von jemandem gebraucht, der gern und viel redet. So z. B. Theaet. 146^A τί ϲιγᾶτε, οὔ τι ποῦ .. ὑπὸ φιλολογίαϲ ἀγροικίζομεν; 161^A φιλόλογόϲ γ' εἶ ἀτεχνῶϲ καὶ χρηϲτῶϲ, ὅτι με οἴει λόγων τινὰ εἶναι θύλακον. Phaedr. 236^D ἀνδρὶ φιλολόγῳ. Im Gegensatz zu den wortkargen Spartanern und Kretensern (βραχύλογοι) werden die redefreudigen Athener φιλόλογοι genannt (Leg. 641^E). Ebenso wird φιλόλογοϲ dem μιϲόλογοϲ entgegengestellt (Lach. 188^C). Da nun λόγοϲ auch = ϲοφία, so wird φιλόλογοϲ fast ein Synonym für φιλόϲοφοϲ (Rep. IX 582^E),[1] oder aber, da der φιλόϲοφοϲ vor allem ein παιδευτὸϲ ἀνήρ ist, so ging φιλολογία leicht in den Begriff μουϲική, παιδεία über. So Isocr. Antid. 296 εὐτραπελίαν καὶ φιλολογίαν οὐ μικρὸν ἡγοῦνται ϲυμβαλέϲθαι μέροϲ πρὸϲ τὴν τῶν λόγων παιδείαν. In diesem Sinne nun, von 'literarisch Gebildeten', braucht auch *Aristoteles* das Wort an der einzigen[2] Stelle, an der es sich bei ihm findet, Rhet. II 23, 10 p.1398 b.14 Λακεδαιμόνιοι Χίλωνα τῶν γερόντων ἐποίηϲαν ἥκιϲτα

---

(1) Später (siehe unten p. 2) wurden die beiden Worte geradezu als antithetisch aufgefaßt.

(2) Allerdings ist Probl. XVIII p. 916 B überschrieben ὅϲα περὶ φιλολογίαν (Inhalt: Stil, Rhetorik, Lesen, Geschichte), aber diese Überschriften sind sicherlich nicht aristotelischen Ursprungs, auch wenn das Kapitel selbst echt sein sollte.

φιλόλογοι ὄντες. — Mit geringfügigen Nüancen des Unterschiedes wird das Wort bis in die späteste Zeit in der Bedeutung des der Wissenschaft oder Literatur Beflissenen angewandt, des πολυμαθής, πολυίςτωρ, *studiosus, doctus, eruditus, litteratus*. Vergl. z.B. Zeno bei Stob. Ecl. III 36, 26 p. 697 H. τῶν μαθητῶν ἔφαςκεν τοὺς μὲν φιλολόγους εἶναι, τοὺς δὲ λογοφίλους. Phrynichos p. 483 R. φιλόλογος· ὁ φιλῶν λόγους καὶ ςπουδάζων περὶ παιδείαν, οἱ δὲ νῦν ἐπὶ ἐμπειρίαν τιθέαςιν οὐκ ὀρθῶς (nach einer älteren Quelle). Ps. Plvt. X orat. 8, 1 p. 844ᴰ Prov. Alex. 38. Nur bei Plvt. de aud. poet. c. 11 p. 30ᴰ ἐν ταῖς ἀναγνώςεςι τῶν ποιημάτων, ὁ μὲν ἀπανθίζεται τὴν ἱςτορίαν (i. e. φιλόμυθος), ὁ δὲ ἐμφύεται τῷ κάλλει καὶ τῇ καταςκευῇ τῶν ὀνομάτων (i. e. φιλόλογος)... οἱ δὲ τῶν πρὸς τὸ ἦθος εἰρημένων ὠφελίμως ἔχονται (i. e. φιλότιμος καὶ φιλόκαλος) *etc.* hat das Wort eine ästhetische bezw. rhetorische Bedeutung, während es Alex. 8 ἦν δὲ καὶ φύςει φιλόλογος καὶ φιλαναγνώςτης wieder im gewöhnlichen Sinne steht; vergl. auch Cato Min. 6 φιλολογεῖν νύκτωρ καὶ παρὰ πότον ςυγγίγνεςθαι τοῖς φιλοςόφοις d. h. ʿgelehrte Gespräche führenʾ. So schon Cic. epist. 16, 21, 4 *non est enim seiunctus iocus a* φιλολογίᾳ *et cotidiana* ςυζητήςει. 16, 21, 8 *ut una* ςυμφιλολογεῖν *possimus*. Att. 2, 17, 1 *ne .. oleum philologiae nostrae perierit*. 13, 12, 1. 13, 52, 2. 15, 15, 2. Ferner seien noch folgende Stellen erwähnt, in denen das Wort gleichbedeutend mit ʿGelehrterʾ bezw. ʿGelehrsamkeitʾ ist: Strabo XVII 794 οἱ τοῦ Μουςείου μετέχοντες φιλόλογοι ἄνδρες. Dio Chrys. 43ᴮ ἐπιςτήςεται μὲν οὖν ὡς φιλόλογος, κρινεῖ δὲ ὡς φιλόςοφος. Porph. de vita Plotini 14 φιλόλογος μὲν ὁ Λογγῖνος, φιλόςοφος δὲ μηδαμῶς. Hypothesis zu Aristoph. Frösch. τὸ δὲ δρᾶμα τῶν εὖ πάνυ καὶ φιλολογῶς πεποιημένων. Nach Vitr. 7 praef. 4 gründeten die Könige von Pergamon die berühmte Bibliothek ʿ*magnis philologiae dulcedinibus inducti*ʾ und *Homer* heißt bei demselben § 8 *poetarum parens philologiaeque omnis dux*. Schließlich gehört hierher der Titel der Allegorie des *Martianus Capella*: *de nuptiis Philologiae et Mercurii*.

Der erste,[1] der sich den Namen eines φιλόλογος beigelegt haben soll, war *Eratosthenes* und nach dessen Beispiel unter den Römern *Ateius Praetextatus.* Vergl. Svet. gramm. 10 p. 108 R. *philologi appellationem assumpsisse videtur, quia sic ut Eratosthenes, qui primus hoc cognomen sibi vindicavit, multiplici variaque doctrina censebatur.* Als *Fachname* im heutigen Sinne scheint aber φιλόλογος (φιλολογία) im Altertum nie gebraucht worden zu sein. Als Ersatz diente γραμματικός und zuweilen auch κριτικός.

Κριτικός (κριτική).

Diese Bezeichnung, und zwar bereits als terminus, begegnet zuerst bei Ps. Plato Axioch. 366ᴱ ὁπόταν δὲ εἰς τὴν ἑπταετίαν ἀφίκηται πολλοὺς πόνους διαντλῆσαν, παιδαγωγοὶ καὶ γραμματισταὶ καὶ παιδοτριβαὶ τυραννοῦντες. αὐξομένου δὲ κριτικοί, γεωμέτραι, τακτικοί, πολὺ πλῆθος δεσποτῶν. Wie folgende Stellen lehren, ist das Wort früher als γραμματικός im Gebrauch gewesen. *Bekker,* Anecd. III p. 1140 τὸ πρότερον κριτικὴ ἐλέγετο (sc. ἡ γραμματική) καὶ οἱ ταύτην μετιόντες κριτικοί. Dio Chrys. orat. LIII 1 Ἀρίσταρχος καὶ Κράτης καὶ ἕτεροι πλείους τῶν ὕστερον γραμματικῶν κληθέντων, πρότερον δὲ κριτικῶν. *Krates* und seine Schule scheinen sich aber mit Vorliebe κριτικοί, im Gegensatz zu den γραμματικοί Alexandriens, genannt zu haben, indem sie die Tätigkeit des γραμματικός als eine minderwertige hinstellten. Vergl. Sext. Emp. adv. math. 1, 79 ἔλεγε (sc. Κράτης) διαφέρειν τὸν κριτικὸν τοῦ γραμματικοῦ· καὶ τὸν μὲν κριτικὸν πάσης, φησί, δεῖ λογικῆς ἐπιστήμης ἔμπειρον εἶναι· τὸν δὲ γραμματικὸν ἁπλῶς γλωσσῶν ἐξηγητικὸν καὶ προσῳδίας ἀποδοτικόν ... παρὸ καὶ ἐοικέναι ἐκεῖνον μὲν ἀρχιτέκτονι, τὸν δὲ γραμματικὸν ὑπηρέτῃ. 1, 248 Ταυρίσκος ὁ Κράτητος ἀκουστής, ὥσπερ οἱ ἄλλοι κριτικοί, ὑποτάσσων τῇ κριτικῇ τὴν γραμ-

---

(1) Nach Svidas s. v. Μύρω hätte er aber in dem Vater des Tragikers Homeros einen Vorgänger gehabt: Ἀνδρομάχου τοῦ ἐπικληθέντος φιλολόγου.

ματικήν. Schol. Dionys. Thrax p. 673, 19 ἐπιγέγραπται γὰρ
τὸ παρὸν cύγγραμμα κατὰ μέν τινας περὶ γραμματικῆς, κατὰ
δὲ ἑτέρους περὶ κριτικῆς τέχνης· κριτικὴ δὲ λέγεται ἡ τέχνη
ἐκ τοῦ καλλίcτου μέρους. Auf dieselbe gehässige Unterstellung
läuft der Titel der Schrift des Pergameners *Galen* hinaus:
εἰ δύναταί τις εἶναι κριτικὸς καὶ γραμματικός. In nachalexan-
drinischer Zeit wurden beide termini zwar synonym gebraucht,
aber κριτικός verhältnismäßig selten. Vergl. Cic. epist. 9, 10, 1
*profert alter, opinor, duobus versiculis expensum Niciae, alter
Aristarchus hos* ὀβελίζει, *ego tamquam criticus antiquus iu-
dicaturus sum, utrum sint* τοῦ ποιητοῦ an παρεμβεβλημένοι.
Hor. epist. 2, 1, 51 *alter Homerus, ut critici dicunt,* daneben
aber ars 78 *grammatici certant.* Sonst findet sich das Wort
im Lateinischen nur bei späteren Scholiasten, wie z. B. *Ps. Acro*
und *Servius,* denn Qvint. inst. 2, 1, 4 ist die Lesart zweifelhaft.

Γραμματικός (γραμματική).

In der *klassischen* Zeit bezeichnet γραμματικός, seiner
Etymologie gemäß, nur jemanden, der γράμματα kennt, lesen
gelernt hat und dergl. vergl. z. B. Plato Phileb. 17 B Cratyl. 431 E
Soph. 253 A und γραμματική (sc. τέχνη) dementsprechend
die Fertigkeit des Lesens, so z. B. Arist. Categ. 9 Polit. 8, 3
Top. 6, 5, während der Lehrer von γράμματα stets γραμμα-
τιcτής heißt, z. B. Plato Prot. 312 B Euthyd. 279 E Leg. VII
812 A, lat. *litterator* (Svet. gramm. 4). Bei den *Alexandrinern*
wird das Wort zuerst von dem Literaturforscher, insbesondere
von dem Studium der Dichter gebraucht, bald aber umfaßt
es als terminus technicus, mit Zurückdrängung von κριτικός,
ziemlich genau den Begriff, den wir heutzutage mit 'Philologe' wiedergeben. Vergl. Clem. Alex. Strom. I 309 Ἀντίδω-
ρος[1] ὁ Κυμαῖος πρῶτος τοῦ κριτικοῦ εἰσηγήσατο (korrupt,

(1) So zu schreiben, nicht Ἀπολλόδωρος oder Ἀντόδωρος. Vergl.
O. Immisch, Jahrb. f. Phil. CXLI (1890) p. 695 f. und bei *Susemihl* (siehe
unten). Antidoros (wohl nach Theophrast) schrieb περὶ Ὁμήρου καὶ
Ἡσιόδου und περὶ λέξεως ('Stil').

παρῃτήϲατο Usener) τοὔνομα καὶ γραμματικὸϲ προϲηγορεύθη (vergl. auch *Bekker,* Anecd. III 1140. *Cramer,* An. Ox. IV 310, 26). Ἔνιοι δὲ Ἐρατοϲθένη τὸν Κυρηναῖον φαϲίν ἐπειδὴ ἐξέδωκεν οὗτοϲ βιβλία δύο γραμματικὰ ἐπιγράψαϲ. ὠνομάϲθη δὲ γραμματικόϲ, ὡϲ νῦν (3. Jahrh. n. Chr.) ὀνομάζομεν, πρῶτοϲ Πραξιφάνηϲ (c. 300 v. Chr.) Schol. Dionys. Thrax p. 729, 22 ἀρξαμένη μὲν (sc. ἡ γραμματική) ἀπὸ Θεαγένουϲ, τελεϲθεῖϲα δὲ παρὰ τῶν Περιπατητικῶν Πραξιφάνουϲ καὶ Ἀριϲτοτέλουϲ.

Die τέχνη γραμματική wird von Dionysius Thrax bei Sext. Emp. adv. math. p. 611. 655 Bk. definiert als Ἐμπειρία ὡϲ ἐπὶ τὸ πολὺ τῶν παρὰ ποιηταῖϲ τε καὶ ϲυγγραφεῦϲιν λεγομένων und in folgende sechs Teile zerlegt:

I. ἀνάγνωϲιϲ ἐντριβὴϲ κατὰ προϲῳδίαν 'sorgfältige Lektüre nach Akzent, Spiritus, Quantität'[1]	
II. ἐξήγηϲιϲ κατὰ τοὺϲ ἐνυπάρχονταϲ ποιητικοὺϲ τρόπουϲ[2] 'Erklärung der vorkommenden rhetorischen Figuren'	= τέχνη μικρά, ἀτελεϲτέρα
III. Γλωϲϲῶν[3] καὶ ἱϲτοριῶν[4] πρόχειροϲ ἀπόδοϲιϲ 'Wort- und Sacherklärung'	
IV. ἐτυμολογίαϲ εὕρεϲιϲ[5]	
V. ἀναλογίαϲ ἐκλογιϲμόϲ 'Darstellung der grammatischen Regelmäßigkeit'[6] Gegensatz ἀνωμαλία	
VI. κρίϲιϲ ποιημάτων[7] — ὃ δὴ κάλλιϲτόν ἐϲτι πάντων τῶν ἐν τῇ τέχνῃ 'literarische und höhere Kritik'	=τέχνη μεγάλη, ἐντελήϲ, τέλειοϲ.

Eine Dreiteilung überliefert Sext. Emp. adv. math. p. 619 Bk. 1. τεχνικόν 2. ἱϲτορικόν 3. ἰδιαίτερον; endlich eine Vierteilung, die nach Usener auf Tyrannion, einen der Lehrer Varros, zurückgeht, der Schol. zu Dionys. Thrax (Bekkers Anecd. p. 736): διορθωτικόν 'recensio, Textkritik', ἀναγνωϲτικόν (wie I oben), ἐξηγητικόν 'Kommentar', κριτικόν 'ästhetische und literarische Kritik'. Über diese vom γραμματικόϲ

(1) Vergl. *Rutherford,* Schol. Aristoph. vol. III 157—167.
(2) ebenda 183—335. (3) ebenda 353—386. (4) ebenda 381—388.
(5) ebenda 391—393. (6) ebenda 393—395. (7) ebenda 399—455.

geforderte Vielseitigkeit des Wissens handelte nach Suidas
die Schrift eines Telephos: πόσα χρὴ εἰδέναι τὸν γραμματικόν.

Die *Römer* übernahmen mit der Sache auch den Namen
und schlossen sich zumeist der obigen Definition und Einteilung des Dionysius Thrax an:[1] Vergl. Cic. de orat.
1, 187 *in grammaticis poetarum pertractatio, historiarum cognitio, verborum interpretatio, pronuntiandi quidam sonus.* 1,10 div. 1,34
Qvint. inst. 1, 2, 14 *si de loquendi ratione disserat, si quaestiones* (i. e. ζητήματα) *explicet, historias exponat, poemata
enarret.* 2, 1, 4 *grammatice quam in Latinum transferentes
litteraturam* (vergl. Varro frg. 92W) *vocaverunt.* Svet. gramm. 4
p. 103 R *appellatio grammaticorum Graeca consuetudine in-
valuit sed initio litterati vocabantur. Cornelius quoque
Nepos libello quo distinguit litteratum ab erudito, litteratos
vulgo quidem appellari ait eos qui diligenter aliquid et acute
scienterque possint aut dicere aut scribere, ceterum proprie
sic appellandos poetarum interpretes qui a Graecis grammatici nominentur.* Unter den Römern hat nur der Stoiker
Seneca sich der stoisch-pergamenischen Schule in der engeren
und geringschätzigen Bedeutung, welche diese dem grammaticus beilegte, angeschlossen. Vergl. epist. 88, 3 *grammaticus
circa curam sermonis versatur et, si latius evagari vult,
circa historias, iam ut longissime fines suos proferat, circa
carmina.* 88, 42 *ad syllabarum distinctiones et coniunctionum
ac praepositionum proprietates descenderunt et invidere grammaticis* und besonders den locus classicus, epist. 108, 30−34
*Cum Ciceronis librum de republica prendit hinc philologus
aliquis, hinc grammaticus, hinc philosophiae deditus,
alius alio curam suam mittit. Philosophus admiratur contra iustitiam dici tam multa potuisse. Cum ad hanc ean-
dem lectionem philologus accessit, hoc subnotat: duos
Romanos reges esse, quorum alter patrem non habet, alter
matrem; nam de Servii matre dubitatur. Anci pater nullus,*

(1) So besonders *Varro*, obwohl er nur 'quattuor officia grammaticae' annimmt. Vergl. frg. 91. 93W.

*Numae nepos dicitur. Praeterea notat eum, quem nos dic-
tatorem dicimus et in historiis ita nominari legimus, apud
antiquos magistrum populi vocatum. Hodieque id exstat in
auguralibus libris et testimonium est, quod qui ab illo nomi-
netur magister equitum est. Aeque notat Romulum perisse
solis defectione, provocationem ad populum etiam a regibus
fuisse; id ita in pontificalibus libris et alii putant et Fenestella. Eosdem libros cum grammaticus explicuit, primum
verba expressa, ʿreapseʾ dici a Cicerone, id est ʿre ipsaʾ, in
commentarium refert nec minus ʿsepseʾ, id est ʿse ipseʾ. Deinde
transit ad ea quae consuetudo saeculi mutavit, tamquam ait
ʿCicero .. sumus ab ipsa calce .. revocatiʾ. Hanc quam nunc in
circo cretam vocamus, calcem antiqui dicebant. Deinde
Ennianos colligit versus et in primis illos de Africano
scriptos . . . Felicem deinde se putat quod invenerit, unde
visum sit Vergilio dicere ʿquem super ingens porta tonat
caeliʾ. Ennium hoc ait Homero subripuisse, Ennio Vergilium. esse enim apud Ciceronem in his ipsis de republica
libris hoc epigramma Enni etc.*

Vergl. *Wouwer,* Polymathia in Gronov. Thesaur. antiq. X p. 1005f.
Joh. Classen, de grammaticae Graecae primordiis, Bonn 1829; *Lobeck,*
Phrynichus pp. 392ff.; *Lersch,* Sprachphilosophie der Alten I p. 73—91,
Bonn 1841; *K. Lehrs,* de discrimine vocabulorum φιλόλογος, γραμμα-
τικός, κριτικός, Appendix zu Herodiani scripta tria, Berlin 1857 (grund-
legende Abhandlung, zuerst als Programm 1838 erschienen); *Graefen-
han,* Gesch. d. class. Philologie I 72ff. 94ff. 336ff. III 4ff., Bonn
1843—50; *H. Steinthal,* Gesch. d. Sprachwissenschaft bei den Griech.
u. Röm. II² p. 14—25, Berlin 1891; *Susemihl,* Geschichte der griech.
Literat. in der Alexand. Zeit I 327. 891. II 663—665 (mit Bemerk. von
Usener); *H. Usener,* Ein altes Lehrgebäude der Philologie, Sitzungsber.
Münch. Akad. 1892, pp. 592ff.; *J. E. Sandys,* A History of Classical
Scholarship p. 4—11.

II. Klassische Philologie der Neuzeit.

a) Im *engeren* Sinne: Textkritik, Paläographie, Hermeneutik,
Grammatik und Rhetorik, ästhetische oder literarische
Kritik (ʿHöhere Kritikʾ) der griech. und röm. Schriftsteller.

b) Im *weiteren* Sinne umfaßt unsere Disziplin das Studium und die Erforschung des griech. und röm. Altertums in all seinen verschiedenen Erscheinungsformen, wie sie in den erhaltenen literarischen und monumentalen Dokumenten zutage treten.

Über die verschiedenen Definitionen, Klassifikationen, Umgrenzungen und Ziele der philologischen Wissenschaft: *F. A. Wolf,* Vorlesungen über Encyclopaedie der Alterthumswissenschaft in: Klein. Schrift. II (1869) 814 ff. 894 ff. (zuerst gedruckt 1807); *Fr. Ast,* Grundriss der Philologie 1808; *G. Bernhardy,* Grundlinien z. Encycl. der Philol. 1832, p. 48–53; *A. Boeckh,* Encyclopaedie und Methodologie der philol. Wissensch., Lpz. 1886², p. 54–64 Opusc. I 100 ff. VII 255 ff. 404 ff.; *K. O. Müller,* Kleine deutsche Schriften, Breslau 1847, p. 1 ff.; *Fr. Haase,* in Ersch & Grubers Encycl. III Sect. 23 (1847), p. 374–422; *Fr. Ritschl,* Opusc. V 1–18; *H. Reichardt,* Die Gliederung der Philologie 1846; *C. Hirzel,* Grundzüge zu einer Gesch. d. Philologie 1872², pp. 41; *H. Usener,* Philologie u. Geschichtswissenschaft, Bonn 1882, pp. 39; *W. v. Hartel,* Aufgaben, Wege und Ziele d. klass. Philologie 1889², pp. 36; *K. Brugmann,* Stand der Sprachwissenschaft, Lpz. 1885; *J. Vahlen,* Ueber den philologischen Sinn, Berlin 1886, pp. 22; *G. Gröber,* Grundr. der roman. Philol. I 141 ff.; *H. Paul,* Grundr. der germ. Philol. I 1 ff. Zahlreiche andere diesbezügliche Schriften bei *Hübner,* Bibliogr. der klass. Alterthumsw., 1889², p. 3–8.

III. Behandlungsmethoden.

1. Die annalistische Methode.

a) *Geschichte einer einzelnen Epoche,* z. B. der Alexandrinischen, der Renaissance.

b) *Geschichte des Studiums eines einzelnen Schriftstellers,* z. B. des HOMER: vergl. *Sengebusch,* Homer. Dissert. in Dindorfs Ausg. I pp. 1–214, II 1–119; *L. Friedländer,* Die homerische Kritik von Wolf bis Grote, Berlin 1853; *La Roche,* Homerische Textkritik im Altertum, Leipz. 1866; *R. Volckmann,* Geschichte der Wolfschen Prolegomena, Leipz. 1874, – ENNIVS: vergl. *Vahlen,* Ennianae poesis reliquiae, Leipzig 1903², pp. I–CXLIV (historia Enni).

c) *Biographie eines einzelnen Gelehrten und Darstellung seines Einflusses:* Die hervorragendsten Werke sind: *D. Ruhnken,* Elogium Hemsterhusii; *Wyttenbach,* vita Ruhnkenii; *Monk,* Life of Bentley; *O. Ribbeck,* F. W. Ritschl 'Ein Beitrag zur Geschichte der class. Philologie'; *M. Pattison,* Casaubon; *J. Bernays,* J. Scaliger; *Justi,* Winckelmann; *O. Crusius,* E. Rohde.

2. Die eidographische Methode.
   Geschichte einer einzelnen Disziplin, z. B. GRIECH. GRAMMATIK UND SPRACHWISSENSCHAFT: *Bernhardy, Steinthal, L. Cohn,* GRIECH. UND LATEIN. EPIGRAPHIK: z. B. *Chabert,* Histoire des études d'épigraphie grecque en Europe, Paris 1907; *R. de la Blanchère,* Histoire de l'épigraphie romaine etc. Paris 1887, pp. 63.

3. Die ethnographische oder geographische Methode, z. B. *Geschichte der philologischen Studien* in ALEXANDRIEN, PERGAMUM, HOLLAND (L. Müller), DEUTSCHLAND (C. Bursian), FRANKREICH (E. Egger, L'Hellénisme en France).

B. Geschichte der klassischen[1] Philologie.

Allgemeine Literatur: *J. A. Fabricius,* Bibliotheca Graeca ed. Harless, 12 Bde., 1809⁴; Bibliotheca Latina ed. Ernesti, 3 Bde., 1774⁸, zuletzt 6 Bde., Florenz 1858; *F. A. Eckstein,* Latein. u. griech. Unter-

(1) Von einem *hervorragenden* Schriftsteller wird das Wort zuerst bei GELL. XIX, 8, 15 gebraucht und zwar am Schluß einer dem *Fronto* in den Mund gelegten grammatischen Auseinandersetzung: *quaerite an 'quadrigam' et 'harenas' dixerit e cohorte illa dumtaxat antiquiore vel oratorum aliquis vel poetarum, id est classicus adsiduusque aliquis scriptor, non proletarius.* In dem uns geläufigen, engeren Sinne von 'griech. u. röm.' Autoren steht mir kein Beispiel vor dem 16. Jahrh. (z. B. bei Budaeus) zu Gebote, doch wird der Ausdruck a potiori wahrscheinlich bereits von italienischen Humanisten angewandt worden sein. Das griech. Wort dafür ist οἱ ἐγκεκριμένοι, bei den Byzantinern οἱ πραττόμενοι.

richt, ed. H. Heyden, Lpz. 1887, pp. 514; *E. Hübner,* Bibliographie
der class. Alterthumswissensch., Berlin 1889², p. 1—139; *L. Urlichs* in
J. Müller's Handbuch I 1², p. 1—145; *W. Freund,* Triennium Philologicum I³ (1906) p. 22—142; *S. Reinach,* Manuel de philologie classi-
que 1904², p. 1—22; *J. E. Sandys,* History of classical scholarship,
Cambridge 1906², pp. 701 (bis zum Ende des Mittelalters).

I. Die Griechische Periode (5. Jahrh. bis c. 31 v. Chr.)

Literatur: *Fabricius,* op. cit. und VI p. 121—141 (Elenchus Grae-
corum rhetorum), p. 353—381 (Catalogus grammaticorum Graecorum);
L. Lersch, Sprachphilosophie d. Alten, 3 Theile, Bonn 1838—1841, pp. 696;
Graefenhan, Geschichte der klass. Philologie, 4 Bde, Bonn 1843—1850,
pp. 1971; *H. Steinthal,* Geschichte der Sprachwissenschaft bei den
Griechen u. Römern, 2 Bde., Berlin 1891², pp. 742; *Th. Bergk,* Griech.
Literaturgesch. I 257 ff.; *E. Egger,* Essai sur l'histoire de la critique
chez les Grecs, Paris 1886², pp. 570; *Saintsbury,* History of Literary
Criticism I (1900), p. 1—208; *Sandys* op. cit. p. 19—166.

1. Die voralexandrinische Epoche.
5. Jahrh. bis c. 300.

Wie die griechische Literatur, so nimmt auch die griechische Philologie ihren Anfang von Homer. Der erste uns
bekannte Forscher ist *Theagenes* von Rhegion, der nach
Tatian. orat. ad Graecos c. 31 zur Zeit des Kambyses lebte
und περὶ τῆς ποιήσεως τοῦ Ὁμήρου, γένους τε αὐτοῦ καὶ
χρόνου καθ᾽ ὃν ἤκμασεν geschrieben haben soll. Auch scheint
er die bis in die spätesten Zeiten ebenso beliebte wie verhängnisvolle allegorische Exegese aus apologetischen Gründen eingeführt zu haben, vermutlich dazu veranlaßt durch
die Kritik, die Männer wie Xenophanes am Homer geübt hatten.
Vergl. Schol. Hom. Υ 67 (Porphyr. I 240 f. Schr.); *Sengebusch,*
op. cit. I 210—214 und unten p. 16¹.

Die angebliche Rezension des Homer durch Peisistratos.

Antike Zeugnisse: Cic. de orat. 3, 34 *primus Homeri
libros confusos antea sic disposuisse dicitur* (Quelle ver-

mutlich *Dicaearch*), *ut nunc habemus*. Pavsan. VII, 26, 6 ἔπη τὰ Ὁμήρου διεcπαcμένα τε καὶ ἄλλα ἀλλαχοῦ μνημονευόμενα ἤθροίζετο. Aelian. V. H. XIII, 14 ὕcτερον Πειcίcτρατοc cυναγαγών, ἀπέφηνε τὴν Ἰλιάδα καὶ τὴν Ὀδύccειαν. Liban. I p. 385 Πειcίcτρατον ἐπαινοῦμεν ὑπὲρ τῆc τῶν ἑτέρῳ πεποιημένων cυλλογῆc III, p. 25. Avson. 408, 29 f. *quique sacri lacerum*[1] *collegit corpus Homeri, quique notas spuriis versibus apposuit (i. e. Aristarchus)*. Svidas s. v. Ὅμηροc: ὕcτερον cυνετέθη καὶ cυνετάχθη ὑπὸ πολλῶν καὶ μάλιcτα ὑπὸ Πειcιcτράτου. Evstath. K ante vs. 1 ὑπὸ δὲ Πειcιcτράτου τετάχθαι εἰc τὴν ποίηcιν. Vita Hom. IV ὕcτερον δὲ Πειcίcτρατοc αὐτὰ cυνήγαγεν, ὡc τὸ ἐπίγραμμα τοῦτο δηλοῖ . . . ὃc τὸν Ὅμηρον | ἤθροιcα, cποράδην τὸ πρὶν ἀειδόμενον (= vita Hom. V) und dann besonders ausführlich *Tzetzes'* Proleg. zu Aristoph. Plutos, wonach Peisistratos, im Verein mit vier Gelehrten ἐπὶ Κογκύλου(?), *Onomakritos, Zopyros* Heracleotes und *Orpheus* von Croton, die Homerischen Gedichte gesammelt und ediert habe.

Vergl. *Ritschl*, Opusc. I p. 31–60. 123–127. 160–167; *Keil*, ibid., p. 205–207; *Sengebusch*, Hom. Diss. II 34; *Wilamowitz*, Homerische Untersuch., 1884, p. 235–266; *Flach*, Peisistratus und seine literarische Thätigkeit, Tübingen 1885, pp. 42; *A. Ludwich*, Aristarch's Hom. Textkritik II 390–404; *E. Meyer*, Hermes XXVII 371 f. Gesch. d. Alterth. II 390 f.; *D. B. Monro*, Appendix zu seiner Ausgabe der Odyssee, Bd. II (1901), p. 402–410; *P. D. Ch. Hennings*, Homers Odyssee 1904.

Die Sophisten.

Im allgemeinen: *W. O. Friedel*, De sophistarum studiis Homericis, Halle Diss. I (1873), p. 130–188; *F. Hoffmann*, de philos. et sophist. qui fuerunt ante Aristotelem studiis Homericis, Halle 1874; *Graefenhan* I 124–141; *L. Spengel*, cυναγωγὴ τεχνῶν 1828; *F. Blass*, Griech. Bereds. I²; *Cope*, Aristotle's Rhetoric, Bd. I, Introduction; *R. C. Jebb*, Attic Orators from Antiphon to Isaeus, I (1876), p. CVIII–CXXXVII. *Gomperz*, Griech. Denker I p. 331; *Beloch*, Griech. Gesch. I p. 618.

---

(1) Dieses Wort beweist, daß der Vers nicht auf Zenodotos zu deuten ist, sondern auf Peisistratos.

PROTAGORAS von Abdera (c. 481—411).

Περὶ ὀρθοεπείας: Vergl. ARIST. Rhet. 3, 5. 1407ᴮ 6 τὰ
γένη τῶν ὀνομάτων διῄρει, ἄρρενα καὶ θήλεα καὶ σκεύη. Soph.
Elench. 14. LAERT. DIOG. 9, 52. 53 διεῖλε τε τὸν λόγον πρῶτος
εἰς τέτταρα: εὐχωλήν (Optativ), ἐρώτησιν (Konjunktiv), ἀπό-
κρισιν (Indikativ), ἐντολήν (Imperativ) . . . οὓς καὶ πυθμένας εἶπε
λόγων. QVINT. inst. 3, 4, 10. Vergl. auch ARIST. Poet. 19 und
über die Exegese der Dichter, PLATO Prot. 339ᴬ ἡγοῦμαι . . .
ἀνδρὶ παιδείας μέγιστον μέρος εἶναι περὶ ἐπῶν δεινὸν εἶναι.
ἔστι δὲ τοῦτο τὰ ὑπὸ τῶν ποιητῶν λεγόμενα, οἷόν τ᾽εἶναι ξυ-
νιέναι ἅτε ὀρθῶς πεποίηται καὶ ἃ μή, καὶ ἐπίστασθαι διελεῖν
339 ff. (Gedicht des Simonides). Protagoras ist der erste gewesen, der sich der grammatischen genera und modi wissenschaftlich bewußt wurde. Dies allein sichert ihm, von seinen
anderen Verdiensten abgesehen, einen ehrenvollen Platz in der
Geschichte der Wissenschaft. Wie verblüffend seine Entdeckung
der Anomalie in den Genusendungen auf seine Zeitgenossen
wirkte, zeigt die amüsante Szene bei ARISTOPH. Wolken 659—692.

Vergl. *Classen* op. cit. p. 28; *Lersch* op. cit. p. 18 ff.; *Spengel* op.
cit. p. 52 ff.; *Frei,* Quaest. Protagoreae, Bonn 1845; *Weber,* Quaest.
Protagoreae, Marburg 1850 und besonders *H. Diels,* Fragmente der
Vorsokratiker, Berlin 1903, p. 511 ff. (Leben und Lehre).

GORGIAS von Leontini (kam nach ATHEN 427, starb nach 399).

Begründer der attischen und damit der europäischen
Kunstprosa. Parodie seines Stils in der Rede des Agathon
auf den Eros bei PLATO Symp. 194ᴱ—197ᴱ.

Vergl. *Spengel, Westermann, Blass* opp. citt. und *E. Norden,* Die
antike Kunstprosa I pp. 15 ff. 65 ff. 384 ff.; *Navarre,* La Rhétorique
Grecque avant Aristote, Paris 1900, p. 79—119; *H. Diels,* op. cit. p. 523 ff.

PRODIKOS von Ceos (älterer Zeitgenosse des Sokrates).

Begründer der Synonymik (διαιρεῖν τὰ ὀνόματα)[1]. Beispiele seines Verfahrens: PLATO, Protag. 337ᴬ⁻ᶜ. 340ᴬ.

_____

(1) Vergl. *Wiehe,* de vestigiis et reliquiis synonymicae artis
Graecorum, Copenhagen 1856, pp. 94.

Charmid. 163^{AB}, Euthyd. 277^E ff.; XENOPH. Mem. 2, 1, 21–34; ARIST. Top. B, 6, 112^B. 22.

Vergl. *Spengel,* op. cit. p. 46 ff.; *Lersch,* p. 15 ff.; *Welcker,* Rhein. Mus. I 1–39. 563–643 (= Kleine Schrift. II 393–541); *H. Diels* op. cit. p. 535 ff.

HIPPIAS von Elis (jünger als Protagoras). Nach PLATO, Hipp. Mai. 285^B, Hipp. Min. 368^D schrieb er περὶ γραμμάτων δυνάμεως καὶ cυλλαβῶν καὶ ῥυθμῶν καὶ ἁρμονιῶν. Auf diese Forschungen scheint ARISTOPH. Wolk. 638. 666. 851. 1251 anzuspielen. Über seine Homerischen Studien vergl.*Friedel* op. cit. Ob ihm eine Olympionikenliste (PLVT. Num. 1) zugeschrieben werden darf, ist zweifelhaft. Vergl. *Usener,* Rh. Mus. XXV 591 ff. *Körte,* Hermes XXXIX 230 ff. Über den Inhalt einer Schrift Cυναγωγή (ATHEN. XIII 609^A) läßt sich nichts Genaues ermitteln.

Vergl. *O. Friedel,* de H. sophistae studiis Homericis in der Gratulationsschrift des Philol. Seminars für G. Bernhardy, Halle 1872, p. 29; *Spengel,* op. cit. p. 60 f.; *H. Diels,* op. cit. p. 545 ff.

c) Literarische Kritik in der Attischen Komödie.

Die bedeutendste uns bekannte Leistung ist *(1)ARISTOPH. Frösche 758–1523 (Aischylos und Euripides). Ein ähnliches Thema behandelten die Μοῦcαι des *Phrynichos* (zusammen mit den Fröschen aufgeführt). Eine große Anzahl von Komödientiteln lassen ebenfalls auf literarische Kritik schließen, doch ist weder Umfang noch Inhalt zu erschließen. Man vergl. z. B. *Plato* Ποιητής, *Phrynichos* Τραγῳδοί, *Alexis* Ποιηταί, Φιλοτραγῳδός, *Amphis, Anaxandrides* Διθύραμβος, *Antiphanes* Ποίηcιc, *Axionikos, Philippides* Φιλευριπίδηc, *Kratinos* Ἀρχίλοχοι, Διδαcκαλίαι, *Nikostratos, Telekleides* Ἡcίοδοι.

Vergl. *Egger* op. cit. p. 37–89; *F. Blanchet,* de Aristophane Euripidis censore, Strassburg 1856; *J. Peters,* A. iudicium de summis suae aetatis tragicis, Münster 1858, pp. 59; *R. H. Rudloff,* de A. Euripidis

---

(1) Vollständig oder im Original fragmentarisch erhaltene Werke der antiken Autoren sind mit einem Stern (*) bezeichnet.

irrisore, Berlin 1865; *J. v. Leeuwen*, de A. Euripidis censore, Amsterdam 1876; *P. Hennig*, Arist. de Aesch. poesi iudicium, Jena 1878, pp. 50; *W. Scherrans*, de poetarum comicorum Atticorum studiis Homericis, Königsberg 1893; *G. W. Baker*, de comicis graecis litterarum iudicibus, in Harvard Studies in Class. Philol. XV (1904), p. 121–240; *Saintsbury* op. cit. I 21–25.

Das Lykurgische Exemplar der drei Tragiker.

Ps. PLVT. vit. X. orat. 841^F εἰcήνεγκε (sc. Lykurgos) δὲ καὶ νόμουc . . . τὸν δέ, ὡc χαλκᾶc εἰκόναc ἀναθεῖναι τῶν ποιητῶν, Αἰcχύλου, Cοφοκλέουc, Εὐριπίδου καὶ τὰc τραγῳδίαc αὐτῶν ἐν κοινῷ γραψαμένουc φυλάττειν καὶ τὸν τῆc πόλεωc γραμματέα παραναγιγνώcκειν τοῖc ὑποκρινομένοιc οὐκ ἐξεῖναι γὰρ ἄλλωc ὑποκρίνεcθαι.[1]

Vergl. *O. Korn*, de publico Aesch. Soph. Eur. fabularum exemplari Lycurgo auctore confecto, Bonn 1863; *J. Sommerbrodt*, Rh. Mus. XIX (1864), 130 ff.; *Wilamowitz*, Hermes XIV 151, Eur. Heracl. I¹ 130; *E. Bruhn*, lucubrationum Euripidearum capita selecta in Suppl. Jahrb. f. Philol. XV c. 2; *Rutherford*, Schol. Aristoph. III 52 f. 57–60.

PLATO (427–347) als Philologe.

Favorinus bei DIOG. LAERT. 3, 25 πρῶτοc ἐθεώρηcε τῆc γραμματικῆc τὴν δύναμιν, vermutlich mit besonderem Hinblick auf die Erörterungen im Kratylos.

Grammatik: Unterscheidung von ὄνομα und ῥῆμα. – Grammatische Tempora (*Parm. 151^E), doch ohne Terminologie.
Vergl. *Classen* op. cit. p. 45; *Schömann*, Die Lehre von den Redetheilen, 1862, p. 2 f.; *Steinthal*, I² 137 f.; *J. Deuschle*, Die Platonische Sprachphilosophie, Marburg 1852, pp. 53; *Dümmler*, Academica, p. 158 ff.

Exegese der Dichter (Gedicht des Simonides im Protagoras).

---

(1) Nach GALEN. XVII, 1, p. 607 soll sich *Ptolemaios Euergetes* dieses Exemplar gegen eine Kaution von 15 Talenten verschafft haben. Er ließ aber diese verfallen und sandte den Athenern eine sorgfältige Abschrift zurück.

Ästhetische und literarische Kritik, besonders in der *Republik und im *Ion 533^{E}ff. Vergl. *Ch. Belger,* de Aristotele etiam in arte poetica componenda Platonis discipulo, Berlin 1890; *G. Finsler,* Platon und die aristotelische Poetik, Leipzig 1900.

Etymologie[1] (besonders im Kratylos). Die uns oft komisch erscheinenden Etymologien Platos dürfen nicht, wie dies noch allgemein geschieht, als ironisch oder parodisch aufgefaßt werden, so wenig wie die nicht minder unwissenschaftlichen Ableitungen eines *Varro* oder der antiken Etymologen überhaupt. Vergl. *Th. Benfey,* Ueber die Aufgabe des platon. Dialogs Kratylos in Abhandl. Goetting. Akad. XII 189–330; *Steinthal* op. cit. I^2 41–152; *H. Kirchner,* Die verschiedenen Auffassungen des Platon. Dialogs Kratylos, Progr. Brieg 1892. 1893. 1897; *P. E. Rosenstock,* Plato's Kratylos u. die Sprachphilosophie der Neuzeit, Progr. Strassburg i. E. 1893, pp. 41; *B. Jowett,* Einleit. zur engl. Uebersetzung 1871.

ARISTOTELES 384–322.

Dio Chrys. 53 p. 353 Ἀριστοτέλης, ἀφ᾽ οὗ φασι τὴν κριτικήν τε καὶ γραμματικὴν ἀρχὴν λαβεῖν.

Angebliche Ausgabe des *Homer:* Plvt. Alex. 8 τὴν Ἰλιάδα ... ἔλαβε μὲν Ἀριστοτέλους διορθώσαντος, ἣν ἐκ τοῦ νάρθηκος καλοῦσιν. Schol. Ilias 21, 252, Theocrit. 1, 34. Mit dieser Nachricht steht aber im Widerspruch Strabo XIII 549 φέρεται γοῦν τις διόρθωσις τῆς Ὁμήρου ποιήσεως, ἡ ἐκ τοῦ νάρθηκος λεγομένη, τοῦ Ἀλεξάνδρου μετὰ τῶν περὶ Κάλλισθένη καὶ Ἀνάξαρχον ... σημειωσαμένου τινὰ ἔπειτα καταθέντος εἰς νάρθηκα. Den Alexandrinern, wie dem Plin. nat. 7, 29 und Evstathios, Ilias p. 1. 6, war diese Ausgabe jedenfalls unbekannt. Die zahlreichen Zitate (30) in unseren Homerscholien entstammen sämtlich den auch sonst oft erwähnten Ἀπορή-

(1) Zu den etymologischen Studien im Altertum überhaupt vergl. *Lersch,* III 1–112; *Graefenhan* I 151-165. 513–520 III 153–163 (Griechen) II 320–328 IV 210–224 (Römer); *Steinthal,* I 331–357; *L. Cohn* in Müller's Handbuch II 1^3 p. 583. 591f. 596f.

ματα (Προβλήματα) Ὁμηρικά des Aristoteles in 6 Büchern. Über die älteren Homerforscher[1] hat ARIST. Metaph. 13, 6, p. 1093ᵃ 27 das berühmte Urteil gefällt: μικρὰς ὁμοιότητας ὁρῶσι, μεγάλας δὲ παρορῶσιν.

Vergl. *Sengebusch* I 70–79; *W. O. Friedel,* de philosoph. Graec. studiis Homer., Progr. Merseburg 1879, pp. 28; *R. Wachsmuth,* de Aristotelis studiis Homericis, Diss. Berlin 1863, pp. 45; *A. Roemer,* Die Homercitate und die Homer. Fragen des Arist., Sitzungsber. Münch. Akad. 1884, p. 264–314; *H. Schrader,* Porphyrii quaestionum Homer. ad Iliad. pertinentium reliquiae, 1880, p. 415 ff., Porphyrii quaest. ... ad Odyss. usw., 1890, p. 179 ff.

Grammatik und Rhetorik (besonders *Poet. c. 24 ff., *Rhet. lib. III). Cυναγωγὴ τεχνῶν.

Vergl. *Classen* op. cit. 52–69; *Steinthal* op. cit. I² 253 ff.

Literarische und ästhetische Kritik: *Περὶ ποιη-τικῆς περὶ ποιητῶν (fragm. Berl. Ausg. Arist. V 11, No. 59 — 66).

Vergl. *Belger, Finsler* op. cit.; *Egger* op. cit. p. 168–342; *Saints-bury* op. cit. I 29–59; Eine kurze Bibliographie zur Poetik bei *Butcher,* Aristotle's Theory of Poetry (Text, Übersetzung und Abhandlungen), London 1895¹, pp. 378. Kommentare zur Poetik: *Twining,* 2 Bde., London 1812; *Vahlen,* Beiträge zu Arist. Poetik, 4 Thle, Wien 1865–1867; *Susemihl,* Uebers. u. Anmerk., Lpz. 1874².

Διδασκαλίαι[2] (C. I. G. I 349 sqq. C. I. A. II 971 — 977. I. G. I. ed. Kaibel 1097 — 1098, die literarisch überlieferten Di-daskalien in Berl. Ausg. des Arist. V frg. 575 — 587) Νῖκαι Διονυσιακαὶ ἀστικαὶ καὶ Ληναϊκαί (vergl. *A. Körte,* in Class. Philol. I ⟨1906⟩ p. 391 — 399) Ὀλυμπιονῖκαι Πυθιονῖκαι.

---

(1) Zu diesen 'ἀρχαῖοι Ὁμηρικοί' wird man besonders zu rechnen haben: Theagenes und Glaukos von Rhegion, Stesimbrotos von Thasos, Anaximandros, Metrodoros von Lampsacus, Ion, Antisthenes, Anti-machos von Colophon. Vergl. PLATO Ion 530. TATIAN op. cit. (= EVSEB. Praep. evang. 10, 11); *Sengebusch* op. cit. I 205–213; *Schrader,* Por-phyrii quaest. Homer. ad Iliad. usw. p. 383 ff.; *E. Hiller,* Fragm. des Glaucus von Rhegion, in Rhein. Mus. XLI 398–436.

(2) Über den Inhalt der Schrift des *Karystios* von Pergamon, περὶ Διδασκαλιῶν (ATHEN. V 235 E) läßt sich nichts ermitteln.

Auf diesen chronologisch geordneten Listen der chorischen Agone und vor allem der dramatischen Aufführungen beruhten alle späteren πίνακες und ἀναγραφαί. Vergl. *Ranke, Vita Aristoph.* (in Thiersch's Plutos) 1830, p. 83 ff.; *Richter,* Einl. zu Arist.Wespen 1858, p. 6–29; *U. Köhler,* Mittheil. des Athen. Inst. III (1878), p. 112 ff. 229 ff. V 325; *Reisch* in Pauly-Wissowa (= PW.) V 395–401. Hauptwerk: *A.Wilhelm,* Urkunden dramatischer Aufführungen in Athen, in Sonderschr. d. östr. archäol. Instituts Bd. VI (1906) pp. 257, mit Beitrag von *G. Kaibel,* p. 167–194.

In den uns erhaltenen Schriftenverzeichnissen des Aristoteles wird eine Anzahl anderer philologischer Arbeiten angeführt: προβλήματα (ἀπορήματα) ποιητικά ἀπορήματα Ἡσιόδου ἀπορήματα Ἀρχιλόχου, Εὐριπίδου, Χοιρίλου τί δήποτε Ὅμηρος ἐποίησεν τὰς Ἡλίου βοῦς;

Vermutlich handelt es sich bei den meisten von diesen um Alexandrinische Fälschungen.[1]

Die Peripatetiker.

HERAKLEIDES PONTIKOS (Schüler des Plato u. Aristoteles).

'Vir doctus in primis' Cic. Tusc. 5, 3. Προβλήματα περὶ Ὁμήρου, περὶ Εὐριπίδου, περὶ Ἀρχιλόχου καὶ Ὁμήρου περὶ

---

(1) AMMON. in Arist. Categ. 10 Πτολεμαῖον τὸν Φιλάδελφον (Εὐεργέτην oder Ἐπιφάνην?) πάνυ ἐσπουδακέναι φασὶ περὶ τὰ Ἀριστοτελικὰ συγγράμματα ὡς καὶ περὶ τὰ λοιπὰ καὶ χρήματα διδόναι τοῖς προσφέρουσιν αὐτῷ βίβλους τοῦ φιλοσόφου· ὅθεν τινὲς χρηματίσασθαι βουλόμενοι ἐπιγράφοντες συγγράμματα τῷ τοῦ φιλοσόφου ὀνόματι προσῆγον. GALEN. in Hippocr. de nat. hom. vol. XV 105. 109 K.: ἐν τῷ κατὰ τοὺς Ἀτταλικούς τε καὶ Πτολεμαϊκοὺς βασιλέας χρόνῳ, πρὸς ἀλλήλους ἀντιφιλοτιμουμένους περὶ κτήσεως βιβλίων, ἡ περὶ τὰς ἐπιγραφάς τε καὶ διασκευὰς αὐτῶν ἤρξατο γίγνεσθαι ῥαδιουργία τοῖς ἕνεκα τοῦ λαβεῖν ἄργυρον ἀναφέρουσιν ὡς τοὺς βασιλέας ἀνδρῶν ἐνδόξων συγγράμματα. Vergl. auch *Gudeman,* Literary Frauds among the Greeks, in Class. Studies in Honor of H. Drisler, New York 1894, p. 52–74. *Apollonides* von Nicaea (1. Jahrh. n. Chr.) schrieb ein umfangreiches Werk περὶ κατεψευσμένης ἱστορίας, in mindestens 8 Büchern, das nach allgemeiner Annahme über 'literarische Fälschungen' handelte; dies geht aber aus dem Titel nicht ohne weiteres hervor. Eine Abhandlung desselben Titels wird auch *Apollonios Dyskolos* zugeschrieben.

18   I. Griechische Periode.

τῆς Ὁμήρου καὶ Ἡσιόδου ἡλικίας[1]. In dieser vielerörterten
Streitfrage entschied sich H. für die Priorität des Homer.
Περὶ ὀνομάτων (ἐτυμολογιῶν?) περὶ τῶν τριῶν τραγῳδοποιῶν περὶ ποιητικῆς καὶ τῶν ποιητῶν.
Die Behauptung des in solchen Dingen nicht ganz zu-
verlässigen *Aristoxenos* (Dioɢ. Laert. V 7), H. habe Tragödien
auf den Namen des Thespis gefälscht, gab Bentley zum Teil
die Veranlassung zu einer berühmten Abhandlung (in Dissert.
on the Epist. of Phalaris c. 11, p. 254—324).
    Vergl. *Roulez,* de vita et scriptis H. P., Louvain 1828; *Deswert,*
de H. P. ibid. 1830; *Sengebusch* op. cit. I 79—84; *Unger,* Rhein. Mus.
38, 481 ff. (verfehlt); *Schrader,* Philol. 44, 236—261; *L. Cohn,* de H. P.
etymologiarum scriptore antiquissimo in Comment. Reifferscheidii,
Breslau 1884, p. 84—92; *O. Voss,* De H. P. vita et scriptis, Lpz. 1896,
pp. 95; *F. Leo,* Griech.-röm. Biogr. p. 101.

CHAMAILEON (Zeitgenosse des Vorigen).

Περὶ τῆς ἀρχαίας κωμῳδίας,[2] in mindestens 6 Büch.
Περὶ Ἰλιάδος, von dem ein 5. Buch zitiert wird.
Vielleicht ein Teil von Περὶ Ὁμήρου. Περὶ Ἡσιόδου. Ch.
beschuldigte den Herakleides des Plagiats an diesen beiden
Werken (Dioɢ. Laert. V 92).
Περὶ Cτηcιχόρου περὶ Cαπφοῦc περὶ Ἀνα-
κρέοντοc περὶ Λάcου περὶ Cιμωνίδου περὶ
Πινδάρου περὶ Θέcπιδοc περὶ Αἰcχύλου περὶ
cατύρων (Satyrdramen). Es ist durchaus wahrscheinlich,
daß Chamaileon alle bedeutenden Dichter Griechenlands in
solchen cυγγράμματα, vermutlich mit Einschluß eines βίοc,
behandelt hat und daß viel mehr, als wir jetzt ahnen, auf ihn
als letzte Quelle zurückgeht.
    Vergl. *E. Köpke,* de Chamaeleonte Heracleota (mit Fragment-
Sammlung), Progr. Friedr.-Gymn., Berlin 1856, pp. 48; *Classen,* op. cit.

(1) Vergl. *E. Rohde,* Kl. Schr. I p. 1—104.
(2) Ist der Titel richtig überliefert, so wäre das nicht nur das
erste Werk dieser Art, sondern auch der Beweis, daß die Zwei- bezw.
Dreiteilung der attischen Komödie voralexandrinisch und vorpergame-
nisch ist, wäre damit erbracht.

F. Schoell, de locis nonnullis ad Aeschyli vitam .. pertinentibus, Jena 1875; *E. Schwartz,* Fünf Vorträge über den griech. Roman, p. 113; *Schrader,* Porphyrii quaest. Homer. ad Iliad. usw., p. 422; *Leo, Griech.-* röm. Biogr., p. 104—107; *Wendling* PW. III 2103 f.

THEOPHRASTOS von Eresos 372—287/6.

Der größte Schüler des Aristoteles. Schriftenverzeichnis bei Dioq. Laert. V 42—50 (nach Hermippos). Πρὸς Αἴcχυλον περὶ μουcικῆc περὶ κωμῳδίαc (Athen. VI 261^D), vielleicht nur ein Teil von Περὶ ποιητικῆc. Aus diesem Werke stammen vermutlich die ausdrücklich als Theophrastisch bezeugten Definitionen des Epos, der Tragödie und Komödie und vielleicht auch des Mimos, bei Diom. Gramm. I 484. 487. 488. 491.

Vergl. *H. Reich,* Der Mimus I p. 263 ff.

Φυcικῶν δοξῶν βιβλία 18. Die erste kritische Geschichte der griechischen Philosophie und grundlegend für alle späteren. Vergl. *Diels,* Doxographi Graeci p. 102 ff.

Περὶ λέξεωc. Ein sehr einflußreiches Werk. Vergl. besonders Cic. orat. 20. 39. 55. 79. 81. 127. 228 (dazu Sandys' Anmerk. in seiner Ausgabe). Eine gemeinsame Quelle für die vielfach übereinstimmenden Stellen bei Dionysios περὶ μιμήcεωc und Qvint. inst. X. Die berühmte Dreiteilung der 'genera dicendi' geht ebenfalls (trotz Hendrickson) auf ihn zurück.

Vergl. *Usener,* de Dionysii Halic. imitatione reliquiae, Bonn 1889; *Rabe,* de Theophrasti libris περὶ λέξεωc, Bonn 1890; *Radermacher,* Rhein. Mus. LIV 374 ff., Demetr. περὶ ἑρμην. p. 87; *Hendrickson,* Amer. Journ. of Philol. XXV (1904) p. 126—146. XXVI p. 249—290.

Aristoxenos von Tarent, ὁ μουcικόc (Schüler des Aristoteles).

Βίοι ⟨ἀνδρῶν?⟩ (Pythagoras, Sokrates, Plato usw.)

Hier. vir. ill. praef.: *fecerunt hoc idem apud Graecos Hermippus peripateticus, Antigonus Carystius, Satyrus doctus vir et longe omnium doctissimus Aristoxenus musicus.*

Περὶ τραγῳδοποιῶν (besond. Soph.) war vielleicht nur ein Teil dieses Werkes Περὶ αὐλητῶν Περὶ τραγικῆc ρὸχήcεωc ἱcτορικὰ ὑπομνήματα.

20   I. Griechische Periode.

Über seine Werke zur Musik (zum Teil erhalten), siehe *von Jahn,* PW. II 1058—1067. Vergl. *W. L. Mahne,* diatribe de A. philos. peripat., Amsterdam 1793, pp. 220 (noch immer nützlich); *Müller,* Frag. Hist. Gr. II 197—207; *Leo* op. cit. p. 102—104.

DIKAIARCHOS von Messene (blühte c. 310). VARRO rust. 1, 2, 16 *doctissimus homo;* CIC. Att. 6, 2, 3 ἱcτορικώτατοc; Tusc. 1, 76 *deliciae meae;* PLIN. nat. 2, 162 *vir in primis eruditus.* Einer der vielseitigsten und einflußreichsten Gelehrten des Altertums.

Βίοc Ἑλλάδοc ʿKulturgeschichte Griechenlandsʼ epoche-machendes Meisterwerk. Περὶ μουcικῶν ἀγώνων, von welchem Werke περὶ Διονυcιακῶν ἀγώνων wohl nur ein Teil war. Oder waren etwa beide Abhandlungen nur Unter-abteilungen des Βίοc Ἑλλάδοc? Diese Schrift enthielt jeden-falls didaskalische und literarhistorische Bemerkungen.[1]

Ὑποθέcειc τῶν Εὐριπίδου καὶ Cοφοκλέουc μύθων (Über die mythischen Stoffe). Eine Hypothesis zu Eur. Alc. und zur Medea trägt den Namen des Dicaearch, der auch sonst häufig in den erhaltenen Hypotheses vorkommt. Die Unterscheidung der homonymen Dramentitel mit Begründung ist wohl ebenfalls sein Werk.[2]

---

(1) Argum. Eur. Medea: τὸ δρᾶμα δοκεῖ ὑποβαλέcθαι παρὰ Νεό-φρονοc διαcκευάcαc ὡc Δικαίαρχοc ⟨ἐν⟩ τῷ περὶ Ἑλλάδοc βίου καὶ ʾΑρι-cτοτέληc ἐν ὑπομνήμαcιν. Die aus D. zitierte Nachricht in Argum. I. III von *Aristoph.* Frösche, über eine Wiederaufführung dieser Ko-mödie, wird wohl demselben Werk entnommen sein.

(2) Argum. Soph. Aiax: Δ. δὲ Αἴαντοc Θάνατον ἐπιγράφει. ἐν δὲ ταῖc διδαcκαλίαιc ψιλῶc Αἴαc ἀναγέγραπται; Soph. Oed. Tyr. über den Titel Τύραννοc (ὥc φηcι Δ.). Wir werden daher wohl mit Recht auch die anderen Unterscheidungstitel auf ihn zurückführen, z. B. Aesch. Prom. ὁ δεcμώτηc, ὁ λυόμενοc, ὁ πυρκαιεύc, Glaukos Ποτνιεύc, ὁ Πόν-τιοc; Soph. Athamas ὁ πρότεροc, Oedipus ἐν Κολώνῳ; Eur. Alkmaion ὁ διὰ Ψωφῖδοc, ὁ διὰ Κορίνθου, Iphigenia ἐν Ταύροιc, ἐν Αὐλίδι, Hip-polytos ὁ καλυπτόμενοc, ὁ cτεφανούμενοc, Melanippe ἡ cοφή, ἡ δεc-μῶτιc, Herkules μαινόμενοc.

Βίοι φιλοcόφων (nachweislich Plato, Pythagoras, Xenophanes, wahrscheinlich auch die sieben Weisen). Περὶ ’Αλκαίου (vermutlich ein cύγγραμμα mit vita). Περὶ ῾Ομήρου (PLVT. non posse suav. viv. 12 p. 1095ᵃ). Die Quelle, wie es scheint, für die Nachricht von der Sammlung der homer. Gedichte durch Peisistratos.

Vergl. *Fabricius,* Bibl. Gr. III 486—491; *Vossius,* de hist. Graecis, Lpz. 1838, p. 80ff.; *F. Osann*, Beitr. z. griech. u. röm. Literat. II (1839), p. 1ff.; *M. Fuhr,* D. M. quae supersunt etc., Darmstadt 1841, pp.528; *Sengebusch* op. cit. l 84ff.; *Müller,* FHG. II 225—268; *H.Schrader,* Quaest. Peripat., Hamburg 1884; *Martini,* PW. V 547—562 (besonders 552—556) mit Literaturangaben.

DEMETRIOS von Phaleron c. 350 bis c. 280.

Berühmter athenischer Staatsmann, Redner und Gelehrter. Die meisten, wenn nicht alle seine literarhistorischen Arbeiten waren in Alexandrien verfaßt (nach 297), wo er als Beirat des Ptolemaios Soter die Anregung zur Gründung des Museums und der Bibliothek gegeben haben soll. Unvollständiges Schriftenverzeichnis bei DIOG. LAERT. V 80 (nach Hermippos).[1]

Περὶ ῥητορικῆc 2 B. (namentlich über Demosthenes). ’Αρχόντων ἀναγραφή, eine vielbenutzte Sammlung. Περὶ τῆc ’Αθήνηcι νομοθεcίαc 5 B. Περὶ τῶν ’Αθήνηcι πολιτειῶν 2 B. Περὶ ’Ιλιάδοc Περὶ ’Οδυccείαc ῾Ομηρικόc(?) Περὶ ’Αντιφάνουc (der Komiker) λόγων Αἰcωπείων cυναγωγή.

Vergl. *Ch. Ostermann,* de D. Ph. vita, rebus gestis et scriptorum reliquiis, Hersfeld Progr. I (1847), pp. 36, Fulda II (1857), pp. 48; *Sengebusch,* Hom. Diss. I 89ff.; *Th. Herwig,* de D. Ph. scriptis etc., Rinteln 1850, pp. 28; *Susemihl* I 135—142. 887 und *Martini* PW. IV 2817—2839.

PRAXIPHANES von Rhodos, blühte c. 300.

῾Πρῶτοc γραμματικόc᾽ CLEM. ALEX. l. c. (p. 5) Lehrer des Aratos und Kallimachos.

---

(1) Ein gewisser Asklepiades ὁ τοῦ ’Αρείου schrieb Περὶ τοῦ Δημητρίου τοῦ Φαληρέωc (ATHEN. XIII 567D).

Dialog Περὶ ποιητῶν = περὶ ποιημάτων bei Philodem?
(Unterredner Plato und Isokrates.)
Dialog Περὶ ἱστορίας (Poesie und Geschichte, zu Un-
gunsten der letzteren entschieden). Unterredner: Euripides,
Agathon, Platon der Komiker, Nikeratos (Epiker), Melanippides
(Lyriker) und Thucydides, am Hofe des Archelaos zu Pella.
Vergl. *Wilamowitz*, Hermes XIII 326 ff., Eur. Heracl.[1] I 16 [25];
R. Hirzel, Hermes XIII 46 ff., Dialog I 310 f.; *R. Schöll*, Hermes XIII 446 f.
Er soll auf Grund einer alten Hs von *Hesiods* 'Έργα,
in der das Prooem. fehlte, zuerst dessen Unechtheit bewiesen
haben. Er tadelte den Anfang des Platonischen Timaeus
und beschäftigte sich mit der Exegese des Sophokles.
Vergl. *L. Preller,* de Praxiphane Peripatetico inter antiquissimos
grammaticos nobili, in Ausgewählte Aufsätze 1864 p. 94—112; *Susemihl* I
144—146.

ANTIGONOS von Karystos, blühte c. 250.

Leben zeitgenössischer Philosophen, eine Hauptquelle (indirekt) des Diogenes Laertios.   Leben griechischer Künstler.

Περὶ λέξεως (?)
Vergl. *Wilamowitz*, Antigonos v. Karystos, in Philol. Unters. IV
(1881), pp. 356 (grundlegend); *Susemihl* I 468—475. 519—523. II 675;
Leo, Griech.-röm. Biogr. 61 f. 67 ff. 129 f. 133; *C. Robert* PW. I 2421 f.

PHILOCHOROS von Athen († c. 260).

Einer der zuverlässigsten Gelehrten des Altertums.   Von
seinen zahlreichen Schriften sind nur dürftige Überreste erhalten.
Ἀτθίς, 17 B. (von der ältesten Zeit bis 261), vergl. *Boeckh,*
Kl. Schr. V 397—429. Περὶ τῶν Ἀθήνησιν ἀγώνων 17 B.
Περὶ τῶν Ἀθήνησιν ἀρξάντων ἀπὸ Cωκρατίδου μέχρι Ἀπολ-
λοδώρου (374/3—319/8). Ὀλυμπιάδες (?) 2 B., vielleicht Ὀλυμ-
πιονῖκαι? Περὶ τῶν Cοφοκλέους μύθων 5 B. Περὶ
Εὐριπίδου Περὶ Ἀλκμᾶνος Περὶ τραγῳδιῶν (vielleicht nur
ein Gesamttitel). Ἐπιγράμματα Ἀττικά, das erste Cor-
pus Inscriptionum Atticarum.
Vergl. *Susemihl* I 594—599; Fragm. bei *Müller,* Frg. Hist. Gr.
I 384—417. Neue Fragm. im Didymos Papyrus, siehe unten p. 50.

KRATEROS († c. 269).

Urheber einer grundlegenden Sammlung athenischer Volksbeschlüsse: Ψηφιcμάτων cυναγωγή 9 B.

Vergl. *Cobet*, Mnemosyne I (1873) 97–128; *Krech*, de Crateri ψηφιcμάτων cυναγωγῆ etc., Greifswald 1888; *Susemihl* I 599–602.

*Marmor Parium.

Eine berühmte, nur teilweise erhaltene Chronik, die vom Archontat des *Diognetos* (264/3) rückwärts bisKekrops rechnete. Sie wurde im Jahre 1627 von der Insel Paros nach England gebracht. Größere neue Bruchstücke sind vor einigen Jahren gefunden worden.

Vergl. *E. Dopp*, quaestiones de marmore Pario, Breslau 1883, pp. 63; *Flach*, Tübingen 1884, pp. 61; *Hiller v. Gärtringen* I. G. XII 5, 1 Nr. 444 und bes. *F. Jacoby*, Marmor Parium, Berlin 1904.

2. Die Alexandrinische Periode (c. 300—146).

Hauptwerk: *Susemihl*, Gesch. der griech. Literat. in der Alexandriner Zeit, 2 Bde., 1892, pp. 907. 771 (besonders I 327–462. 468–513, II 1–62. 148–218. 448–516); *C. G. Heyne*, de genio saeculi Ptolemaeorum, in Opusc. I 76–134, VI 436ff.; *Matter*, Essai historique sur l'école d'Alexandrie, 2 Bde., Paris 1840²; *Renan*, Mélanges d'histoire dans l'antiquité, Paris 1878 (les grammairiens grecs, p. 389–410. 427–440); *Wilamowitz*, Eur. Herc.¹ I 121ff.; *Sandys* op. cit. p. 103–166.

Das Museum. Antike Zeugnisse: TIMON Cίλλοι Frg.LX: πολλοὶ μὲν βόσκονται ἐν Αἰγύπτῳ πολυφύλῳ | βιβλιακοὶ χαρακεῖται ἀπείριτα δηριόωντες | Μουcέων ἐν ταλάρῳ; STRABO XVII 793f. τῶν δὲ βαcιλείων μέρος ἐcτὶ καὶ τὸ Μουcεῖον, ἔχον περίπατον καὶ ἔξεδραν καὶ οἶκον μέγαν (HERONDAS 1, 31 VITRVV. 5, 11), ἐν ᾧ τὸ cυccίτιον τῶν μετεχόντων τοῦ Μουcείου φιλολόγων ἀνδρῶν (PLVT. adv. Epic. 1095ᴰ), ἔcτι δὲ τῇ cυνόδῳ ταύτῃ καὶ χρήματα κοινὰ καὶ ἱερεὺc ὁ ἐπὶ τῷ Μουcείῳ (ATHEN. XII 547ᶠ) τεταγμένοc τότε μὲν ὑπὸ τῶν βαcιλέων, νῦν δ' ὑπὸ Καίcαροc; ATHEN. XI 494ᴬ τῶν βιβλίων, ἐν οἷc αἱ ἀναγραφαί εἰcι τῶν τὰc cυντάξειc (Gehaltslisten) λαμβανόντων; PHILOSTR. Βίοι cοφιcτῶν 1, 22, 5 τράπεζα Αἰγυπτία ξυγκαλοῦcα τοὺc ἐν πάcῃ τῇ γῇ ἐλλογίμουc; PORPHYR. ad Iliad. I 682 (p. 141 Schr.) ἐν

τῷ Μουcείῳ τῷ κατὰ Ἀλεξάνδρειαν νόμοc ἦν προβάλλεcθαι
ζητήματα καὶ τὰc γινομένας λύceιc ἀναγράφεcθαι. (Über diese
λυτικοί und ἐνcτατικοί, vergl. *Lehrs*, de Arist. stud. Homericis
p. 199 ff. und *Schrader*, op. cit. pp. 368 ff. 427 ff.); Aмм. 22,
16, 15 *diuturnum praestantium hominum domicilium;* Cass. Dio
77, 7 τὰ cυccίτια .. τάc τε λοιπὰc ὠφελείαc .. ἀφείλετο (sc.
Caracalla) κτλ.; Svidas s. v. Θέων (c. 400 n. Chr.) ὁ ἐκ Μουcείου φιλόcοφοc.[1]

Vergl. *Neocorus* in Gronov. Thes. ant. VIII 2774 sq.; *Parthey,* Das
alexandrinische Museum, Berlin 1838; *Klippel,* Ueber das alexandrinische Museum, Goettingen 1838 (Phantasiebilder); *Gudeman,* Univ.
of Penn. Bulletin IV (1899), p. 92—106. Ältere Literatur bei *Graefenhan* I 380 ff. u. *Bernhardy,* Griech. Lit. I⁵ 549 ff.

Die Bibliotheken. Hauptstelle bei Tzetzes' Proleg.
zu Arist. Plutos (eine teilweise Übersetzung fand sich in einer
Plautushs, daher als *Scholion Plautinum* bekannt): ἀπαντα-
χόθεν τὰc βίβλουc εἰc Ἀλεξάνδρειαν ἤθροιceν, δυcὶ βιβλιο-
θήκαιc ταύταc ἀπέθετο, ὧν τῆc ἐκτὸc (Serapeum) μὲν ἦν ἀριθμὸc τετρακιcμύριοι διcχίλιαι ὀκτακόcιαι *(42800),* τῆc δ' ἔcω
(Brucheion) τῶν ἀνακτόρων καὶ βαcιλείου βίβλων μὲν cυμμίκ-
των (Schol. Plaut.: *commixta)* ἀριθμὸc τεccαράκοντα μυριάδεc
(400000), ἁπλῶν δὲ καὶ ἀμιγῶν *(simplicium .. digestorum)*
βίβλων μυριάδεc ἐννέα *(90000),* ὡc ὁ Καλλίμαχος νεανίcκοc
ὢν τῆc αὐλῆc ὑcτέρωc μετὰ τὴν ἀνόρθωcιν τοὺc πίνακαc αὐτῶν ἀπεγράψατο *(Schol. Plaut.: sicuti refert Callimacus auli-
cus regius bibliothecarius qui etiam singulis voluminibus
titulos inscripsit).*

Vergl. *Ritschl,* Opusc. I p. 8—31. 61—73. 146—160; *Keil,* ibid. 206.
226—236; *Couat,* La poésie Alexandrine, Paris 1882, p. 1—50; *Bernhardy,* Gesch. der griech. Literat. I⁴ 533—539; *Susemihl,* I 335 ff. 894;
Dziatzko, Rhein. Mus. XLVI (1891) 349—370; *Seemann,* de primis sex
bibliothecae Alexandrinae custodibus, Essen 1858; *Busch,* de biblio-
thecariis Alexandrinis qui feruntur primis, Schwerin 1884. Zu den
Literaturangaben bei *Dziatzko* PW. I 1833 ff. (ἀμιγεῖc βίβλοι) III 409—414
(Alex. Bibliothek) füge hinzu *Birt,* Antikes Buchwesen, p. 485—492.

---

(1) Nach *Phot.* Bibl. 104⁶ 40 schrieb *Aristonikos* περὶ τοῦ ἐν
Ἀλεξανδρείᾳ Μουcείου.

Bei der Belagerung Alexandriens durch Cäsar (47 v. Chr.) soll ein großer Teil der Bibliothek verbrannt sein. Vergl. SEN. dial. 9, 9, 5. PLVT. Caes. 49. DIO CASS. 42, 38.[1] Als Ersatz soll Antonius später (41 v. Chr.) der Cleopatra 200000 βιβλία ἁπλᾶ der Pergamenischen Bibliothek geschenkt haben (PLVT. Anton. 58). Unter Aurelian (272 n. Chr.) wurde das *Brucheion* vernichtet. Die letzten Reste der Bibliothek gingen im Jahre 391 verloren, als der Bischof Theophilos das *Serapeum* zerstörte. OROS. hist. VI 15, 31 fand bei seinem Besuche in Alexandrien (5. Jahrh.) keine Bücher mehr vor. Die berühmte Legende von der Zerstörung der Bibliothek durch den General *Amru* bei der Eroberung Alexandriens im Jahre 641/642 begegnet zuerst bei *Abulpharagius*, einem arabischen Historiker des 13. Jahrhunderts.

Vergl. *E. Gibbon,* Decline and Fall of the Roman Empire c. 51; *Parthey* op. cit., p. 106; *Dimitriadis* Ἱcτορικὸν δοκίμιον τῶν ᾿Αλεξανδρείων βιβλιοθηκῶν, Leipz. Diss. 1871; *A. Gudeman* op. cit.; *Sandys* op. cit., p. 112—114.

PHILE(I)TAS von Cos (c. 325 bis c. 285).

Lehrer des Ptolemaios Philadelphos, Zenodot, Hermesianax und Theokrit. STRABO XIV 657: Ποιητὴς ἅμα καὶ κριτικός ῎Ατακτα (᾿Ατακτοι γλῶccαι, Γλῶccαι). Das erste[2] wissenschaftliche Lexikon. Die SCHOL. Hom. B 269 Φ 126. 179. 252 erwähnten Lesarten entstammen vermutlich diesem Werk, zu dem noch *Aristarch* Ergänzungen lieferte (Πρὸc Φιλητᾶν).[3]

---

(1) Von dem Brande der Bibliothek scheinen aber weder der Verfasser des Bell. Alex. 1, 2, noch *Cicero* noch *Strabo* Kenntnis gehabt zu haben. Aus OROS. l. c. hat man mit Recht geschlossen, daß es sich wohl um Bücher gehandelt habe, die behufs Überführung nach Rom aus der Bibliothek bereits entfernt und in der Nähe des Hafens untergebracht worden waren.

(2) Homerische Schulglossare gab es allerdings schon viel früher. Vergl. ARISTOPH., Δαιταλεῖc Frg. 1 πρὸc ταῦτα cὺ λέξον ῾Ομηρείουc γλώττας, τί καλοῦcι κόρυμβα, τί καλοῦc᾿ ἀμενηνὰ κάρηνα;

(3) Bei Buchaufschriften bedeutet πρὸc mit einem *Eigennamen* gewöhnlich ῾an, zu᾿, sei es als Dedikation oder im Sinne von Addenda,

Seine große Verbreitung geht deutlich aus der Art hervor, wie der Komiker *Straton* es zitiert: ὥϲτε με (ein Koch spricht) τῶν τοῦ Φιλητᾶ λαμβάνοντα βυβλίων ϲκοπεῖν ἕκαϲτον τί δύναται τῶν ῥημάτων (ATHEN. IX, 383ᴮ).

Zᴇɴᴏᴅᴏᴛᴏs von Ephesus (c. 325 bis c. 260).

Aᴠsᴏɴ. 203, 3 *esset Aristarchi tibi gloria Zenodotique,* 299, 12 *censor Aristarchus normaque Zenodoti.* Erster Bibliothekar und Ordner der epischen Dichter.[1] Vergl. *Ritschl,* Opusc. I 138 ff.

Γλῶϲϲαι Ὁμηρικαί. Διόρθωϲιϲ Ὁμήρου. Vergl. Sᴠɪᴅᴀs s. n. πρῶτοϲ τῶν Ὁμήρου διορθωτήϲ ἐγένετο. Veröffentlicht vor 274. Auch die Teilung in 24 Bücher (mit der noch jetzt üblichen Bezeichnung A B Γ usw. für Ilias, α β γ usw. für Odyssee) scheint von Z. herzurühren; vergl. *Wilamowitz,* Hom. Unters. p. 369, Anm. 47.

Von seinen Lesarten sind uns *385* bekannt, zitiert wird aber Z. in den Ilias-Scholien mehr als 650 mal.

Über Z. als Homerkritiker vergl. *F. A. Wolf,* Prolegom. c. 43; *Sengebusch* I 21 ff.; *H. Düntzer,* De Zenodoti studiis Homericis, Goettingen 1848, Philol. IX (1854) p. 311—323; *W. Ribbeck,* Philol. VIII 652—712. IX 43—73; *A. Römer,* Ueber die Homerrezension des Zenodot, Münch. Akad. XVII (1886) p. 639—722; *Ludwich,* op. cit.

---

z. B. Kallimachos πρὸϲ Πραξιφάνην (sein Lehrer), Aristarch πρὸϲ Κωμανόν; 'adversus' hingegen wird ausgedrückt durch πρὸϲ mit einem *Appellativum* oder durch κατά, z. B. Aeschines κατὰ Κτηϲιφῶντοϲ, Josephus κατὰ ᾿Απίωνοϲ, Aristarch πρὸϲ τὸ Ξένωνοϲ παράδοξον, Sext. Emp. πρὸϲ μαθηματικούϲ, Origenes πρὸϲ . . Κέλϲου ἀληθῆ λόγον u. ähnl. In den wenigen Ausnahmefällen, wie z. B. Aristophanes πρὸϲ τοὺϲ Καλλιμάχου πίνακαϲ (ATHEN. 9, 408), liegt wahrscheinlich eine ungenaue Titelangabe vor.

(1) Tᴢᴇᴛᴢᴇs Proleg. ᾿Αλέξανδροϲ ὁ Αἰτωλὸϲ καὶ Λυκόφρων ὁ Χαλκιδεύϲ, ἀλλὰ καὶ Ζηνόδοτοϲ ὁ ᾿Εφέϲιοϲ τῷ Φιλαδέλφῳ Πτολεμαίῳ ϲυνωνηθέντεϲ βαϲιλικῶϲ, ὁ μὲν τὰϲ τῆϲ τραγῳδίαϲ, Λυκόφρων δὲ τὰϲ τῆϲ κωμῳδίαϲ βίβλουϲ διώρθωϲαν (richtiger schol. Plautin.: '*in unum collegerunt et in ordinem redegerunt*'), Ζηνόδοτοϲ δὲ τὰϲ Ὁμηρείουϲ καὶ τῶν λοιπῶν ποιητῶν (inkl. Lyriker?).

I 62f. II 54 ff. 87 ff. passim; *Pusch,* Quaestiones Zenodot., Diss. Hallens. XI (1890) 119–216; *Susemihl* I 327–335. 891 ff.

Cυγγράμματα zu *Hesiod's* Theogonie, zu *Anakreon* und *Pindar.*

Lγκοφηβον von Chalcis (um 285).

Sammler und Ordner der komischen Literatur in der alexandrinischen Bibliothek (siehe oben p. 26[1]). Durch seine pinakographische Tätigkeit wurde vermutlich das umfangreiche Werk περὶ κωμῳδίας, in mindestens 11 B., veranlaßt.

Vergl. *K. Strecker,* de Lycophrone, Euphronio, Eratosthene comicorum interpretibus (mit Fragmenten), Greifswald 1884, pp. 89.

Kallimachos von Kyrene (c. 310 bis c. 240).

Strabo XVII 838 ποιητὴς ἅμα καὶ περὶ γραμματικὴν ἐcπουδακώc. Nach Suidas schrieb er über 800 βιβλία.[1] Zweiter Bibliothekar (nach dem Schol. Plautinum.[2])

Πίνακεc[3] τῶν ἐν πάcῃ παιδείᾳ διαλαμψάντων καὶ ὧν cυνέγραψε, in 120 B. Als Hauptfächer dieses großartigen Repertoriums, mit dem sich aus neuerer Zeit nur Fabricius' Biblioth. Graeca vergleichen läßt, kennen wir: 1. Dichter,

_____

(1) Dieselbe Zahl kehrt verdächtiger Weise bei Svidas s. v. Ἀρίcταρχοc wieder. Sollte sie trotzdem annähernd richtig sein, so wird wohl die Gesamtsumme der Bücher, nicht die der Werke, gemeint sein.

(2) Die in neuerer Zeit wiederholt geäußerten Zweifel an dieser Tatsache sind unberechtigt.

(3) Knappe *Schriftstellerverzeichnisse* (πίνακεc, ἀναγραφαί, indices) scheinen später durch den Buchhandel allgemein zugänglich gewesen zu sein, auch außerhalb Alexandriens und Pergamums. Vergl. Dionys., de Din. 11 ἐν τοῖc Περγαμηνοῖc πίνακι, ad Amm. I 4 οἱ τοὺc ῥητορικοὺc πίνακαc cυντάξαντεc, Athen. VIII 336 D (siehe unten p. 72 Anm. 1). Philodem. περὶ φιλοcόφων (vol. Herculanens. VIII col. 13) αἵ τ' ἀναγραφαὶ τῶν πινάκων, αἵ τε βιβλιοθῆκαι cημαίνουcιν, Cic. Hortens. frg. 48 M. *velim dari mihi .. iubeas indicem tragicorum, ut sumam si qui forte mihi desunt,* Sen. epist. 39, 2 *indicem philosophorum,* Qvint. inst. 10, 1, 57 *nec sane quisquam est tam procul a cognitione eorum remotus, ut non indicem certe ex bibliothecis sumptum transferre in libros suos possit.*

2. Gesetzgeber, 3. Philosophen, 4. Historiker, 5. Redner und Rhetoren, 6. Παντοδαπά. Es enthielt in kurzer Form alle notwendigen biographischen, literargeschichtlichen und bibliographischen Details. Fragen der höheren Kritik (Echtheit, Doppeltitel u. dergl.) wurden erörtert, die Anfangsworte und die Zahl der Zeilen (στιχομετρία) des Buches genau verzeichnet. Die Werke der nicht dramatischen Dichter und Redner waren nach *sachlichen* Gesichtspunkten geordnet, die der Dramatiker uud Prosaiker (so z. B. Theophrast) *alphabetisch*, die Schriftsteller selbst *chronologisch*. Nur ein Spezialtitel oder ein Auszug war der Πίναξ τῶν κατὰ χρόνουc καὶ ἀπ' ἀρχῆc γενομένων διδαcκάλων. Ein chronologisches, auf den Διδαcκαλίαι des Aristoteles beruhendes Verzeichnis der dramatischen Dichter und ihrer Schriften. Dieses Werk bildete in letzter Linie die Hauptquelle des literargeschichtlichen Wissens im Altertum. Das Original scheint aber früh verloren gegangen zu sein. Πίναξ τῶν Δημοκρίτου γλωccῶν ⟨καὶ cυνταγμάτων⟩. Πρὸc (an) Πραξιφάνην. Ἐθνικαὶ ὀνομαcίαι. Zu diesem großen glossographischen Werke gehörten wohl die von *Suidas* als selbständige Schriften erwähnten: Κτίceιc νήcων καὶ πόλεων καὶ μετονομαcίαι (κατανομαcίαι *Daub*) μήνων προcηγορίαι κατὰ ἔθνοc καὶ πόλειc περὶ τῶν ἐν τῇ οἰκουμένῃ ποταμῶν περὶ μετονομαcίαc ἰχθύων, ὀρνέων, ἀνέμων Περὶ νυμφῶν Ὑπομνήματα ἱcτορικά Βαρβαρικὰ νόμιμα Θαυμάτων (Θαυμαcίων?) τῶν εἰc[1] ἅπαcαν τὴν γῆν κατὰ τόπουc ὄντων cυναγωγή Περὶ ἀγώνων Γραφεῖον (Vorbild für Varros Imagines?) Μουceῖον (Inhalt unbekannt).

     Vergl. *Ritschl,* Opusc. I 146—151; *Wachsmuth,* Philol. XVI (1860) p. 653 ff.; *Wilamowitz,* Analecta Euripidea, 1875, p.136 ff.; *O. Schneider,* Callimachea, Bd. II (1873), Hauptwerk, bes. p. 168 ff. 287—350; *E. Egger,* Callimaque considéré comme bibliographe, in Annuaire etc. des études grecques X (1876) p. 70—82; *F. von Jahn,* de C. Homeri interprete, Diss. Straßburg 1893, pp. 112; *Susemihl* I 337 f. 347 ff. 365 ff. 895 ff.; *Leo,* Griech.-röm. Biogr., p. 131. 134; *Körte,* Rh. Mus. LX (1905) p. 444 f.

---

(1) Byzantinisch für ἐν c. dativo.

ERATOSTHENES von Kyrene (c. 284 bis c. 200). Einer der vielseitigsten Gelehrten aller Zeiten, Begründer der wissenschaftlichen Geographie und Chronologie. Der erste, der sich den Namen eines φιλόλογος (im antiken Sinne) beilegte. Siehe oben p. 3. Dritter Bibliothekar.

Vergl. STRABO XVII 838 περὶ ποίηςιν καὶ γραμματικὴν καὶ περὶ φιλοςοφίαν καὶ τὰ μαθήματα, εἴ τις ἄλλος, διαφέρων. SVIDAS, sub nom.: διὰ δὲ τὸ δευτερεύειν ἐν παντὶ εἴδει παιδείας, τοῖς ἄκροις ἐγγίςαντα, Βῆτα ἐπεκλήθη, οἱ δὲ καὶ δεύτερον ἢ νέον Πλάτωνα, ἄλλοι Πένταθλον (d. h. der allseitige, geistige Athlet).

Γεωγραφικά 3 B. Gegenüber der im Altertum fast ausschließlich geltenden Ansicht von der historischen Wahrheit der Homerischen Epen hat E. in diesem bahnbrechenden Werke den auch heute noch zu beherzigenden Ausspruch getan: "Τότ᾽ ἂν εὑρεῖν τινα ποῦ ᾽Οδυcceὺς πεπλάνηται ὅταν εὕρῃ τὸν cυρράψαντα τὸν τῶν ἀνέμων ἀcκόν" STRABO I 24.[1]

Vergl. *Bernhardy,* Eratosthenica 1822, p. 1–109; *Berger,* Die geographischen Fragmente des E., Leipzig 1880, pp. 393, Gesch. der wissenschaft. Erdkunde bei den Griechen III p. 57–112, Lpz. 1891; *M. Hergt,* Quam vere de Ulixis erroribus E. iudicaverit, Diss. Erlangen 1887, pp. 46; *L. Cohn,* PW. VI 364–377.

Περὶ χρονογραφιῶν, grundlegendes und epochemachendes Werk.

Vergl. *Bernhardy,* p. 238–262; *L. Mendelssohn,* Act. soc. Lips. II (1872) p. 161–196; *B. Niese,* Hermes XXIII (1888) p. 92–102; *Wachsmuth,* Einleitung in das Stud. d. alt. Gesch. 1895, p. 127–131; siehe auch unter *Apollodoros* (p. 45).

Περὶ τῆς ἀρχαίας κωμῳδίας, in mindestens 12 Büch. Das hervorragendsteWerk über diesenGegenstand imAltertum.[2]

---

(1) Seinen kritisch-ästhet. Standpunkt kennzeichnet der berühmte Satz: "ποιητὴς πᾶς ςτοχάζεται ψυχαγωγίας, οὐ διδαςκαλίας" STRABO I 1, 10. 2, 3, der seinerseits dieselbe Ansicht vertritt wie HOR. ars 333 *aut prodesse volunt aut delectare poetae.*

(2) In den Aristoph. Scholien 19 mal erwähnt und noch vielfach benutzt ohne direktes Zitat.

Vergl. *Bernhardy* p. 203–237; *Strecker* op. cit. (p. 27); *Wila-mowitz*, Hermes XXI 597. XXIV 44, Eur. Heracl. I¹ p. 61f.; *Suse-mihl* I 425–427.

Cκευογραφικόc (Pollvx X praef.), vielleicht nur ein Teil von περὶ κωμῳδίαc. Ὀλυμπιονῖκαι. Περὶ τῶν κατὰ φιλο-coφίαν αἱρέcεων (Suidas). Vermutlich auf Grund von *Theophrasts* Φυcικαὶ δόξαι. Γραμματικά 2 B. Vergl. im allgemeinen: *Bernhardy* op. cit. pp. 278; *Susemihl* I 409–428 und den ausführlichen, aber noch nicht vollständig ver-öffentlichten Artikel von *L. Cohn* PW. VI 358–384.

Aristophanes von Byzanz (c. 257 bis c. 180).

Der größte Philologe des Altertums. „Er hat .. die Klassiker, die wir so nennen und deren Besitz wir ihm, wenn einem Menschen danken, alle mit der rechten Philologenliebe gehegt und gepflegt... Was ihm gelungen ist .. die für alle Zeiten massgebende Codification der nationalen Poesie .. ist etwas ganz Grossartiges" *Wilamowitz.* Schüler des Erato-sthenes, Euphronios[1] und Lehrer des Aristarch und Kallistra-tos.[2] Vierter Bibliothekar. Nach *Suidas* folgte vielmehr *Apollonios Rhodios,* was chronologisch kaum möglich ist.[3]

Nach Ps. Arcadivs lib. 20, p. 186ff. Erfinder der Zeichen für Prosodie, Akzente und Spiritus. Selbst wenn dieses Buch eine Fälschung des Jakob *Diassorinus* (16. Jahrh.) sein sollte, so kann jene Angabe doch nicht rein erfunden sein; sie wird aber wohl dahin zu deuten sein, daß A. diese Zeichen *zu-erst systematisch* angewandt hat, denn einige sind bereits für eine frühere Zeit nachweisbar.[4]

---

(1) Bekannt als Erklärer des Aristophanes (27 mal in den Schol. erwähnt) u. anderer Komiker. Vergl. *M. Schmidt,* Didymi fragm. 294f.; *Blau,* de Aristarchi discipulis, Jena 1883, p. 67–77; *Susemihl* I 281f.

(2) Vergl. *R. Schmidt* (in Nauck, op. cit., p. 309–337).

(3) Nach dem βίος Ἀπολλωνίου (p. 51 W. τινὲς δέ φαcιν) war er aber nur Bibliothekar des *Museums.*

(4) Es ist nicht unwahrscheinlich, daß die sehr zahlreichen Be-merkungen in den Scholien zu Aristophanes über διαcτολή und προc-ῳδία auf seine Ausgabe des Dichters zurückgehen.

Vergl. *Nauck* op. cit. 12 ff.; *R. E. A. Schmidt,* Beitr. zur Gesch. der Gramm. des Griech. u. Lat., Halle 1859, p. 571 ff.; *Lentz,* Herodian, praef. XXXVII ff.; *Susemihl* I 432. 901. II 672; *L. Cohn,* PW. II 1155; *Sandys* op. cit. 125 f.; *Rutherford,* Schol. Aristoph. III 156—179, London 1905.

1. **Ausgaben** mit *kritischen Zeichen* (siehe unten p. 87 f.) und *Einleitungen,* aber ohne exegetische Kommentare.

Homer: Er verwarf den Schluß der Odyssee von XXIII 296 an, worin ihm Aristarch folgte. Wir kennen nur 81 seiner Lesarten. Da aber die Scholien sich meist auf die Abweichungen von Aristarch beschränken — Aristonikos nennt den Aristophanes überhaupt nirgends —, so beweist diese Tatsache einerseits, daß seine Ausgabe einen gewaltigen Fortschritt gegenüber der Zenodotischen bezeichnete, anderseits aber auch, daß sie hinter der berühmteren des Aristarch nicht weit zurückstand.[1]

Vergl. *F. A. Wolf,* Prolegom. c. 44; *Nauck* p. 25—58; *Sengebusch* I 50 ff.; *L. Cohn,* PW. II 995 ff.; *Wilamowitz,* Hom. Unters. 67 ff., Eur. Her. I¹ 137.

Hesiod: Die Ὑποθῆκαι Χείρονος und Ἀσπίς erklärte A. für unecht.

Lyriker: nachweisbar für Alkman, Alkaios, Anakreon, Simonides, *Pindar,* doch hat er höchst wahrscheinlich die übrigen vier[2], wie die Meliker überhaupt, ebenfalls herausgegeben. Insbesondere muß dies aus seiner Abhandlung über eine Stelle des *Archilochos* (περὶ τῆς ἀχνυμένης σκυτάλης) für diesen Dichter erschlossen werden. Seine Einteilung der strophischen Dichtungen in **metrische** κῶλα[3]

---

(1) Nach TATIAN adv. Graec. 31, 22 schrieb A., wie auch Theagenes, Zenodot, Eratosthenes, Aristarch und Krates, περὶ τῆς ποιήσεως Ὁμήρου τοῦ τε γένους αὐτοῦ καὶ χρόνου καθ᾽ ὃν ἤκμασε. Vergl. *Sengebusch* I 15. Zitiert wird A. in den Scholien c. 200 mal.

(2) Daran zweifelt ohne ersichtlichen Grund *Wilamowitz,* Zur Textgeschichte der griech. Lyriker, Berlin 1900, p. 17.

(3) Der neuentdeckte *Bakchylides* ist in κῶλα eingeteilt, hingegen der voraristophanische *Timotheos* und *Isyllos* von Epidaurus noch

war eine kritische Leistung allerersten Ranges und grundlegend für alle Zeiten. Auch dürfen wir ihn wohl als den Urheber des älteren, alexandrinischen Systems der Metrik bezeichnen, welches, neben dem jüngeren sog. Varronischen, die ganze Folgezeit beherrscht.[1] Vergl. *Nauck*, 60 ff. 273 ff.; *Susemihl* I 436–439.

Dramatiker: bezeugt für *Euripides* (SCHOL. Orest. 714. 1038. 1287. Hipp. 171. Troad. 47) und zu erschließen für *Aischylos* und *Sophokles* aus den sog. ὑποθέσεις zu AISCH. Pers. Prom. Septem. Agam. Eum.; SOPH. Antig. Philokt. Oed. Col. Von den 25 überlieferten, aber stark verkürzten Einleitungen tragen noch *sieben* seinen Namen (AISCH. Eum., SOPH. Antig., EVR. Medea, Orest. Phoen. Bacch. Rhesus). Eine vollständige Aristophanische ὑπόθεσις enthielt folgende Bestandteile: 1. Inhaltsangabe (argumentum). 2. Erörterung des dem Drama zugrunde liegenden Mythos. Ferner, ob und auf welche Weise derselbe bei den beiden anderen Tragikern behandelt wurde (Formel: κεῖται ἡ μυθοποιία καὶ παρὰ τῷ δεῖνα[2] oder παρ᾽ οὐδετέρῳ[3]). 3. Schauplatz, Chor, Prologsprecher[4] (ἡ μὲν σκήνη ὑποκεῖται ὁ δὲ χόρος συνέστηκεν ἐξ προ-

---

nicht. Vergl. DIONYS. de comp. 22 κῶλα δέ με δέξαι νυνὶ λέγειν, οὐχ οἷς ᾽Αριστοφάνης ἢ τῶν ἄλλων τις μετρικῶν διεσκόσμησε τὰς ᾠδάς.

(1) Es wäre dies eine natürliche Folge seiner kolometrischen Studien gewesen. Auch kennen wir keinen Gelehrten nach Aristoxenos, dem man einerseits so tiefe metrische Kenntnisse würde zutrauen wollen und der anderseits seinem System ein solch kanonisches Ansehen hätte verschaffen können. Vergl. *Westphal*, Metrik I² 105–232; *F. Leo*, Hermes XXIV (1889) 280–301; *Susemihl* II 226–237.

(2) Z. B. AISCH. Prom. ἐν παρεκβάσει παρὰ Σοφοκλεῖ ἐν Κόλχοις, παρὰ δὲ Εὐριπίδῃ ὅλως οὐ κεῖται Pers. Γλαῦκος ἐν τοῖς περὶ Αἰσχύλου μύθων ἐκ τῶν Φοινισσῶν Φρυνίχου φησὶ τοὺς Πέρσας παραπεποιῆσθαι usw. SOPH. Antig. Philokt., EVR. Bacch. Phoen.

(3) AISCH. Eum., EVR. Alc. Medea Orest.

(4) In den erhaltenen ὑποθέσεις finden sich diese Angaben am häufigsten.

λογίζει). 4. Resumé (κεφάλαιον) der Hauptteile des Dramas.
5. Didaskalie.[1] 6. Ästhetisches Urteil.[2]
Vergl. *A. Kirchhoff*, Z. f. Gymnas., Suppl. Bd. VII (1853) p. 46—53;
F. W. Schneidewin, de hypothesibus trag. Graec. Arist. Byz. vindi-
candis 1856, p. 3—38; *Nauck*, p. 252—263; *A. Trendelenburg*, Gramm.
Graec. de arte trag. iudiciorum reliquiae, Bonn 1867, pp. 141 (bes.1—69);
Susemihl, Arist. Poet., Lpz. 1874, p. 20, Anm. 3; *Wilamowitz*, Eur.
Heracl. I¹ 145f.

Aristophanes (Schol. Nub. 958, Thesm. 162. 917,
Ran. 152. 1204). Auch hier gehen die zahlreich erhaltenen
ὑποθέςεις in letzter Linie auf den alex. Namensvetter zurück:
Ach. I. II (metrisch), Eq. I. II. III (metr.), Nub. I—III. IV (metr.),
V—VII. ⟨VIII—X⟩, Vesp. I. II (metr.), Pax I—III. IV (metr.), Av.
I—III. IV (metr.), Lysist. I. II (metr.), Eccl. I. II (metr.), Ran. I.
II (metr.) ⟨III. IV⟩, Plut. I—IV. ⟨V⟩ VI (metr.). Vergl. *Nauck*,
63—66.

Menander: nicht bezeugt, doch sehr wahrscheinlich.
Vergl. seinen Ausspruch: ὦ Μένανδρε καὶ βίε, πότερος ἆρ᾽
ὑμῶν πότερον ἀπεμιμήςατο (Syrianvs in Hermog. II 23, 8 Rabe,
Rhet. Gr. IV 101 W.), und in einem Epigramm (Kaibel 1085
= CIG 6083) stellte er ihn neben Homer. Mit dieser Be-
wunderung des Dichters steht keineswegs im Widerspruch
der Titel seiner Schrift: Παράλληλοι Μενάνδρου τε καὶ ἀφ᾽

---

(1) Daß diese nicht ausschließlich den Didaskalien des Aristoteles entnommen wurden, zeigt Schol. Eur. Andr. 446 εἰλικρινῶς δὲ
τοῦ δράματος χρόνους οὐκ ἔςτι λαβεῖν· οὐ δεδίδακται γὰρ ᾽Αθήνηςιν.
Auch das wievielte Drama des Dichters das betreffende Stück war,
wurde angegeben. Vergl. ὑπόθεςις zu Soph. Ant. λέλεκται δὲ τὸ δρᾶμα
τοῦτο τριάκοςτον δεύτερον, zu Evr. Alc. τὸ δρᾶμα ἐποιήθη ιζ΄. Doch
lassen sich die überlieferten Zahlen weder mit einer chronologischen,
noch mit einer alphabetischen oder einer tetralogischen Reihenfolge
in Einklang bringen. Aristoph. Γῆρας wird als 9., Aves als 35. Stück
bezeichnet, was ebenfalls nicht stimmt.

(2) Aisch. Agam. Soph. Antig., Oed. Col. Evr. Orest., Phoen.,
Hipp., Alc., Androm., Rhes., Suppl. Aristoph. Ach., Eq., Nub., Vesp.,
Av., Ran.

ὧν ἔκλεψεν[1] (d. h. 'entlehnte' oder 'nachahmte'. So auch im Latein, z. B. *de furtis Vergilianis*).

2. *Abhandlungen:* Περὶ ἑταιρίδων. Vergl. *Nauck,* p. 277–279. Περὶ προσώπων. Wahrscheinlich durch die Vermittlung des *Juba,* die Quelle für POLLVX IV 133–154. Beide Schriften gingen vermutlich aus seinen Studien über die neue Komödie hervor. Vergl. *Nauck,* 275 ff.; *E. Rohde,* de Iul. Pollucis...fontibus, Lpz. 1870. Παροιμίαι (μετρικαί und ἄμετροι) in 6 Büch. Vergl. *Nauck,* 235–242; *Leutsch,* Philol. III 566; *O. Crusius,* Analecta ad paroemiogr. Graec. 77 ff., Philol. Suppl. VI 275 ff.

Περὶ ἀναλογίας (gegen Chrysippos περὶ τῆς κατὰ λέξεις ἀνωμαλίας). Vergl. VARRO ling. VI 2. IX 2. X 68. CHARIS. gramm. I 117, 1, SEXT. EMPIR. adv. Math. p. 608, 2.

3. Λέξεις. Die folgenden Spezialtitel waren wohl nur Unterabteilungen: περὶ τῶν ὑποπτευομένων μὴ εἰρῆςθαι τοῖς παλαιοῖς (Seltene Wörter oder bekannte in ungewöhnlicher Bedeutung, deren Vorkommen bei den Klassikern bezweifelt worden war) περὶ ὀνομαςίας ἡλικιῶν (vollständige Sammlung aller Ausdrücke für Altersstufen bei Menschen und Tieren) περὶ cυγγενικῶν ὀνομάτων (Verwandtschaftsbezeichnungen) περὶ προcφωνήcεων (Personenbenennungen, die nur in der Anrede gebraucht wurden) 'πολιτικὰ ὀνόματα', Titel nicht überliefert, aber aus den Fragmenten von L. Cohn erschlossen (Ausdrücke des gesellschaftlichen und politischen Lebens) Ἀττικαί und Λακωνικαὶ λέξεις.

Mit diesem Meisterwerke wurde A. der Begründer der wissenschaftlichen Lexikographie.[2] Es bildete (direkt oder

---

(1) Auf ähnliche Untersuchungen scheint die hübsche Anekdote über A. bei VITR. VII praef. 5 hinzudeuten. Vergl. auch die Schrift eines Latinos(?) περὶ τῶν οὐκ ἰδίων Μενάνδρῳ in 6 Büch. (Porphyrios bei EVSEB. pr. ev. X 3, 12). In unserer Überlieferung sind besonders Verse des Euripides und Menander verwechselt worden.

(2) Zur Geschichte der griech. Lexikographie überhaupt siehe *M. H. E. Meier,* Opusc. acad. II 10–146 und besonders *L. Cohn* in Iw. Müllers Handbuch II³ 1 p. 577–599.

mittelbar) die Grundlage und eine Fundgrube für alle Späteren, z. B. Didymos, Pamphilos, Diogenian, Suetonius, Philon von Byblos, Athenaios, Pollux, Eustathios.

Vergl. *M. Dittrich*, Philol. I (1846) p. 225–259; *Nauck*, p. 69–334, Rhein. Mus. VI 322–351, Mélanges Gréco-Romains III 166 ff.; *E. Miller*, Mélanges de littérature grecque, Paris 1868, p. 427–434; *Fresenius*, de λέξεων Aristophanearum et Suetonianarum excerptis Byzantinis, Wiesbaden 1875, pp. 146; *L. Cohn*, de A. B. et Suetonio Tranquillo Eustathii auctoribus, Lpz. 1881 (= Jahrb. f. Philol. Suppl. XII 285–374), Jahrb. f. Phil. CXXXIII 825–839, PW. II 1001–1003.

Canon Alexandrinus: QVINT. inst. 1, 4, 3 *quo (sc. iudicio) quidem ita severe sunt usi veteres grammatici ut . . . auctores alios in ordinem redegerint, alios omnino exemerint numero*[1] 10, 1, 54 *Apollonius in ordinem a grammaticis datum non venit quia Aristarchus atque Aristophanes neminem sui temporis* ('hellenistisch' *Wilamowitz) in ordinem redegerunt* 10, 1, 59 *ex tribus receptis*[1] *Aristarchi iudicio scriptoribus iamborum ad* ἕξιν *maxime pertinebit unus Archilochus,* SVIDAS s. v. Δείναρχος: τῶν μετὰ Δημοσθένους ἐγκριθέντων εἷς.

Aus den uns erhaltenen Verzeichnissen hat Usener, nach Ausscheidung späterer Zusätze, folgenden Kanon aufgestellt:[2]

Epiker: Homer, Hesiod, Peisandros, Panyasis, ⟨Antimachos⟩.[3]

Iambiker: Semonides, Archilochos, Hipponax.

Tragiker: Aischylos, Sophokles, Euripides, ⟨Ion, Achaios⟩.

Komiker: Alte Komödie: Epicharm, Kratinos, Eupolis, Aristophanes, Pherekrates (?), Krates (?), Platon (?).

---

(1) Diese Stellen beweisen unwiderleglich, daß der Kanon eine *Auswahl* repräsentierte. Siehe auch p. 36².

(2) Doch bleibt noch manches zweifelhaft, wenigstens für die Urheber der Kanones. So können die von mir eingeklammerten Namen, teils wegen des Quintilianeischen Zeugnisses, teils aus anderen Gründen, nicht in den ursprünglichen Verzeichnissen gestanden haben.

(3) Es ist nicht wahrscheinlich, daß schon Aristophanes diesen von seinem Lehrer Kallimachos so scharf getadelten Epiker in den Kanon aufgenommen hat.

3*

Mittlere: Antiphanes, Alexis. **Neuere:** Menander, Philippides(?), Diphilos, Philemon, Apollodoros(?).[1]

Elegiker: Kallinos, Mimnermos, ⟨Philetas, Kallimachos⟩.

Lyriker:[2] Alkman, Alkaios, Sappho, Stesichoros, Pindar, Bakchylides, Ibykos, Anakreon, Simonides. Vergl. Sen. epist. 27, 6 *novem lyricis.* Petron. 2 *Pindarus novemque* ('und überhaupt') *lyrici.* Qvint. inst. 10, 1, 61 *novem lyricorum longe Pindarus princeps.*

Historiker: Thukydides, Herodot, Xenophon, Philistos(?), Theopompos, Ephoros, ⟨Anaximenes, Kallisthenes, Hellanikos, Polybios⟩.

[*Redner:*[3] Demosthenes, Lysias, Hypereides, Isokrates, Aischines, Lykurgos, Isaios, Antiphon, Andokides u. Deinarchos (cod. M, fehlt in cod. C).][4]

---

(1) Zweifelhaft ist, ob diese Dreiteilung bereits dem Aristophanes bekannt gewesen. Vergl. *Susemihl* I 426. II 23f. Siehe jedoch p. 18[2]

(2) Sen. epist. 49, 5 *negat Cicero, si duplicetur sibi aetas, habiturum se tempus quo legat lyricos.* Die diesem Ausspruch zugrunde liegende Geringschätzung erhält ihre eigentliche Pointe erst durch die Annahme, daß dem Cicero auch noch andere als obige neun Lyriker bekannt waren.

(3) Schon die nicht chronologische Reihenfolge, die ungefähr mit der *späteren* Wertschätzung übereinstimmt, deutet auf nach- bezw. nicht-aristophanischen Ursprung.

(4) Über die seit Ruhnken viel umstrittene und noch immer nicht gelöste Frage nach dem Umfang, Ursprung und Inhalt dieses Kanons mag in Kürze folgendes besonders hervorgehoben werden: 1. Das unzweideutige Zeugnis des Quintilian ist nicht anzufechten. 2. Nach Quintilian können die Canones des Aristophanes und Aristarch nicht identisch gewesen sein. 3. Eine Begründung mit literarischen Werturteilen, wie bei Dionysios und Quintilian, darf bei der hervorragend ästhetisch-kritischen Richtung des Aristophanes als wahrscheinlich gelten. 4. Die Beschränkung auf die *Dichter*, in Anbetracht der Arbeiten des Kallimachos und Hermippos, der platonischen Studien des Aristophanes und der erst kürzlich nachgewiesenen Beschäftigung des Aristarch mit Herodot (siehe unten), ist nicht ohne weiteres, wie dies heute meist geschieht, als sicher anzunehmen.

Vergl. *D. Ruhnken,* Opusc. I 385–392; *Parthey,* Alex. Museum, 122 ff.; *Bernhardy,* Griech. Lit. I 185; *F. Ranke,* vita Arist., 104 ff. (in Thiersch's Plutos); *G. Steffen,* de canone qui dicitur Aristophanis et Aristarchi, Lpz. 1876, pp. 62; *O. Hampe,* Ueber den sog. Kanon der Alex., Progr. Jauer 1877, pp. 18; *Bergk,* Griech. Lit. I 284–291; *Brzoska,* de canone decem oratorum, Breslau 1883; *P. Hartmann,* de canone decem oratorum, Goetting. 1891; *Susemihl* I 445. 484. II 674 f. 694–697; *L. Cohn* PW. II 999 f.; *O. Kroehnert,* Canonesne Poetarum Scriptorum Artificum per antiquitatem fuerint, Königsberg 1897, pp. 67; *W. Heidenreich,* de Quint. lib. X, de Dionys. Halic. de imit. lib. II, de canone qui dicitur Alex. quaestiones, Erlangen 1900, pp. 62; *Wilamowitz,* Zur Textgeschichte der griech. Lyriker, Berlin 1900, p. 4–11. 63–71, der den Kanon im Sinne einer Auswahl rundweg für eine Fabel erklärt.

Über A. im allgemeinen, vergl. *A. Nauck,* A. B. gramm. Alex. fragmenta, Halle 1848, pp. 306 (grundlegend); *Wilamowitz,* Eur. Her. I¹ 137–153; *Susemihl* I 428–448; *L. Cohn,* PW. II 994–1004.

ARISTARCHOS von Samothrake (c. 217/5 bis c. 145/3). Der größte Schüler des Aristophanes. Über sein Leben besitzen wir einen kurzen Artikel des Suidas[1]. Er war der fünfte Bibliothekar. A. galt dem ganzen Altertum als der Kritiker κατ᾽ ἐξοχήν.

Vergl. CIC. Att. 1, 14, 3 *meis orationibus quarum tu Aristarchus es,* epist. 9, 10, 1 *alter Aristarchus hos (sc. versiculos)* ὀβελίζει. HOR.

---

5. Der Kanon der zehn Redner läßt sich weder als alexandrinisch noch als pergamenisch direkt nachweisen. Er begegnet zuerst bei *Caecilius.* Doch darf die Tatsache, daß seine Zeitgenossen, Dionysios, Cicero und auch Didymos, wie es scheint, von einem solchen Kanon keine Kenntnis zeigen, nicht als Beweis für dessen Nichtexistenz gelten, denn auch Quintilian nimmt auf ihn keinerlei Rücksicht. Da PS. PLVT. Vitae X orat. durch die Vermittelung gerade des Caecilius auf *Hermippos* (s. u.) zurückgeht, so kann recht wohl dieser der Urheber des Rednerkanons gewesen sein.

(1) Vergl. noch die Notiz bei ATHEN. I 21 C: Καλλίστρατός τε ὁ Ἀριστοφάνειος Ἀρίσταρχον . . κακῶς εἴρηκεν ἐπὶ τῷ μὴ εὐρύθμως ἀμπέχεσθαι, φέροντός τι καὶ τοῦ τοιούτου πρὸς παιδείας ἐξέτασιν. Sein Porträt glaubt *Marx,* Index lect. Rostock 1889, in einer Büste des kapitolinischen Museums zu erkennen (Ann. de l'Inst. 1841 Tafel G).

ars 450 *fiet Aristarchus*. ATHEN. XIV 634^C μάντιν ἐκάλει (sc. Panai-
tios) . . διὰ τὸ ῥαδίωc καταμαντεύεcθαι τῆc τῶν ποιημάτων διανοίαc.
SCHOL. Hom. B 316 πάνυ ἄριcτοc γραμματικόc Δ 235 καὶ μᾶλλον πει-
cτέον ᾿Αριcτάρχῳ ἢ τῷ ῾Ερμαππίᾳ, εἰ καὶ δοκεῖ ἀληθεύειν. HIER.
in Ruf. 1 *Aristarchus nostri temporis*. AMM. 22, 16, 16 *A. grammaticae rei doctrinis excellens*. EVGEN. praef. ad Hexam. Dracontii: *quod
si Vergilius et vatum summus Homerus | censuram meruere novam
post fata subire | quam dat Aristarchus, TuccaVariusqueProbusque*.

Diese Wertschätzung verdankt A. zum nicht geringen Teil
der Begeisterung seiner zahlreichen Schüler[1] (40 nach Suidas),
welche die Kenntnis seiner Arbeiten der Nachwelt überlieferten
und ihrem Verfasser zu einem kanonischen Ansehen verhalfen,
wodurch namentlich die weit größeren Verdienste des *Aristophanes* verdunkelt wurden.   Denn wirklich bahnbrechende
Leistungen hat A. nicht aufzuweisen, und keine seiner Ausgaben, auch die Homerische nicht, ist zur Vulgata geworden.
Seine nicht wegzuleugnende eminente Bedeutung beruht lediglich auf der Vervollkommnung der textkritischen Methode, der
sorgfältigen Beobachtung des Sprachgebrauchs, namentlich des
homerischen, und auf dem Gebiet der Grammatik, die mit ihm
einen gewissen Abschluß erreichte.

Eine heftige wissenschaftliche Fehde[2] bestand zwischen
A. und Krates und deren Schülern[3].

A. soll nach Suidas 800 βιβλία ὑπομνημάτων μόνων[4]

---

(1) Vergl. *Sengebusch*, Hom. Diss. I 30—33; *A. Blau*, de A. discipulis, Jena 1883, pp. 78.

(2) Vergl. SVIDAS s. v. ᾿Αρίcταρχοc und das berühmte Spott-
epigramm des Krateteers *Herodikos* bei ATHEN. V 222^A φεύγετ᾿, ᾿Αρι-
cτάρχειοι, ἐπ᾿ εὐρέα νῶτα θαλάττηc | ῾Ελλάδα, τῆc ξουθῆc δειλότεροι
κεμάδοc | γωνιοβόμβυκεc, μονοcύλλαβοι, οἷcι μέμηλε | τὸ cφὶν καὶ cφῶιν
καὶ τὸ μὶν ἠδὲ τὸ νίν. | τοῦθ᾿ ὑμῖν εἴη δυcπέμφελον. Hierauf scheint
SEN. epist. 88, 39 anzuspielen: *Aristarchi ineptias, quibus aliena carmina compinxit, recognoscam et aetatem in syllabis conteram?*

(3) Eine moderne Analogie bietet der Streit zwischen der
Boeckhschen und Hermannschen Schule.

(4) Selbst wenn diese Zahl nur eine konventionelle wäre (siehe
oben p. 27¹) und auf jeden Homerischen Gesang, jedes Drama oder

verfaßt haben, doch wurden seine cuγγράμματα[1] höher geschätzt. Vergl. Didymos in SCHOL. B 111.

Homer:

1. *Text* mit *kritischen Zeichen* (siehe p. 87 f.). Es gab *zwei* Ausgaben, wie aus der Schrift seines Schülers und Nachfolgers *Ammonios* περὶ τοῦ μὴ γεγονέναι πλείονας (sc. τῶν δύο) ἐκδόσεις τῆς Ἀρισταρχείου διορθώσεως hervorgeht (SCHOL. Κ 397). Vergl. *Lehrs*, p. 23; *Ludwich* I 17 ff. Von Aristarchischen Lesarten sind in den Scholien 681 überliefert, direkt zitiert wird er c. 1000 mal.

2. Ὑπομνήματα, zum Teil erst durch seine Schüler nach Vorlesungen veröffentlicht.[2] Sie schlossen sich, wie es scheint, oft eng an Aristophanes an. Vergl. SCHOL. B 133 τὰ κατ᾽ Ἀριστοφάνην ὑπομνήματα Ἀριστάρχου.

3. Cυγγράμματα: Περὶ Ἰλιάδος καὶ Ὀδυσσείας (vergl. Didymos in SCHOL. A 349) Πρὸς Φιλητᾶν (SCHOL. A 524. B 111) Πρὸς Κωμανόν (SCHOL. A 97. B 798. Ω 110) Πρὸς τὸ Ξένωνος παράδοξον (gegen die Chorizonten, in SCHOL. M 435;

Gedicht *ein* ὑπόμνημα käme, so würde dies noch immerhin eine erstaunliche literarische Fruchtbarkeit ergeben.

(1) Über den Unterschied belehrt uns GALEN. XVIII(2) 173 πάσας ὁμαλῶς ποιήσασθαι τὰς ἐξηγήσεις ἐσπουδάσαμεν ἐστοχασμένας τῶν ἀληθῶν θ᾽ ἅμα καὶ χρησίμων τῇ τέχνῃ, τῇ δ᾽ ἑρμηνείᾳ μήτ᾽ εἰς βραχυλογίαν ἐσχάτην συνηγμένας — οὐ γὰρ ὑπομνήματι τὸ τοιοῦτον ἀλλὰ συγγράμματι πρέπει — μήτ᾽ εἰς μῆκος τοσοῦτον ὅσον ἐν ἀρχῇ τῶν ἐξηγήσεων ἐκεῖνοι πεποίηνται. Vergl. auch *Lehrs*, p. 21 ff.; *Wilamowitz*, in Die Kultur der Gegenwart I 8 p. 94 f.; *Fr. Leo*, Abhandl. Goetting. Gesell. der Wiss. 1904, p. 258: "Als ein unterscheidendes Merkmal darf man ansehen, daß ein Buch περὶ τοῦ δεῖνα stets ein selbständiges Buch bedeutet, das unabhängig vom Texte gelesen werden kann. Das ὑπόμνημα ist nur mit dem Text zusammen zu lesen und gehört ... mit dem Text zusammen."

(2) Darauf deuten Bemerkungen wie SCHOL. B 111 ἔν τινι τῶν ἠκριβωμένων ὑπομνημάτων. Η 130 ἐν τοῖς ἐξητασμένοις Ἀριστάρχου. Vergl. noch PORPH. Hor. epist. 2, 1, 257 *cum multa reprehenderet (sc. Aristarchus) et in Homero aiebat neque se posse scribere quemadmodum vellet neque velle quemadmodum posset.*

Sengebusch I 57; *Susemihl* II 149f.) περὶ τοῦ ναυcταθμοῦ mit διάγραμμα ⟨Karte⟩ (SCHOL. Λ 166. 807. Κ 53. Μ 258. Ο 449). Aristarch hielt Homer für einen Athener aus der Zeit der dorischen Wanderung.

Vergl. über seine Methode[1]: *Wolf*, Proleg. 226ff.; *Lehrs*, de Arist. studiis Homericis, Königsberg 1833[1], 1882[3] (grundlegend); *Sengebusch* I 24ff.; *L. Swidop*, de versibus quos A. in Homeri Iliade obelo signavit, Königsberg 1862, pp. 54; *A. Roemer*, Ueber die Werke der Aristarcheer im cod. Venet. A, in Abh. Münch. Akad. II (1875), p. 241—324, Blätt. f. bayr. Gymn. XXI 273ff., Abh. Münch. Akad. XXII (1904), p. 579—591; *A. Ludwich*, Aristarchs Homerische Textkritik nach den Fragm. des Didymus, 2 Bde, Lpz. 1885; *Wilamowitz*, Hom. Unters. 1884, p. 383—387, Eur. Heracl. 1[1] 154; *P. Cauer*, Grundfragen der homer. Kritik, Lpz. 1895, p. 11—34; *Munro*, Appendix zur Odyssee Ausgabe II 439—454, Oxford 1901; *Susemihl* I 453—458; *R. C. Jebb*, Homer, Boston 1888 (übersetzt von Emma Schlesinger 1889), p. 92ff.; *L. Cohn*, Philol. Anz. XVII 39ff., PW. II 863—870; *W. Bachmann*, Die aesthetischen Anschauungen Aristarchs in der Exegese u. Kritik der homer. Gedichte, Progr. Nürnberg 1902.

Hesiod: Διόρθωcιc mit kritischen Zeichen und ὑπομνήματα. Vergl. SVIDAS s. v. Aristonikos: περὶ τῶν cημείων τῶν ἐν τῇ Θεογονίᾳ Ἡcιόδου.

Vergl. *Flach*, Fleck. Jahrb. CIX (1874), p. 815—829. CXV p. 433—440; *Waeschke*, de Arist. studiis Hesiodeis, in Act. Sem. Lips. 1874, p. 149—173; *Schömann*, Opusc. II 510ff. III 47ff.

Archilochos (CLEM. ALEX. Strom. I 326[D]) **Alkaios** (HEPHAEST. p. 138) **Anakreon** (ATHEN. XV 671[F])

Pindar (70 mal in den Schol. erwähnt). Vergl. *P. Feine*, de Aristarcho Pindari interprete, Diss. Jenens.

---

(1) Sein kritisches Verfahren, wie es uns namentlich aus den Mitteilungen des Aristonikos entgegentritt, kann mit den Worten des *Porphyrios* bezeichnet werden: Ὅμηρον ἐξ Ὁμήρου cαφηνίζειν, αὐτὸν ἐξηγούμενον ἑαυτὸν (in SCHOL. Z 201, p. 297 Schr.) oder αὐτὸc ἑαυτὸν τὰ πολλὰ Ὅμηροc ἐξηγεῖται (p. 281, 3). Auf denselben Grundsatz läuft eine Notiz hinaus, die auf A. selbst zurückgeführt wird: Ἀρίcταρχοc ἀξιοῖ τὰ φραζόμενα ὑπὸ τοῦ ποιητοῦ μυθικῶc ἐνδέχεcθαι κατὰ τὴν ποιητικὴν ἐξουcίαν, μηδὲν ἔξω τῶν φραζομένων ὑπὸ τοῦ ποιητοῦ περιεργαζομένουc (SCHOL. Ε 385).

II (1883) 253–327; *E. Horn*, de Aristarchi studiis Pindaricis, Greifswald Diss. 1883, pp. 90; *Susemihl* I 460–462.

Aischylos (SCHOL. Theocr. 10, 18 Lykurgos) Euripides (SCHOL. Rhesus 540) Sophokles (*M. Schmidt*, Didymi fragm. Lpz. 1854, p. 262 ff.) 'Ομφάλη des *Ion* (ATHEN. XIV 634ᶜ). Vergl. SCHOL. Dionys. Thrax p. 160, 32 Hilg.: τὸν ἑαυτοῦ διδάσκαλον Ζωγραφήσας ἐν τῷ cτήθει αὐτοῦ τὴν τραγῳδίαν ἐζωγράφηce (sc. Dionysios) διὰ τὸ ἀποcτηθίζειν ('auswendig wissen') αὐτὸν (sc. ᾿Αρίcταρχον) πᾶcαν τὴν τραγῳδίαν.

Aristophanes (28 mal in den Schol. erwähnt). Vergl. *O. Gerhard*, de Aristarchi Aristophanis interprete, Bonn 1850, pp. 45; *Schneider*, de Aristoph. schol. fontibus, p. 86 f.; *A. Roemer*, Münch. Akad. XXII (1904) 605 ff., Rhein. Mus. LVII 139 ff.

᾿Αρicτάρχου [εἰc τὸ] 'Ηροδότου α' ὑπόμνημα.[1]
Vergl. *Grenfell and Hunt*, The Amherst Papyri Pars II (1901) 3, 12.

A. unterschied zuerst *acht* Redeteile. Vergl. QVINT. inst. 1, 4, 20 *octo partes secuti sunt, ut Aristarchus et aetate nostra Palaemon, qui vocabulum sive appellationem nomini subiecerunt tamquam speciem eius.* Die Entwicklung war folgende:

Demokrit, Plato: 1. ὄνομα, 2. ῥῆμα. Vergl. PLVT. Quaest. Plat. 10, 1 διὰ τί Πλάτων εἶπε τὸν λόγον ἐξ ὀνομάτων καὶ ῥημάτων κεράννυcθαι; DIOG. LAERT. 9, 48.

Aristoteles (u. Theodektes): 1. ὄνομα, 2. ῥῆμα, 3. cυνδεcμός 'Konjunktion', 4. ἄρθρον 'Artikel' (Poet. 20). Nach DIONYS. de comp. verb. 2 und QVINT. inst. 1 4, 19 war letzterer aber noch nicht als selbständiger Redeteil angenommen.

Stoiker: 1. ὄνομα, 2. προcηγορία 'appellatio, Eigenname', 3. ῥῆμα, 4. cυνδεcμός, 5. ἄρθρον 'Artikel und Pronomen', 6. μεcότηc, πανδέκτηc 'Adverbium' (von Antipater hinzugefügt).

(1) Es ist dies kleine Fragment einer der ältesten Belege für das Studium auch der Prosa seitens der großen alexandrinischen Philologen. Vergl. auch *Radermacher*, Rhein. Mus. LVII 139 ff.; *Diels*, Didymus Commentar, p. XXXVII. XLI. Ob der vor kurzem von Grenfell und Hunt in Oxyrhynchos entdeckte Kommentar zum *2. Buche des Thukydides* alexandrinischen Ursprungs ist, wird sich erst nach dessen Veröffentlichung feststellen lassen.

Aristarch: 1. ὄνομα, 2. ῥῆμα, 3. ἀντωνυμία 'Pronomen', 4. ἐπίρ-
ρημα 'Adverbium', 5. μετοχή 'Partizipium', 6. ἄρθρον, 7. cυν-
δεcμόc, 8. πρόθεcιc 'Präposition'.[1] Bei den Römern trat an
Stelle des im Latein fehlenden Artikels die *Interjektion.*
Vergl. QVINT. inst. 1, 4, 19.

Vergl. *Classen,* de gramm. Graec. primordiis, Bonn 1829, p.43 ff.;
Lersch, Sprachphilos. II 11—170; *Steinthal* op. cit. II 100 ff.; *Schö-
mann,* Die Lehre von den Redetheilen etc., Berlin 1862, p. 12 ff.;
K. E. A. Schmidt, Beitr. zur Gesch. der Gramm. des Griech. u. Latein.,
Halle 1859; *R.Schmidt,* de Stoicorum grammatica, Halle 1839; *Th. Rum-
pel,* Casuslehre, Halle 1845, p. 1—70; *Graefenhan* op. cit. I 457 ff.;
O. Fröhde, die Anfangsgr. der röm. Gramm., Lpz. 1892; *L. Jeep,*
Gesch. der Lehre von den Redetheilen bei den lat. Gramm., Lpz. 1893;
Ribbach, de Aristarchi arte grammatica, Nürnberg 1883. Über die
grammatische Terminologie siehe auch unten p. 89—91.

Über *Aristarch* im allgemeinen, vergl.*Busch,* de biblioth. Alexand.
51 ff.; *Susemihl* I 451—462. II 673; *L. Cohn,* PW. II 862—874.

HERMIPPOS von Smyrna, Peripateticus, ὁ Καλλιμάχειοc.[2]

IOSEPH. Ap. 1, 163 ἀνὴρ περὶ πᾶcαν ἱcτορίαν ἐπιμελήc.

„In der stupenden, zuweilen auch stupiden Erudition seiner
Βίοι liegen die Wurzeln der gesamten biographisch-historischen
Gelehrsamkeit, die vom 2. Jahrh. an teils berichtigt, teils er-
weitert und kombiniert, meist aber einfach kompiliert wird" *Diels.*

Man hat H. nicht nur der Unzuverlässigkeit geziehen,
sondern ihn auch als einen Geschichtsfälscher großen Stils ge-

---

(1) Die Alten, bes. die Stoiker, gewohnt im Homer die Quelle
alles Wissens zu suchen (vergl. *Fabricius,* Bibl. Gr. I 527—546),
glaubten, daß folgende Verse bereits die Kenntnis der aristarchischen
acht Redeteile voraussetzen: *Il.* I 185 αὐτὸc ἰὼν κλιcίηνδε τὸ còν
γέραc ὄφρ' εὖ εἰδῆc (PLVT. Quaest. Plat. 10, 1 Ὅμηρον δὲ καὶ
νεανιευcάμενον εἰc ἕνα cτίχον ἐμβαλεῖν ἄπαντα, ⟨sc. μέρη τοῦ λόγου⟩)
und *Il.* XXII 59 πρὸc δέ με τὸν δύcτηνον ἔτι φρονέοντ' ἐλέη-
còν (SCHOL. ad loc. cημειωτέον ὅτι τὰ ὀκτὼ μέρη τοῦ λόγου ἔχει ὁ
cτίχοc).

(2) Wegen seiner pinakographischen Tätigkeit so genannt zum
Unterschied von Hermippos von Berytos; denn daß H. ein Schüler des
Kallimachos gewesen, wie allgemein angenommen wird, läßt sich
nicht erweisen. Wahrscheinlich war er ein jüngerer Zeitgenosse des
Aristophanes von Byzanz.

brandmarkt. Er scheint aber lediglich darauf bedacht gewesen zu sein, alles, was die Schätze der alexandrinischen Bibliothek für seine biographischen Zwecke boten, auszubeuten, ohne sich auf eine Sichtung des Wahren vom Falschen einzulassen, hierin dem *Sueton* sehr ähnlich. Gerade dadurch wurden seine Βίοι eine so reiche Fundgrube für alle Späteren. Die uns erhaltenen Titel waren wohl nur Unterabteilungen jenes bändereichen Werkes: περὶ νομοθετῶν, περὶ τῶν ἑπτὰ coφῶν, περὶ Ἱππώνακτοc, περὶ Πυθαγόρου, περὶ Ἀριστοτέλουc, περὶ Γοργίου, περὶ Ἰcοκράτουc, περὶ τῶν Ἰcοκράτουc μαθητῶν, περὶ Δημοcθένουc, περὶ Θεοφράcτου, περὶ Χρυcίππου, περὶ ἐνδόξων ἀνδρῶν ἰατρῶν, περὶ μαγῶν, vielleicht auch περὶ τῶν ἀπὸ φιλοcοφίαc εἰc τυραννίδαc καὶ δυναcτείαc μεθεcτηκότων. Die Βίοι sind insbesondere eine der Urquellen für *Didymos, Plutarchs* Lykurgos, Solon, Demosthenes, *Ps. Plut.* Vitae X orat. und *Diogenes* Laertius, der auch die wertvollen Schriftstellerverzeichnisse und Testamente ihm, wenn auch nicht direkt, verdankt.

Vergl. *A. Lozynski,* H. Smyrnaei peripatetici fragmenta, Bonn 1832, pp. 143; *Susemihl* 1 492—495; *B. Keil,* Analecta Isocratea 1885; *Leo,* Griech.-röm. Biogr., p. 124—127; *H. Diels,* Didymus' Demosthenes-Commentar, p. XXXVIIf.

POLEMON von Ilium, ὁ cτηλοκόπαc (blühte c. 177).

Berühmter Epigraphiker, Kunstschriftsteller und Perieget.

Vergl. PLVT. Quaest. Symp. V 2, p. 675 B πολυμαθοῦc καὶ οὐ νυcτάζοντοc ἐν τοῖc Ἑλληνικοῖc πράγμαcιν ἀνδρόc.

Περὶ τῆc Ἀθήνηcιν ἀκροπόλεωc, 4 B. περὶ τῆc ἱερᾶc ὁδοῦ (von Athen nach Eleusis) περὶ τῆc ἐν Cικυῶνι ποικίληc cτοᾶc (daraus περὶ τῶν ἐν Cικυῶνι πινάκων) περὶ τῶν ἐν Λακεδαίμονι ἀναθημάτων περὶ τῶν Θήβηcι Ἡρακλείων περὶ τῶν ἐν Δελφοῖc θηcαύρων περιήγηcιc Ἰλίου, in 3 B. περὶ Cαμοθράκηc περὶ τῶν ἐν Καρχηδόνι πέπλων περὶ Ἠλίδοc(?) Eine große Anzahl Städtegründungsgeschichten (Phocis, Pontos, Italien, Sizilien, Karien).

Streitschriften (ἀντιγραφαί): Gegen *Timaios*, in mindestens
12 B. Gegen *Eratosthenes*[1], in wenigstens 2 B. Gegen
Anaxandrides, Neanthes, Adaios, *Antigonos*[2] Briefe philologischen Inhalts, z. B. περὶ ἀδόξων ὀνομάτων (Worte, die
in malam partem gebraucht wurden) und περὶ τῶν κατὰ
πόλεις ἐπιγραμμάτων.

Vergl. *Preller*, Polemonis periegetae fragmenta, Lpz. 1838;
C. Müller, Frag. hist. graec. III 108—148; *Susemihl* I 665—676. Zu
der bei Susemihl angeführten Literatur über die Frage, ob Pausanias
den Polemon benutzt *(Wilamowitz, Kalkmann,* dagegen *Gurlitt)*, füge
hinzu *Heberdey*, Reisen des Paus. in Griechenl., Abh. des arch.-epigr.
Seminars X, Wien 1894 und bes. *Frazer*, Pausanias I p. LXXXIII—XC,
ebenfalls gegen Polemon als Quelle des Pausanias.

DEMETRIOS von Skepsis, blühte 150 v. Chr.

DIOG. LAERT. V 84: πλούσιος καὶ εὐγενὴς ἄνθρωπος καὶ φιλόλογος ἄκρως.

Verfasser des Τρωϊκὸς Διάκοσμος, in 30 B., eines
Werkes von staunenswerter, wenn auch konfuser Gelehrsamkeit, das besonders von *Apollodoros, Strabo* und *Alexander
Polyhistor* ausgebeutet und wohl noch von *Athenaios* direkt
benutzt wurde. Vergl. STRABO XIII 603 ἀνδρὶ ἐμπείρῳ καὶ
ἐντοπίῳ φροντίσαντί τε τοσοῦτον περὶ τούτων ὥστε τριάκοντα
βίβλους συγγράψαι στίχων ἐξήγησιν μικρῷ πλειόνων ἑξήκοντα
τοῦ καταλόγου τῶν Τρώων (Hom. B 816—877), 609 γραμματικός. Berühmt ist seine Hypothese, daß das Homerische
Troja bei *Bunárbaschi* und nicht bei *Hissarlík* zu suchen sei.[3]

Vergl. *R. Stiehle*, Philol. V (1850) 528—546. VI 344—347; *B. Niese*
(D. S. als Quelle Strabos), Rh. Mus. XXXII (1877) 285 ff.; *R. Gaede*,
D. S. quae supersunt, Greifswald 1880, pp. 66 (grundlegend); *Susemihl* I 681—685; *E. Schwartz*, PW. IV 2807—2813. Siehe auch
unter Apollodor.

---

(1) Über dessen angebliche Unkenntnis attischer Dinge.
(2) Kunstgeschichtlichen Inhalts.
(3) Vergl. *Jebb*, Journ. of Hellenic Stud. II 34 f. III 203 ff.

APOLLODOROS von Athen, blühte 150 v. Chr.

Ps. HERACL. Alleg. Hom. 7 περὶ πᾶcαν ἱcτορίαν ἀνδρὶ δεινῷ. PLIN. nat. 7, 123 *grammatica enituit cui Amphictyones Graeciae honorem habuere.* GELL. 17, 4, 4 *scriptor celebratissimus.* Der bedeutendste Schüler des Aristarch.

Χρονικά, in iambischen Trimetern, von der Zerstörung Trojas, 1184–144. Erweiterte Ausgabe bis 120/119 (Tod des Akademikers Boethos). Beruhte auf den Forschungen des *Eratosthenes.* Das Werk des A. war die Hauptquelle chronologischer Kenntnis im Altertum. Ausgiebig benutzt, wenn auch oft durch Mittelquellen, z. B. von Philodem, Laertius Diogenes, Diodor, Demetrios Magnes, Dionysios von Halikarnass, Porphyrios, Stephanos Byzantius, den Verfassern von Μακρόβιοι (Ps. Lucian, Phlegon), Eusebios, Suidas. Q. Lutatius Catulus, Cicero, Nepos, Atticus, Velleius, Plinius d. Aelteren, Gellius usw. Berühmte Ansetzung der Blütezeit auf das 40. Jahr (ἀκμή, ἤκμαζε, γέγονε, clarus habetur), vielleicht im Anschluß an Aristoxenos.

Vergl. *H. Diels,* Rhein. Mus. XXXI (1876) p. 1–54 (grundlegende Abhandlung); *G. F. Unger,* Philol. XI (1882) 602–651 (verfehlte Hypothesen); *Bergk,* Griech. Lit. I 300ff.; *C. Wachsmuth,* Einl. in das Stud. der alt. Gesch. 1895, p. 131–136 (mit ausführlichen Literaturangaben); *Wilamowitz,* Hermes XI (1876) 70ff.; *E. Schwartz,* PW. I 2857–2863; *F. Jacoby,* Apollodor's Chronik (Philol. Unters. XVI) 1902, pp. 416 (Hauptwerk).

Περὶ θεῶν, in 24 B.[1] Die großartigste Leistung des A. und eine Fundgrube mythologischer Gelehrsamkeit für alle Späteren.[2]

---

(1) Photios las dieses Werk in einer Epitome des Sopatros.

(2) Die unter A.'s Namen erhaltene Βιβλιοθήκη ist eine reichhaltige mythologische Kompilation, die aber mit A. *nichts* zu tun hat, was zuerst überzeugend von *C. Robert* nachgewiesen wurde. Vergl. de Apollodori bibliotheca, Berlin 1873, pp. 91; *E. Schwartz,* PW. I 2875–2886 mit der dort zitierten Literatur. Ältere in *Heynes* Ausgabe und bei *Fabricius,* Bibl. Gr. IV 289ff. Auch geht die 'Bibliothek' nicht direkt auf A.'s περὶ θεῶν zurück, sondern das in

Vergl. *R. Muenzel,* Quaest. mythograph., Bonn 1883, de Apollodori περὶ θεῶν libris, Bonn 1883; *E. Schwartz,* PW. I 2872–2875; *F. Zucker,* Spuren von Apollodoros' περὶ θεῶν bei christl. Schriftstellern der ersten 5 Jahrh., München. Diss. 1904, pp. 39, dazu *F. Jacoby,* Berl. Phil. Woch. 1905, p. 1617–1623; *G. Wentzel,* de grammaticis Graecis quaest., I ἐπικλήcειc, Göttingen 1890; *E. Hefermehl,* Prolegomenon in schol. veterrima quae sunt de Iliadis libro Φ specimen. Studia in Apollodori περὶ θεῶν fragmenta, Berlin. Diss. 1905, pp. 45.

Περὶ τοῦ νεῶν καταλόγου, in 12 B. Wie die Chronica die χρονογραφίαι des Eratosthenes, so scheint diese Schrift das großeWerk des Demetrios von Skepsis verdrängt zu haben. Vergl. *B. Niese,* Rh. Mus. XXXII 267–307; *E. Schwartz,* PW. I 2863–2871.

Περὶ Cώφρονος, 4 B. Περὶ Ἐπιχάρμου Kommentar in 10 B. Sehr wahrscheinlich hat A. auch die maßgebende Textrezension dieser Schriftsteller besorgt. Vergl. *Wilamowitz,* Textgesch. der griech. Lyriker, p. 24–29.

Περὶ ἐτυμολογιῶν, in mindestens 2 B. Vergl. Varro ling. VI 2 *huius rei* (sc. originum vocabulorum) *auctor satis mihi Chrysippus et Antipater et illi, in quibus si non tantum acuminis, at plus litterarum, in quo est Aristophanes et Apollodorus.*

Περὶ φιλοcόφων αἱρέcεων (ein Teil von περὶ θεῶν?) περὶ νομοθετῶν(?) περὶ τῶν Ἀθήνηcιν ἑταιρῶν (ἑταιρίδων bei Athen. XIII 586 A).

Über A. im allgemeinen: *Fabricius,* Bibl. Gr. IV 287–299; *Heyne,* A. Bibliotheca I 385 ff.; *C. Müller,* Fragm. Hist. Gr. I p. XXXVIII –XLIV, fragm. p. 428–469. IV 649 f.; *Susemihl* II 33–44; *Münzel,* PW. I 2855 f.; *E. Schwartz,* ebenda 2856–2875; *F. Jacoby* op. cit. 1–38.

---

diesem Werke aufgespeicherte Material scheint den Späteren (Ovid, Diodor, Hygin usw.) meist durch ein um 100–50 v. Chr. entstandenes mythologisches Kompendium (cυναγωγὴ μύθων) übermittelt worden zu sein. Vergl. *E. Schwartz,* de scholiis Homericis ad historiam fabularem pertinentibus, in Jahrb. f. Phil. Suppl. XII (1881) p. 403–464; *E. Bethe,* Quaest. Diodoreae mythograph., Göttingen 1889, pp. 106, Hermes XXVI (1891) 593–634; *Wilamowitz,* Eur. Her. I¹ 168 ff.; *Susemihl* II 50–52.

Ammonios (Schüler und Nachfolger des Aristarch). Der sechste und letzte bekannte Bibliothekar.[1] Περὶ τοῦ μὴ γεγονέναι πλείουc (sc. τῶν δύο) ἐκδόcειc τῆc Ἀριcταρχείου διορθώcεωc (? = περὶ τῆc ἐπεκδοθείcηc ⟨Ἀριcταρχείου⟩ διορθώcεωc). Eine wichtige Quelle für Didymos. Περὶ τῶν ὑπὸ Πλάτωνοc μετενηνεγμένων ἐξ Ὁμήρου Cύγ-γραμμα πρὸc Ἀθηνοκλέα (Didymos, Schol. Hom. Γ 368). Cύγ-γραμμα περὶ Πινδάρου. Περὶ τῶν κωμῳδουμένων (über die in der Komödie verspotteten Personen, mit sachlichen Erklärungen).[2] Περὶ τῶν Ἀθήνηcιν ἑταιρίδων Περὶ προc-ῳδίαc(?).

Vergl. *Blau*, de Aristarchi discipulis, Jena Diss. 1883, p. 5–13; *A. Römer*, Die Werke der Aristarcheer im Cod. Ven. A., in Münch. Akad. II (1875) pp. 241 ff.; *La Roche*, Homer. Textkritik, p. 68–78; *Susemihl* II 153–155; *L. Cohn*, PW. I 1865 f.

Dionysios Thrax (Schüler des Aristarch), c. 170 – c. 90.

Schol. Dionys. Thrax: ἄγαν cπουδαῖοc καὶ πολυμαθὴc ὥcτε πάντας ὑπερβάλλεcθαι τοὺc κατ᾽ αὐτόν.

*Τέχνη (sc. γραμματική). Über diese *erste* griechische Grammatik (mit Ausschluß der Syntax und Stilistik), die aber nur die Ergebnisse früherer Forschungen geschickt und sehr kurz zusammenfaßte, ist weder das Altertum noch das Mittelalter hinausgekommen, denn selbst die Ἐρωτήματα des Moschopulos (13. Jahrh.), auf denen wiederum die huma-nistischen Bearbeitungen des Chrysoloras, Theodorus Gaza, Laskaris und Chalkondyles beruhten, stehen noch ganz auf seinen Schultern. Dasselbe gilt von den Römern, z. B. Varro, Remmius Palaemon, Dositheos, Donatus, Diomedes, Charisius und Priscian. Auch unsere heutige grammatische Termino-logie (worüber p. 42 und 89 – 91) ist im großen und ganzen

_____

(1) Denn von zwei anderen *Onesandros* (c. 89 v. Chr.) und *Dio-nysios* (c. 50 n. Chr.) wissen wir nichts Näheres.

(2) Vergl. Schol. Arist. Av. 1297, Pax 363, Vesp. 947 und 1239, wo Ἁρμόδιοc für Ἀμμώνιοc verschrieben zu sein scheint.

48   I. Griechische Periode.

die des Dionysios. Einen ähnlichen Einfluß dürfte kaum ein
zweites Buch gleichen Umfangs aufzuweisen haben.

Von den zahlreichen Kommentatoren sind die wichtigsten:
Choeroboskos, Melampos (6. Jahrh.), Stephanos (7. Jahrh.),
Heliodoros.

Vergl. *W. Hoerschelmann, de D. T.* interpretibus veteribus, Lpz.
1874, pp. 92, Acta soc. phil. Lips. IV (1875) p. 333 ff. V (1875) p. 297 ff.;
A. Hilgard, Heidelberg. Gymn. Progr. 1880, pp. 52 und praefatio zu
seiner Scholien-Ausgabe. Die Τέχνη zuerst gedruckt bei *Fabricius*
Bibl. Gr. VII (1715) 26—34. Grundlegende Ausgabe von *G. Uhlig,* mit
ausführlichen Proleg. Lpz. 1883, pp. C + 224.

Ὑπομνήματα und cυγγράμματα(?) zur *Ilias* und *Odyssee*
(28 mal erwähnt). Wie sein Lehrer Aristarch, hielt D. Homer
für einen Athener.

Εἰc Ἡcίοδον(?)   Πρὸc Κράτητα (von Didymos in SCHOL.
Il. IX 464 erwähnt)   Περὶ ποcοτήτων (ebenda Il. II 111)   Περὶ
ἐμφάcεωc (vielleicht Teil einer Rhetorik)   Μελέται (Stilübungen
oder controversiae?).

Im allgemeinen vgl. *M. Schmidt,* Philol. VII 360—382 VIII 234—253.
510—520; *Susemihl* II 168—175. 687 f.; *L. Cohn,* PW. V 977—983.

DIDYMOS von Alexandrien (c. 65 v. Chr.–c. 10 n. Chr.).

QVINT. inst. I 8, 20 *Didymo, quo nemo plura scripsit, accidisse
compertum est, ut cum historiae cuidam tamquam vanae repugnaret,
ipsius proferretur liber qui eam continebat.* ATHEN. IV 139 C καλεῖ
δὲ τοῦτον Δημήτριος ὁ Τροιζήνιος βιβλιολάθαν διὰ τὸ πλῆθος ὧν
ἐκδέδωκε cυγγραμμάτων· ἐcτὶ γὰρ τρισχίλια πρὸc τοῖc πεντακοcίοιc; SEN.
Epist. 88, 37 *quattuor milia librorum Didymus grammaticus scripsit,
misererer, si tam multa supervacua legisset;* HIER. apud RVFIN. Apol.
II 20 *Graeci Chalcenterum miris efferunt laudibus quod tantos libros
composuerit quantos quivis nostrum alienos sua manu describere
non possit;* MACROB. sat. 5, 18, 9 *grammaticorum facile eruditissimus,*
5, 22, 10 *grammaticorum omnium quique sint quique fuerint instruc-
tissimus.* AMM. 22, 16, 16 Χαλκέντεροc *eminuit Didymus multiplicis
scientiae copia memorabilis;* SVIDAS s. v. Ἀπίων: ὁ μέγαc; s. v. Ἡρα-
κλείδηc Ποντικόc: ὁ πάνυ.

Der beispiellosen kompilatorischen Tätigkeit dieses Mannes
verdankte das Altertum einen großen, wir mittelbar den weit-

aus größten Teil unserer Kenntnis alexandrinischer Gelehrsamkeit. Bei diesem unsterblichen Verdienst fällt der öfters
nachweisbare Mangel an Akribie, tieferem Verständnis und
Zuverlässigkeit im Einzelnen nicht schwer ins Gewicht, und
so ist das jetzt übliche Verdammungsurteil, wie es besonders
scharf von *Römer* ausgesprochen ist, durchaus unberechtigt.
Vergl. zur Charakteristik *Wilamowitz*, Eur. Her. I¹ 157–168;
A. Römer, Abh. der Münch. Akad. XIX (1892) 631–643. XXII (1904)
615–620; *Susemihl* II 208–210; *L. Cohn,* PW. V 446. 454; *Diels,*
Didymus Commentar, p. XXXIII ff.

I. Διορθώcειc und ὑπομνήματα:
Περὶ τῆc Ἀριcταρχείου διορθώcεωc (sc. Ἰλιάδοc
καὶ Ὀδυccείαc).
Vergl. oben (p. 39), unten (p. 76) und *Lehrs,* p. 16–29; *Ludwich* I 41 ff. 177–631; *A. Römer,* Bl. f. bayr. Gymn. 21 (1885) p. 273
–294. 369–399, Abh. der Münch. Akad. XVII (1885) 656 ff.

Kommentare zu: Hesiod, sicher zur Theogonie, wahrscheinlich auch zu den Erga. Vergl. *Schmidt,* p. 299 f.

Pindar (60 mal in den Scholien namentlich zitiert).
Vergl. *Schmidt,* 214–240; *C. Lehrs,* Die Pindarscholien, Lpz.
1863, p. 2–18; *L. Cohn,* PW. V 450 f.

Zu den Ἐπινίκια des Bakchylides. Nur einmal erwähnt, doch wird er vermutlich alle Gedichte erklärt haben.
Vergl. *Schmidt,* 300.

Aischylos: In unseren knappen und arg verstümmelten
Scholien wird D. zwar nicht erwähnt, doch ist ein Kommentar
desselben mit Sicherheit zu erschließen.
Vergl. *J. J. Frey,* de Aesch. scholiis Mediceis, Bonn 1857.

Sophokles (9 mal in den Scholien zitiert und bezeugt
von ATHEN. II 70ᶜ).
Vergl. *Schmidt,* 261–274; *G. Wolff,* de Soph. schol. Laurentiano-
rum variis lectionibus, Lpz. 1843, p. 12–29.

Euripides (in den Scholien 19 mal zitiert). Vorurteils-
volle Kritik des Dichters.
Vergl. *Schmidt,* 274–283; *Barthold,* de schol. in Eurip. veterum
fontibus, Bonn 1864; *L. Cohn,* PW. V 452 f.; *W. Elsperger* (p. 79).

Die erhaltenen Tragikerbiographien gehen in ihren Haupt-
teilen auf D. zurück.

Ion von Chios, jedenfalls zum Agamemnon. Achaios,
jedenfalls zu den ῎Αθλα. Vergl. *Schmidt*, 301–305.

Kratinos(?)   Eupolis.   Vergl. *Schmidt*, 307–309.

Aristophanes:[1]
Vergl. *Schmidt*, 246–261. 283–299; *Schneider*, de veterum in
A. schol. fontibus, Sundiae 1838; *L. Cohn*, PW. V 455–458 und unten
p. 79³ (Arist. Byz. – *Didymus* – Symmachos – Scholien).

Menander Kronos des Phrynichos. Vergl. *Schmidt*, 306 f.

Thukydides: Ausgabe und Kommentar sind zweifelhaft, doch ist die erhaltene Vita des Markellinos in ihrem
ersten Teile (§ 1–45) wahrscheinlich Didymeisch.
Vergl. *Schmidt*, 321–334; *F. Ritter*, Rh. Mus. III (1845) 321–359;
Wilamowitz, Hermes XII (1877) 341 ff.; *Susemihl* II 203 f. Anm. 314,
dagegen *L. Cohn*, PW. V 460 f.

Texte u. Kommentare zu den attischen Rednern:

Antiphon(?) Isaios   Hypereides   Aischines   Iso-
krates(?) Deinarchos(?) Vergl. *Schmidt*, 317 ff.   Demosthenes:
Vergl. *Schmidt*, 310–317; *L. Cohn*, PW. V 458 ff. und jetzt
Diels und Schubart, Didymus' Commentar zu Demosthenes (Papyrus
9780), Berlin 1904, pp. LIII u. 95; *F. Leo*, Goett. Gelehrt. Anz. 1904,
p. 254–261; *A. Körte*, Rhein. Mus. LX, p. 388–417.

῾Ρητορικὰ ὑπομνήματα, in mindestens 10 B. Exegetische Parerga zu den attischen Rednern. Vergl. *Schmidt*, 321.

Das Buch περὶ τοῦ δεκατεύειν, erwähnt von Harpokration,
dessen Lexikon hauptsächlich auf Didymos beruht, war vermutlich ein Exkurs zum Demosthenes-Kommentar.

---

(1) In den erhaltenen Scholien wird Didymos am häufigsten
erwähnt (61 mal).

II. Lexikographische Werke:

Λέξιc τραγική
Λέξιc κωμική

Die Hauptquelle, wenn auch meist indirekt, aller späteren Lexikographen, z. B. des Pamphilos, Diogenian, Aelius Dionysios, Pausanias, Photios, Phrynichos, Hesychios. Auch von Athenaios, Macrobius und Scholiasten direkt oder indirekt benutzt.

Vergl. *Schmidt*, 27—111; *Wissowa*, de Macrobii Saturn. fontibus, Breslau 1880, p. 45 ff.; *L. Cohn*, PW. V 461—464.

Τροπικὴ Λέξιc ᾿Απορουμένη Λέξιc, in mindestens 7 B. Beide Werke nur einmal erwähnt. Διεφθορυῖα Λέξιc (Form- und Sinnwandel von Worten. Vergl. ATHEN. IX 368^B, SCHOL. Arist. Aves 768, Plut. 388). Vergl. *Schmidt*, p. 15—20. Vielleicht gegen die ähnlich betitelte Schrift des Königs Juba gerichtet (s. u. p. 61).

Περὶ παθῶν, 'Abwandlungen'. Zu diesem Werke schrieb *Herodian* einen Kommentar. Vergl. *Schmidt*, p. 343—345. 401—403. Nach *L. Cohn*, PW. V 465 war das als selbständige Schrift zitierte Buch περὶ ὀρθογραφίαc nur ein Teil von περὶ παθῶν.

III. Literarhistorische und antiquarische Schriften:

Ξένη ἱcτορία 'Mythen- und Sagenkunde'. Vergl. *Schmidt*, p. 356—368; *L. Cohn*, op. cit. p. 466.

Cυμποcιακά (= Cύμμικτα?), in mindestens 10 B. Hier wurden vermutlich die von SEN. epist. 88, 37 verspotteten Fragen erörtert: *in his libris* (sc. Didymi) *de patria Homeri quaeritur* (ein vielbehandeltes Thema, vergl. *Sengebusch*, Diss. Homer. II 1—22), *in his de Aeneae matre vera, in his libidinosior Anacreon an ebriosior vixerit, in his an Sappho publica fuerit* (*Welcker*, Kleine Schrift. II 80—144). Vergl. *Schmidt*, p. 368—386.

Περὶ λυρικῶν ποιητῶν. Daraus z. B. das lange Fragment über die Musikinstrumente der Lyrik bei ATHEN. XIV 634^F—637^F.

52   I. Griechische Periode.

Vergl. *Schmidt*, p. 386—396; *C. A. Bapp*, de fontibus quibus Athenaeus in rebus musicis lyricisque enarrandis usus est, Leipz. Stud. VIII 85—160, dazu *L. Cohn*, Phil. Anz. XVII ⟨1887⟩ p. 463 ff., PW. V p. 468 f.; *Susemihl* II 206, Anm. 331—333.

Εἰς Ἴωνα (?) ἀντεξηγήσεις. Ob diese Schrift, falls der Titel richtig überliefert ist, nur eine Unterabteilung des obigen Werkes oder der Συμποσιακά oder ein selbständiges Buch war, läßt sich nicht ermitteln. Περὶ παροιμιῶν, 13 B. Die erhaltene Sprichwörtersammlung des *Zenobios* stellt sich dar als eine ἐπιτομὴ τῶν Ταρραίου καὶ Διδύμου παροιμιῶν.

Vergl. *O. Crusius*, Analecta critica ad paroemiographos graecos, Lpz. 1883, pp. 176; *L. Cohn*, op. cit. p. 467 f.; *Schmidt*, p. 396—398.

Περὶ τῶν ἀξόνων τῶν Σόλωνος ἀντιγραφὴ πρὸς Ἀσκληπιάδην (Plvt. Sol. 1).

Περὶ τῆς Κικέρωνος πολιτείας[1] (d. h. über Ciceros de republica). Vergl. Amm. 22, 16, 16, Svidas s. v. Τράγκυλλος.

Περὶ πόλεως Καβάσσου (?) περὶ δήμων und 'über spartanische Gebräuche', gegen Polemon gerichtet (Athen. IV 139ᴰ —140ᴮ), waren vermutlich nur Exkurse in seinen Kommentaren zu Homer, den Rednern oder den Komikern.

Im allgemeinen vergl. *M. Schmidt*, Didymi Chalcenteri grammatici Alexandrini fragmenta, Leipzig 1854, pp. 423 (grundlegende und musterhafte Sammlung); *Susemihl* II 195—210. 688 f.; *L. Cohn* PW. V 445—472.

Tryphon von Alexandrien (älterer Zeitgenosse des Didymos).

Ein konfuses Verzeichnis seiner zahlreichen Arbeiten über griechische Grammatik gibt Suidas, Titel anderer werden be-

(1) Da eine solche Abhandlung ganz aus dem Rahmen seiner sonstigen schriftstellerischen Tätigkeit herausfällt, so weist *L. Cohn*, op. cit. p. 471 f., die Schrift dem *Claudius Didymos* (um 50 n. Chr.) zu, der auch περὶ τῆς παρὰ Ῥωμαίοις ἀναλογίας geschrieben hat. Trifft diese bestechende Vermutung das Richtige, so müssen allerdings sowohl Ammian, wie der Gewährsmann des Suidas jenen mit dem weit berühmteren Alexandriner verwechselt haben. Die Antikritik des *Sueton* mag aus seinen Studien zur *Vita Ciceronis* hervorgegangen sein.

sonders von Athenaios, Apollonios Dyskolos und Herodian
zitiert.
*Περὶ τρόπων. Vergl.*Rutherford,*Schol.Aristoph. vol.III
201—309; *Spengel,* Rhet. Gr. III 189—214. Vermutlich ist aber
dieses berühmte Büchlein nur eine Epitome des Originals.
περὶ cχημάτων περὶ μέτρων.

Περὶ διαλέκτων. Von einem etwa so betitelten großen
Werke scheinen die folgenden uns überlieferten Titel nur Unterabteilungen gewesen zu sein: Περὶ τῆς ᾿Ελλήνων διαλέκτου καὶ
᾿Αργείων καὶ ᾿Ρηγίνων καὶ Δωριέων καὶ ᾿Ιμεραίων καὶ Cυρα-
κοcίων περὶ τῶν παρ᾿ ᾿Ομήρῳ καὶ Cιμωνίδῃ καὶ Πινδάρῳ,
καὶ ᾿Αλκμᾶνι καὶ τοῖc ἄλλοιc λυρικοῖc διαλέκτων περὶ
πλεονακμοῦ τοῦ ἐν τῇ Αἰολίδι διαλέκτῳ περὶ ᾿Ελληνικμοῦ,
mindestens 5 B.

Περὶ ᾿Αττικῆc προcῳδίαc περὶ πνευμάτων περὶ ὀρθογραφίαc καὶ τῶν ἐν αὐτῇ Ζητουμένων (d. h. deren Probleme)
περὶ ἀρχαίαc ἀναγνώcεωc (᾿antike Schreibweise᾿).

Περὶ ὀνομαcιῶν. Nach ATHEN. IV 174[E] handelte es
über musikalische Bezeichnungen. Vieles aus diesem Werke
findet sich bei Athenaios und Pollux, ob aber auf direktem
Wege oder durch Vermittelung anderer Quellen und welcher,
ist kontrovers und nicht zu entscheiden.
Vergl. *Bapp,* op. cit. p. 107—125. 134—138; *L. Cohn,* Philol. Anz.
XVII (1887) p. 463ff.

Περὶ παθῶν (᾿Abwandlungen᾿) περὶ τῆc ἐν μονοcυλλά-
βοιc ἀναλογίαc περὶ τῆc ἐν κλίcεcιν (᾿Deklinationen᾿) ἀναλογίαc περὶ τῆc ἐν εὐθείᾳ ἀναλογίαc περὶ ῥημάτων ἀναλογίαc βαρυτόνων.

Περὶ ἄρθρων[(1)] περὶ προcώπων περὶ ἀντωνυ-
μιῶν περὶ μετοχῆc περὶ προθέcεων περὶ cυνδέcμων
περὶ ἐπιρρημάτων περὶ ῥημάτων ἐγκλιτικῶν καὶ ἀπαρεμ-
φάτων καὶ προcτατικῶν καὶ εὐκτικῶν καὶ ἁπλῶc πάντων
περὶ ὀνομάτων cυγκριτικῶν (᾿adjektiv. Komparation᾿) περὶ

---

(1) Zur Terminologie siehe p. 89—91.

ὀνομάτων χαρακτήρων. Auch hier haben wir vermutlich eine Reihe von Sondertiteln eines umfangreichen Werkes, wie etwa περὶ ἀναλογίας und περὶ μέρων λόγου. Περὶ φυτικῶν, περὶ ζῴων (seltene Tier- und Pflanzennamen). Vergl. A. von Velsen, Tryphonis grammatici Alexandrini fragmenta, Berlin 1859, pp. 110; Susemihl II 210–213. 689.

Theon von Alexandrien (1. Jahrh. v. Chr.).

'Der Didymus der Alexandrinischen Dichter'.

Ὑπομνήματα zu Lykophron[1], Theokrit, Kallimachos᾽ Αἴτια, Apollonios Rhodios, Nikandros und zur Odyssee(?). Λέξις κωμική.
Vergl. C. Giese, de Theone grammatico eiusque reliquiis, Diss. Münster 1867, pp. 68; Wilamowitz, Eur. Heracl. I¹ 156; Susemihl II 216f.

3. Die Stoiker als Philologen. Die pergamenische Schule.[2]

Hauptcharacteristica: Allegorische Interpretation des Homer. Vertretung des Prinzips der Anomalie im Gegensatz zur Analogie. Systematisierung der Grammatik und Einführung einer grammatischen Terminologie.
Vergl. im allgemeinen: C. F. Wegener, de aula Attalica litterarum artiumque fautrice, Copenhagen 1836, pp. 293 (zum großen Teil veraltet); Gräfenhan I 440ff., 505ff., II 23ff., III 236; R. Schmidt, de Stoicorum grammatica, Halle 1839 (grundlegend); Lersch, Sprachphilosophie I 45ff., II, III 41ff.; J. Classen, de grammat. Graecae primordiis, Bonn 1829, p. 72ff.; Striller, de Stoicorum studiis rhetoricis (Bresl. Abh. I 2), 1886, pp.61; Steinthal, Gesch. der Sprachw. I² 331ff.; Reitzenstein, Gesch. der griech.Etymol., p.157ff. A. Conze, Sitzungsber.

(1) Bildete den Grundstock des erhaltenen Kommentars des Tzetzes.
(2) Ptolemaios Askalonites schrieb Περὶ τῆς Κρατητείου αἱρέcεωc (Schol. Hom. Γ 155). Ihre bedeutendsten Vertreter waren: Herodikos von Babylon, Tauriskos, Karystios, Zenodotos der Jüngere, Telephos, Artemon, Alexander Polyhistor, Demetrios Ixion, Athenodoros Kordylio, Asklepiades von Myrlea.

Berl. Akad. 1884, p. 1259ff.; *Dziatzko* PW. III 414f. (Bibliothek).
Wilamowitz, Antig. von Carystos, p. 158—168 (Attalische Kultur und
Stellung zu Alexandrien); *Sandys*², op. cit. p. 146—154.

CHRYSIPPOS von Soli, c. 281/277 bis c. 208/204.

Er soll 705 Werke verfaßt haben. εἰ μὴ γὰρ ἦν Χρύcιππος, οὐκ ἂν ἦν Cτοά. Aus dem lückenhaften Schriftenverzeichnis bei DIOG. LAERT. VII 190ff. sind folgende Abhandlungen hier erwähnenswert:

Περὶ τῆc κατὰ τὰc λέξειc ἀνωμαλίαc⁽¹⁾, 4 B. Die
erste Schrift über einen Gegenstand, der Jahrhunderte lang in
der grammatischen Forschung eine bedeutende Rolle spielen
sollte.

Περὶ τῶν πέντε πτώcεων (Kasuslehre)   περὶ τῶν ἐνι-
κῶν καὶ πληθυντικῶν ἐκφορῶν, 6 B.   περὶ λέξεων, 5 B.
περὶ coλοικιcμῶν   περὶ coλοικιζόντων λόγων   λόγοι παρὰ
τὰc cυνηθείαc   περὶ τῆc cυνηθείαc, 7 B.   περὶ ἀμφιβολιῶν
(6 Werke über dieses Thema)   περὶ τῶν cτοιχείων τοῦ
λόγου καὶ τῶν λεγομένων   τέχνη λόγων καὶ τρόπων, 5 B.
περὶ τῶν ἐτυμολογικῶν, 7 B.

Περὶ παροιμιῶν, 2 B.   περὶ ποιημάτων   περὶ τοῦ πῶc
δεῖ τῶν ποιημάτων ἀκούειν, 2 B. (Quelle der gleichnamigen
Schrift des Plutarch)   περὶ τῆc ῥητορικῆc, 4 B.

Vergl. *Aronis,* Χρύcιππος γραμματικός, Diss. Jena 1885, und die
obengenannten Schriften (p. 54).

KRATES von Mallos.

Leidenschaftlicher Gegner Aristarchs und seiner Schule.
Vergl. STRABO I 30 Ἀριcτάρχου καὶ Κράτητος .. τῶν κορυ-
φαίων ἐν τῇ ἐπιcτήμῃ ταύτῃ (sc. γραμματικῇ). *Bibaculus* bei
SVET., gramm. 11 p.110 *en cor Zenodoti*⁽²⁾, *en iecur Cratetis!*

---

(1) In seiner technisch-grammatischen Bedeutung ist das Wort
früher nicht nachweisbar. Vermutlich ist ἀναλογία ebenfalls zuerst
von Chrysippos als terminus geprägt worden.

(2) Dies kann sich nur auf den Krateteer *Zenodotos* von Mallos,
einen heftigen Gegner Aristarchs und nicht auf den berühmteren
alexandrinischen Namensvetter beziehen.

2 p. 100 *primus igitur, quantum opinamur, studium grammaticae in urbem intulit Crates Mallotes, Aristarchi
aequalis qui missus ad senatum . . . sub ipsam Enni mortem*
(168 v. Chr.), *cum . . . prolapsus in cloacae foramen crus fre-
gisset, per omne legationis simul et valetudinis tempus plu-
rimas acroases subinde fecit assidueque disseruit ac nostris
exemplo fuit ad imitandum.* GELL. 2, 25, 4 *duo autem Graeci
grammatici illustres, Aristarchus et Crates, summa ope ille*
ἀναλογίαν, *hic* ἀνωμαλίαν *defensitavit.* Siehe unter Aristarchos, p. 42.

H o m e r[1]: Διόρθωσις mit ὑπομνήματα Ὁμηρικά (Allegorische Exegese) und einer vita Homeri   Cυγγράμματα περὶ
Ἰλιάδος καὶ Ὀδυccείας.

Vergl. *E. Maaß,* Aratea 1892, p. 167–203; *J. Helck,* de Cratetis
Mallotae studiis criticis quae ad Iliadem spectant, Lpz. Diss. 1905.

H e s i o d o s : Kommentar zu den Ἔργα, vielleicht mit Text.
Vergl. *E. Maaß,* op. cit. p. 213, Anm. 4.

E u r i p i d e s : SCHOL. Orest. 1226. 1686.   Phoen. 208.
Vergl. *Wilamowitz,* Analecta Eurip. p. 157.

A r i s t o p h a n e s : SCHOL. Eq. 793. 963(?).   Vesp. 352(?).
884. Pax 269. Ran. 295.

Vergl. *Consbruch,* Zu den Traktaten περὶ κωμῳδίας in Comment.
in honorem Studemundi, Straßburg 1889; *Susemihl* II 11, Anm. 54;
G. Kaibel, Die Prolegomena περὶ κωμῳδίας, Berlin 1898, pp. 70 (dazu
Zielinski, Woch. f. class. Phil. 1898, p. 1331–1345).

Περὶ Ἀττικῆς διαλέκτου (λέξεως), in mindestens 5 B.

---

(1) Krates verlegte die Wanderungen des Odysseus in den At-
lantischen Ozean (ἔξω θαλάccης), im Gegensatz zu Aristarch (GELL. 14,
6, 3), worauf vielleicht die Nachricht der 'quidam' bei TAC. Germ. 3
zurückgeht. Menelaos ließ er von Gadeira (Cadix) aus, Afrika um-
schiffend, *Indien* erreichen und nach siebenjähriger Fahrt zurückkehren (STRABO I 31), so daß „in der Phantasie dieses Mannes bereits still ein Gedanke aufgekeimt war, der später von welthisto-
rischer Bedeutung werden sollte" *Lübbert.* Übrigens war Strabo bereits im Jahre 1470 von *Guarino* ins Lateinische übersetzt worden und
nachweislich dem Kolumbus durch Toscanelli bekannt.

Ob Krates der Verfasser der mehrfach erwähnten Πίνακες der pergamenischen Bibliothek war, läßt sich nicht ermitteln.

Vergl. *C. Wachsmuth*, de Cratete Mallota, mit Fragm., Leipzig 1860, pp. 78 (grundlegend), Philol. XVI 666 ff., Rhein. Mus. XLVI 552 ff.; *E. Lübbert*, Rhein. Mus. XI (1875) 428–443; *Susemihl* II p. IV f., 4–12. 703; *Sandys*², p. 156–160.

DEMETRIOS MAGNES (Zeitgenosse des Cicero).

Περὶ ὁμωνύμων πόλεων.   Περὶ τῶν ὁμωνύμων ποιητῶν τε καὶ συγγραφέων.[1]

Kapitel über *Deinarchos* erhalten bei DIONYS. HALIC. de Dinarcho, c. 1.   Eine fleißig ausgebeutete Fundgrube und eine wichtige, indirekte Quelle für *Diogenes Laertios*.

Vergl. *Nietzsche*, Rhein. Mus. XXIII p. 632–653, XXIV p. 181–228; *G. A. Scheurleer*, de D. M., Leiden 1858, pp. 128; *E. Maass*, de biogr. Graec. (Philol. Unters. III) 1880, p. 23–47; *Wilamowitz*, Antigonus v. Carystos, p. 104. 322 ff.; *Susemihl* I 507 f.; *E. Schwartz* PW. IV 2814–2817; *F. Leo*, Griech.-röm. Biogr., p. 39–46.

II. Die Griechisch-Römische Periode

(c. 146 bzw. 31 v. Chr. bis 476 n. Chr.).[2]

DIONYSIOS von Halikarnassus.

Kam 30 v. Chr. nach Rom, wo er mehr als 20 Jahre lebte. Sein Geschichtswerk, die sog. Archäologie, erschien 7 v. Chr. Mit dem ungerechten Verdammungsurteil, das namentlich *Norden* (s. u.) über D. gefällt hat, vergl. die Licht und Schatten verteilende Charakteristik bei *Rhys-Roberts*, op. cit. p. 43–49. Eifriger Gegner des Asianismus.

----

(1) Ein ähnliches Werk für die spätere Zeit scheint ein gewisser *Agresphon* (Name wohl verstümmelt), nach SVIDAS s. v. Ἀπολλώνιος ἕτερος Τυανεύς, geschrieben zu haben.

(2) Einige Gelehrte, obwohl sie zeitlich in diese Periode gehören, sind aus sachlichen Gründen schon unter der alexandrinischen Epoche behandelt worden.

*Epistula I. ad Ammaeum: Nachweis, daß die wichtigsten Staatsreden des *Demosthenes* der Rhetorik des *Aristoteles* voraufgehen, mithin von derselben unbeeinflußt sind. Ὑπὲρ τῆς πολιτικῆς φιλοcοφίαc (d. h. Rhetorik). Eine Verteidigung der Rhetorik gegen die Philosophie. Hauptsächlich gegen die Epikureer gerichtet und vielleicht insbesondere gegen *Philodem.*

*Περὶ cυνθέcεωc ὀνομάτων (de compositione verborum). Das selbständigste Werk des D. und für uns die wertvollste Schrift über diesen Gegenstand. Die von D. selbst angekündigte Arbeit περὶ ἐκλογῆς ὀνομάτων scheint nie herausgegeben zu sein.

*Περὶ τῶν ἀρχαίων ⟨Ἀττικῶν⟩ ῥητόρων. Unvollständig erhalten. 1. Teil: Lysias, Isokrates, Isaios. 2. Περὶ τῆς λεκτικῆς Δημοcθένουc δεινότητοc Περὶ Δεινάρχου. Ein Muster antiker, philologisch-literarischer Kritik.

*Περὶ μιμήcεωc, 3 B. Siehe auch oben p. 19.

Epistula ad Pompeium: Rechtfertigung seiner in der Demosthenes-Abhandlung geübten ungünstigen Kritik über Plato als Stilist. Nach περὶ μιμήcεωc II verfaßt.

*Περὶ Θουκυδίδου. *Epistula II. ad Ammaeum (περὶ τῶν Θουκυδίδου ἰδιωμάτων).

Περὶ cχημάτων (de figuris), zitiert von Qvint. inst. 9, 3, 89.

Vergl. im allgemeinen: *F. Blaß,* de D. H. scriptis rhetoricis, Bonn 1863, Griech. Beredsamkeit von Alex. bis Augustus, Berlin 1865, p. 169—191; *Rößler,* de D. H. scriptis rhetor. fragm. Lpz. 1873; *L. Sadée,* de D. H. scriptis rhetor., Straßburg 1878; *E. Egger,* L'histoire de la critique chez les Grecs, p. 396—406; *W. Schmid,* Der Atticismus I (1887) p. 1—26; *H. Usener,* D. H. librorum de imitatione reliquiae, Bonn 1889; *G. Ammon,* de D. H. rhet. fontibus, München 1889, pp. 110; *E. Norden,* Antike Kunstprosa, p. 79—81; *F. Leo,* Griech.-röm. Biogr., p. 31 ff.; *Rhys-Roberts,* D. H., the three literary letters, Cambridge 1901 (Bibliographie, p. 209—219); *Croiset,* Histoire de la Littérature grecque, V 356—370; *Radermacher,* PW. V

962–971; *M. Egger*, Denys d'Halicarnasse, Paris 1902, pp. 300; *G. Saintsbury*, History of Literary Criticism, I 127–137; *Sandys*, op. cit., 279–287.

CAECILIUS von Calakte (Zeitgenosse des Dionysios).

SVIDAS, s. v.: βιβλία δ᾽αὐτοῦ πολλά ... καὶ ἄλλα πλεῖστα. Seine Arbeiten bewegten sich auf denselben Gebieten, wie die des D., denn auch als Geschichtschreiber ist C. aufgetreten. Obwohl sich von seinen Werken nichts erhalten hat, so beweist doch die ausgiebige Benutzung seiner Schriften von seiten Späterer, daß sein Einfluß ein weit tieferer und nachhaltigerer gewesen ist als der des Dionysios.

Περὶ ἱστορίας, vermutlich eine Methodologie der Geschichtschreibung mit besonderer Rücksicht auf den historischen Stil. LVCIAN Πῶς δεῖ ἱστορίαν cυγγράφειν mag dieser Schrift manches entlehnt haben.

Τέχνη ῥητορική (QVINT. inst. 3, 6, 48. 5, 10, 17). Wahrscheinlich war die Schrift περὶ cχημάτων nur ein Teil der τέχνη. Sie war die vollständigste, wie auch die einflußreichste der vielen diesen Gegenstand behandelnden Werke. Vergl. *Brzoska*, PW. III 1177–1179. Περὶ ὕψους. Vergl. *Brzoska*, op. cit., 1179f. u. unten.   Κατὰ Φρυγῶν, 2 B.   Τίνι διαφέρει ὁ Ἀττικὸς Ζῆλος τοῦ Ἀσιανοῦ. Beide Werke richteten sich gegen den Asianischen Stil und verfochten die atticistische Richtung.   Vergl. *Wilamowitz*, Hermes XXXV (1900), p. 1–53 (Asianismus u. Atticismus).

Περὶ τοῦ χαρακτῆρος τῶν δέκα ῥητόρων: Sein Meisterwerk. Darin berühmte Untersuchungen über die Echtheit der erhaltenen Reden. Hauptquelle für Ps. PLVT. Vitae X orat. Ein Abschnitt aus diesem Werke scheint die als selbständige Monographie von *Suidas* zitierte Schrift Περὶ Δημοcθένους ποῖοι αὐτοῦ γνήcιοι λόγοι καὶ ποῖοι νόθοι gewesen zu sein.   Cύγκρισις Πλάτωνος καὶ Λυσίου, zu Ungunsten Platons.   Cύγκρισις Δημοσθένους καὶ Κικέρωνος. Vergl. PLVT.

Dem. 3, wo behauptet wird, daß C. dieser Aufgabe nicht gewachsen war. Cύγκρισιс Δημοσθένουc καὶ Αἰσχίνου.

Καλλιρρημοcύνη (= ἐκλογὴ λέξεων κατὰ cτοιχεῖον), das erste Atticistische Lexikon. Λεξικὸν ῥητορικόν(?) Da dies die übliche byzantinische Bezeichnung für 'Lexikon' ist, so werden wir es hier wohl nur mit einem anderen Titel für das ebengenannte Werk zu tun haben.

Vergl. *Brzoska*, PW. III 1174—1187 (mit reichhaltigen Literaturangaben bis 1896); *Blaß*, op. cit. p. 191—222; *R. Weise*, Quaest. Caecil., Berlin 1888, pp. 52; *Boysen*, de Harpocrationis lexici fontibus quaestiones, Kiel 1876, p. 18—33; *Burkhardt*, Caecilii rhetoris fragm., Basel 1863 (fragm. p. 26—47); Neue Fragmentsammlung von *E.Ofenloch* (im Druck); *Croiset*, op. cit., V 374—378; *Rhys-Roberts*, Amer. Journal of Philol. XVIII (1897), p. 302—312 (Caecilius of Calacte, a contribution to the history of Greek Literary Criticism).

*ANONYMUS (Ps. Longin) Περὶ ὕψουc (1. Jahrh. n. Chr.).

Einer der geistvollsten Essays auf dem Gebiete der literarischen Kritik, dessen Einfluß im 17. und 18. Jahrh., namentlich in Frankreich (Boileau), England und Italien, sich nur mit dem der Poetik des Aristoteles und der Ars Poetica des Horaz vergleichen läßt[1]. Das Beobachtungsmaterial war, wie dies aus der Schrift selbst hervorgeht, dem *Caecilius* entnommen.

Vergl. *Buchenau*, de scriptore libri Περὶ ὕψουc, Marburg 1849; *Martens*, de libello Περὶ ὕψουc, Bonn 1877; *E. Egger*, op. cit. p. 426 —439; *Coblentz*, de libelli Περὶ ὕψουc auctore, Straßburg 1888, pp. 76; *Ph. Caccialanza*, Riv. di filol. XVIII (1890), p. 2—73; *Rhys-Roberts*, Journal of Hellenic Studies XVIII (1897), p. 176—211 und in seiner

---

(1) 'Das schönste stilkritische Buch der Griechen' *Wilamowitz* in Kultur der Gegenwart I 8, p. 148. Vgl. auch das berühmte Elogium des englischen Dichters *Alex. Pope:* "Thee, bold Longinus! all the Nine inspire, | And bless their critic with a poet's fire. | An ardent judge who zealous in his trust | With warmth gives sentence, yet is always just: | Whose own example strengthens all his laws; | And is himself that great sublime he draws".

Ausgabe, Cambridge 1899, pp. 288 (Bibliographie, p. 247–261); *F. Marx,* Wiener Studien XX, p. 169 ff., dagegen *G. Kaibel,* Hermes XXXIV (1899), p. 107–132 und *B. Keil,* Verhandl. der 47. Philol. Versamml., p. 47 f.; *Saintsbury,* op. cit. I 152–173; *Croiset,* op. cit. V 378–383; *J. Churton Collins,* Studies in Poetry and Criticism, London 1905, p. 204–262; *E. Hefermehl,* Rhein. Mus. LXI p. 283–298.

JUBA II. König von Mauretanien[1] (Unter Augustus).

PLVT. Sert. 9 ὁ πάντων ἱστορικώτατος βασιλέων; PLIN. nat. 5,1 *studiorum claritate memorabilior quam regno;* ATHEN. III 83ᴮ ἄνδρα πολυμαθέστατον. Seine rein kompilatorischen Werke, die er aber mit Angabe seiner Hauptquellen herausgab, enthielten viel nützliches Material, das Spätere, wie Plutarch, Athenaios, Pollux, ausbeuteten.

Ὁμοιότητες, in mindestens 15 B. Kulturgeschichtliche Parallelen. Seine Hauptquellen waren *Varro, Dionysios* Halicarn., *Nepos, Livius.* Ausgiebig benutzt von *Plutarch* in den Quaest. Rom., im Romulus, Numa und Marcellus.

Περὶ φθορᾶς λέξεως, in mindestens 2 B. Περὶ γραφικῆς καὶ ζωγράφων, in mindestens 8 B. Von Plinius im Quellenverzeichnis zu B. 36. 37 genannt, aber nicht zu B. 35, wo vielleicht nur *Jubas* Gewährsmänner an die Stelle des von Plinius gewiß benutzten Buches traten.

Θεατρικὴ ἱστορία, in mindestens 17 B. Reste des Werkes besonders bei Athenaios und Pollux, doch ist die Frage, ob diese direkt oder durch Mittelquellen auf Juba zurückgehen oder dieselben Gewährsmänner benutzten, nicht zu entscheiden. Die zweite Möglichkeit ist die wahrscheinlichste.

Vergl. *Bapp,* op. cit., p. 110 ff. (verfehlt); *Rohde,* de Iul. Pollucis in apparatu scenico enarrando fontibus, Lpz. 1870, pp. 91; *Susemihl,* II 404–414.

––––––––––

[1] Nicht zu verwechseln mit dem Grammatiker *Juba,* ebenfalls aus Mauretanien (c. 200 n. Chr.). Durch sein umfangreiches auf *Heliodor* aufgebautes metrisches Handbuch wurde dessen System bei den späteren römischen Metrikern das herrschende.

PAMPHILOS aus Alexandrien (um 30 n. Chr.).

Λειμών[1] ⟨ἢ?⟩ περὶ γλωccῶν ἤτοι λέξεων[2], in 95 B.
Ein monumentales Repertorium, halb Lexikon, halb Realenzyklopädie, unter Hadrian von *Julius Vestinus* in einen
Auszug von 30 B. gebracht (Ἑλληνικὰ ὀνόματα). Dieser
wurde seinerseits von *Diogenianos* in 5 B. verkürzt, die
sogenannte Λέξιc παντοδαπὴ κατὰ cτοιχεῖον oder Περιεργοπένητεc[3] (d. h. die armen Studenten). Eine Epitome dieses Werkes ist das erhaltene *Hesychios*-Lexikon,
das aber mit Zusätzen, z. B. aus einem Kyrillos-Lexikon, und
auch anderweitig umgearbeitet auf uns gekommen ist. Das
Originalwerk des *Pamphilos* scheint noch dem Sueton,
Athenaios und Herodian vorgelegen zu haben. Später behauptet *Diogenian* das Feld — denn eine Benutzung des Vestinus
läßt sich nicht erweisen — und ist eine der Hauptquellen

---

(1) ἔcτι δὲ ποικίλων περιοχή (Suidas). Mit diesem Titel für ein
Sammelwerk oder für Miscellanea, vergl. *Ciceros* Gedicht Limon
(SVET. vita Ter. 7), *Sueton* Pratum, *L. Ateius Philologus* Ὕλη (== Silva),
Probus Silva observationum sermonis antiqui (SVET. gramm. 24),
Statius Silvae, *Sotion* Κέραc Ἀμαλθείαc, *Ps. Aristoteles* Πέπλοc, *Iul.
Africanus* Κεcτοί, *Clem. Alex.* Cτρωματεῖc, *Ps. Eudokia* Ἰωνιά (Viola-
rium) Ἀνθηρά. Einige dieser Titel, aber ohne Verfassernamen,
zählen Plinius d. Ältere und Gellius in ihren praefationes auf.

(2) Jedenfalls nur ein Nebentitel *desselben* Werkes, worauf
schon das Fehlen einer Buchzahl nach Λειμών hindeutet. Welche
Bewandtnis es mit der Nachricht des Suidas hat, *Zopyrion* habe die
Buchstaben von A—D verfaßt, läßt sich nicht ermitteln. Möglich ist,
daß Zopyrion der Urheber des großartigen Planes war und daß
Pamphilos das postume Werk, sei es auf Grund des bereits ge-
sammelten Materials, sei es selbständig, vollendet hat.

(3) Unhaltbar ist die mit viel Scharfsinn, namentlich von Weber
und ihm folgend von Egenolff, verfochtene Ansicht, daß Diogenian
zwei Werke verfaßt habe: 1. die Λέξιc, eine direkte (?) Epitome
der Realencyklopädie des Pamphilos; 2. die Περιεργοπένητεc, ein
alphabetisch, nicht sachlich geordnetes, selbständig aus den Quellen
zusammengestelltes Wortlexikon, welch letzteres dem *Hesychios* zu
Grunde liege.

für: das Etymol. Magnum; die Scholien zu Plato, Kallimachos, Nikander; das Kyrill-Lexikon, Photios und Suidas. Spuren seiner Benutzung lassen sich noch bis ins zwölfte Jahrh. verfolgen.

Vergl. M. *Schmidt,* Prolegomena zu Hesychios IV 2 (1867[2]); C. F. *Ranke,* de lexici Hesychiani vera origine et genuina forma, Quedlinburg 1831, pp. 145 (dazu *Welcker,* Klein. Schr. II 542–596); H. *Weber,* Philol. Suppl. Bd. III (1867), p. 449–624, Goetting. Gelehrt. Anz. 1867, p. 401–446; *Naber,* Prolegom. zu Photios 1866; L. *Cohn* in Iw. Müllers Handb. II 1[3], u. PW. V, p. 778–783 (Diogenianos); J. *Schoenemann,* de lexicographis antiquis qui rerum ordinem secuti sunt, Hannover 1886, p. 62–110; G. *Wentzel,* de gramm. Graec. quaest. I Ἐπικλήϲειϲ deorum etc., Goettingen 1890, pp. 65 (ein Werk Ἐπικλήϲειϲ ⟨1. Jahrh. v. Chr.⟩ als letzte Quelle für Pamphilos, Diogenian, Athenaios, schol. Lycophrontea, Clemens); R. *Reitzenstein,* Gesch. der griech. Etymologica, Lpz. 1897, pp. 417 (Hauptwerk). Siehe auch unter Athenaios, Dionysios, Pausanias, Harpokration, Hesychios Illustris, Philon von Byblos, Photios, Suidas. Im allgemeinen, K. *Krumbacher,* Byzant. Lit.[2], p. 561 f. 570–579.

Über die direkten und indirekten Quellen, den Umfang und die Art der Abhängigkeit dieser Lexika untereinander ist erst in neuerer Zeit einiges Licht verbreitet worden, aber allgemein angenommene Ergebnisse sind nur in wenigen Fällen erzielt worden, denn bei dem Verlust der Originale, wie der meisten jüngeren Quellen, ist der konstruktiven Phantasie ein zu breiter Spielraum gelassen.

PLUTARCH von Chaeronea (c. 46–c. 128) als Philologe.

Kommentar zu *Hesiods* Ἔργα, mit βίοϲ. Stark benutzt von Proklos und mittelbar durch Tzetzes.

Vergl. Plutarchi Opera V 20–32 D., Moral. VII 51–98 Bern.; O. *Westerwick,* De P. studiis Hesiodeis, Münster 1893, pp. 77.

Βίοϲ Πινδάρου Κράτητοϲ Βίοϲ (des Akademikers) Περὶ Εὐριπίδου (?) Μύθων βιβλία (?) 3 B. (?) Πῶϲ κρινοῦμεν τὴν ἀληθῆ ἱϲτορίαν; (benutzt von Lucian?) [Περὶ ῥητορικῆϲ 3 B.] [Περὶ ταυτολογίαϲ] Περὶ ποιητικῆϲ (? = *πῶϲ δεῖ τὸν νέον ποιημάτων ἀκουειν;) Αἰτίαι τῶν Ἀράτου διοϲημείων Εἰϲ Νικάνδρου Θηριακά Αἰτίαι βαρβαρικαί Περὶ

ἐνδόξων ἀνδρῶν (?)   Χρησμῶν cυναγωγή   Περὶ φιλολόγων
παρασκευῶν   [Περὶ μέτρων]   (Plvt. Moral. VII 465—472)
Ὁμηρικαὶ μελέται, 4 B., vermutlich mit den öfter zitierten
libri *de Homero* (Gell. 2, 8, 1. 2, 9, 1. 4, 11, 11) zu identifizieren.
Ein Teil dieses Werkes mag auch die Schrift περὶ τοῦ χρόνου Ἰλιάδοc gewesen sein.

Vergl. *Graefenhan*, op. cit. III, p. 271—273; *H. Amoneit*, De Plutarchi studiis Homericis, Königsberg 1887, pp. 49; *H. Schrader* (siehe
unten).

Unter diesen sämtlich verloren gegangenen Abhandlungen sind einige sicher apokryph, andere vielleicht Exzerpte
aus echten Werken. Unter den erhaltenen literarhistorischen
befinden sich ebenfalls einige Pseudepigrapha. Die wichtigsten sind folgende[1]:

*Ps. Plut. *Vitae X oratorum.*   Siehe oben p. 37[4]. 43. 59 und
A. Prasse, de Plut. quae feruntur vitis X oratt., Marburg 1891, pp. 90.

*Βίοι Δημοcθένουc καὶ Κικέρωνοc.

Vergl. über seine Quellen: *F. Gebhard*, de P. in Demosthenis
vita fontibus ac fide, München 1880; *H. A. Holden*, Einl. zur vita
Demosth., Cambridge 1893, p. XI—XXII (Bibliography, p. 140 f.);
A. Gudeman, The Sources of Plutarch's Life of Cicero, in Univ. of
Penn. Publicat. VIII (1902), pp. 117.

*Ἀριcτοφάνουc καὶ Μενάνδρου cύγκρισιc. Sehr zu
Ungunsten des A.

*Περὶ τῆc Ἡροδότου κακοηθείαc. Aus verletztem
Lokalpatriotismus hervorgegangen.

Vergl. *G. Lahmeyer*, de libelli Plutarchi qui de malignitate He-
rodoti inscribitur et auctoritate et auctore, Goettingen 1848, *K. A. Häb-
ler*, Quaest. Plutarcheae duae, I de auctore libri περὶ .. κακοηθείαc,
Lpz. Diss. 1873.

---

(1) Ein vollständiges Schriftenverzeichnis (227 Nummern) gibt
der sogenannte *Lamprias*-Katalog (4. Jahrh.?), der aber einige Wie-
derholungen und Spezialtitel enthält, und Echtes und Unechtes zu-
sammenwirft.   Vergl. *M. Treu*, Progr. Waldenburg i.S. 1873, pp. 54.
Über die 25 im Katalog fehlenden Titel, siehe Treu, p. 38—42. Be-
merkenswert sind nur die *Cυμποcιακά und *de vita et poesi Homeri.

*Περὶ τῶν ἀρεσκόντων φιλοσόφοις φυσικῶν δογμάτων ἐπιτομή, 5 B. Aus *Aëtios* kompiliert.
Vergl. *H. Diels*, Doxographi Graeci, Berlin 1889, p. 1–41.48.

*Αἰτίαι ῾Ρωμαϊκαί. Hauptquelle: *Varro*, durch die Vermittelung *Jubas*.

Vergl. *Franc. Leo*, de P. quaest. Roman. auctoribus, Halle 1864, pp. 47; *A. Barth*, de Iubae ὁμοιότησιν a Plutarcho expressis in quaest. Romanis et in Romulo Numaque, Goettingen Diss. 1876, pp. 54; *Glaeser*, de Varronianae doctrinae apud Plutarchum vestigiis, Lpz. 1881.

*Πῶς δεῖ τὸν νέον ποιημάτων ἀκούειν (de audiendis poetis). Vergl. *A. Schlemm*, de fontibus Plutarchi De audiendis poetis etc., Goettingen 1893, pp. 102.

*Περὶ τοῦ βίου καὶ ποιήσεως ῾Ομήρου.

Diese für antike Homerexegese sehr interessante Schrift kann in der uns vorliegenden Gestalt von *Plutarch* nicht herrühren, doch scheint der Kompilator umfangreiches Material den ῾Ομηρικαὶ μελέται entnommen zu haben.

Vergl. *Diels*, op. cit., p. 88–99; *Bernadakis* in Praef. zu Plut. Moral. VII, p. IX–XLIV; *H. Schrader*, de Plutarchi ῾Ομηρικαῖς μελέταις et de eiusdem quae fertur vita Homeri, Gotha 1899, pp. 40, und im allgemeinen: *A. Gudeman*, Plutarch as a philologian, Proceed. Amer. Philol. Assoc. XXV (1894), p. 6ff.; *Saintsbury*, I 137–146; *A. B. Hersman*, Studies in Greek Allegorical Interpretation, II Plutarch, Diss. Chicago, 1906, p. 25–60.

HERENNIUS PHILON von Byblos (61 – 141).

Περὶ κτήσεως καὶ ἐκλογῆς βιβλίων, in 12 B.[1]

Περὶ πόλεων καὶ οὓς ἑκάστη αὐτῶν ἐνδόξους ἤνεγκεν, in 30 B. Ein berühmtes Sammelwerk, das nachweisbar von Hesychios Milesius, Oros und besonders von Stephanos Byzantius ausgebeutet wurde.

Περὶ παραδόξου ἱστορίας, 3 B. Über dieses Werk läßt sich nichts ermitteln. Περὶ διαφόρως σημαινομένων: Ein Synonymen-Lexikon, das uns in der Bearbeitung des *Ammonios* περὶ ὁμοίων καὶ διαφόρων λέξεων erhalten ist.

---

(1) Viel früher schrieben *Artemo* ὁ Κασανδρεύς ein umfangreiches Werk περὶ βιβλίων κτήσεως καὶ χρήσεως (ATHEN. XII 515 E XV 694 A–D) und der Pergamener *Telephos* περὶ βιβλιακῆς ἐμπειρίας, 3 B. (SVIDAS s. n.).

Vergl. *Daub,* de Suidae biographicorum origine et fide in Jahrb.
f. Phil. Suppl. Bd. XI, p. 437f.; *E. Rohde,* Philo von Byblos und Hesychios von Milet in Rh. Mus. XXXIV (1879), p. 561—574 (== Kleine Schrift.
I p. 365—381).

Dionysios von Halikarnassus, ὁ μουϲικόϲ (unter Hadrian).
Μουϲικὴ ἱϲτορία, 36 B. Eine ausführliche Geschichte
aller Dichtungsarten und musischen Agone. Eine reiche
Fundgrube für die späteren Lexikographen, doch reichen
unsere Mittel nicht aus, deren Abhängigkeit genauer fest-
zustellen.
Vergl. *L. Cohn*, PW. V 986f. und die dort angeführte Literatur.

Aelius Dionysios (vielleicht identisch mit dem Vorigen) und
Pausanias (um 160).

Auf den sogen. Λεξικὰ ῥητορικά dieser Atticisten beruht im wesentlichen das in den späteren Lexika (*Phrynichos,*
Eustathios, Photios, Suidas usw.) über den attischen Sprachgebrauch überlieferte Material. Doch auch hier ist Charakter
wie Umfang der Quellenbenutzung äußerst schwierig zu bestimmen.
Vergl. *L. Cohn* PW. V 987—991, mit reichhaltigen Literaturangaben. Füge hinzu *H. Heyden,* Quaest. de Ael. D. et P. Atticistis,
Etym. Magn. fontibus in Leipz. Stud. VIII 2 (1886), p. 173—264; *E. Schwabe,*
Aelii Dionysii et Paus. Atticist. fragm. collegit etc., accedunt fragm.
lexicorum rhetoric. apud Eustathium, Lpz. 1890, pp. 288.

Valerius Harpokration aus Alexandrien (2. Jahrh.).

Λέξεις τῶν δέκα ῥητόρων. Eine auf alten Quellen
(Didymos, Caecilius) beruhende, sorgfältige Kompilation, die
namentlich für das attische Gerichtswesen und den technischen
Sprachgebrauch der Redner von größter Wichtigkeit ist.
Vergl. *M. H. E. Meier,* Opusc. acad. II 147—170; *Boysen,* de
Harpocrationis lexici fontibus, Kiel 1876, pp. 105, doch siehe *Sto-
jentin,* Jahrb. f. class. Phil. 1879, p. 113ff.; *L. Cohn,* Jahrb. Suppl.
XIII 113ff.

GALENOS aus Pergamum (geb. 130).

Der berühmte Arzt hat auch eine große Anzahl philologischer Abhandlungen verfaßt:
Εἰ ἡ φιλολογία χρήcιμον εἰc τὴν ἠθικὴν φιλοcοφίαν
Εἰ χρήcιμον ἀνάγνωcμα τοῖc παιδευομένοιc ἡ παλαιὰ κωμῳδία (vielleicht gegen Plutarch gerichtet s. o. p. 64) Εἰ δύναταί τιc εἶναι κριτικὸc καὶ γραμματικόc Πρὸc τοὺc ἐπιτιμῶντας τοῖc coλοικίζουcι τῇ φωνῇ.
Τῶν παρὰ τοῖc ᾽Αττικοῖc cυγγραφεῦcιν ὀνομάτων
48 B. τῶν παρ᾽ Εὐπόλιδι πολιτικῶν ὀνομάτων, 3 B.
τῶν παρ᾽ ᾽Αριcτοφάνη πολιτικῶν ὀνομάτων, 5 B. τῶν παρὰ Κρατίνῳ usw. τῶν ἰδίων κωμικῶν ὀνομάτων παραδείγματα ᾽Αττικῶν παράcημοc ὑπὲρ ὀνομάτων ὀρθότητοc, 3 B.
Περὶ Πλατωνικῶν διαλόγων cυνόψεωc περὶ τῶν ἐν Φιλήβῳ μεταβάcεων Kommentar zu *Platos* Timaios. Zahlreiche Erläuterungen zu den logischen Schriften des *Aristoteles*.

Über seine schriftstellerische Tätigkeit — wir kennen über 250 Werke, von denen c. 100 echte und c. 18 unechte erhalten sind — verbreitet sich Galen in seinen Abhandlungen *περὶ τῆc τάξεωc τῶν ἰδίων βιβλίων und *περὶ τῶν ἰδίων βιβλίων.[1]

Galen ist der einzige antike Schriftsteller, von dem Äußerungen über methodische Textkritik und Hermeneutik, und zwar von trefflicher Art, erhalten sind.

Vergl. *Bröcker*, Die Methoden Galens in der literarischen Kritik, in Rhein. Mus. XL 415 ff.; *Iw. Müller*, Galen als Philologe, in Verhandl. der 44. Philologenversamml. in München 1891, p. 80—91; *Rutherford*, Scholia Aristoph. III 55—57.

HERMOGENES[2] von Tarsus.

Schon als Knabe von 15 Jahren hielt er Vorträge, denen der Kaiser Marcus Aurelius beiwohnte. Im frühen Mannes-

---

(1) Vollständiges Verzeichnis bei *Fabr.* Bibl. Gr. V 397—471, daraus *Kühn*, Opera omnia I, p. LXVII ff.

(2) PHILOSTR. vita Sophist. II 7 und SVIDAS s. v., mit manchen Fabeleien.

68 II. Griechisch-Römische Periode.

alter verlor er die Fähigkeit der Improvisation[1]. "Οὗτος Ἑρμογένης, ὁ ἐν παιςὶ μὲν γέρων, ἐν δὲ γηράςκουςι παῖς." Ohne ein neues System zu gründen oder neue Ideen einzuführen, hat H. durch die geschickte Formulierung und gleichsam Kodifizierung der rhetorischen Lehre, wie Dionysios Thrax in der Grammatik, Jahrhunderte lang die Schule beherrscht. Unter seinen zahlreichen Kommentatoren sind besonders erwähnenswert: Metrophanes, Syrianos, Sopatros der Jüngere, Markellinos (5. Jahrh.) und Byzantiner, wie Eustathios (verloren), Phoibammon, Doxopater, Gregorios von Korinth und Planudes.

Hauptwerk: Τέχνη ῥητορική, in fünf Teilen: 1. Προγυμνάςματα 'Stilübungen'; 2. περὶ τῶν ςτάςεων 'von den Rechtsfällen'; 3. περὶ εὑρέςεως, 'de inventione'; 4. περὶ ἰδεῶν 'de dicendi generibus', mit berühmten kritischen Urteilen über verschiedene Schriftsteller[2]; 5. περὶ μεθόδου δεινότητος 'über die Methode einer wirkungsvollen Beredsamkeit'. Vergl. die Rhet. Graeci von Spengel u. von Walz.

Vergl. *R. Volkmann,* Die Rhetorik der Griech. und Römer, Lpz. 1885²; *Wilamowitz,* Kultur der Gegenwart I 8, p. 149.

Apollonios Dyskolos (c. 150 n. Chr.).

Begründer der wissenschaftlichen Syntax "Cύνταξις ἀναγκαιοτάτη πρὸς ἐξήγηςιν τῶν ποιημάτων". Die Originalwerke sind zum größten Teil schon früh verloren gegangen, doch bieten für den Verlust die *Institutiones grammaticae* des *Priscian* einigermaßen Ersatz. *"Quid Apollonii scrupulosis quaestionibus enucleatius possit inveniri?" "summus auctor artis grammaticae quem nos, quantum potuimus, sequi destinavimus"* Priscian.

Περὶ μεριςμοῦ τῶν τοῦ λόγου μερῶν (die 8 Redeteile Aristarchs), in 4 B. Von diesen waren begreiflicher-

(1) Nichts anderes besagt die Bemerkung des Philostrat: ἐς δὲ ἄνδρας ἥκων ἀφηρέθη τὴν ἕξιν. Er erreichte ein ansehnliches Alter, wie denn seine τέχνη auch nicht die Sprache eines Jünglings führt.

(2) Die Redner, Xenophon, Aischines Socraticus, Herodot, Thukydides, Hekataios.

weise am ausführlichsten das Substantivum (Ὀνοματικόν) und das Verbum (Ῥηματικόν) behandelt. Im Original erhalten sind nur: *Περὶ ἀντωνυμίας (Pronomen) *Περὶ ἐπιρρημάτων (Adverbium) *Περὶ cυνδέcμων (Konjunktion). Περὶ cυντάξεωc, in 4 B. Von anderen Werken des A. seien noch erwähnt: περὶ cτοιχείων περὶ προcῳδιῶν περὶ cχημάτων περὶ ὀρθογραφίας περὶ διαλέκτων Δωρίδοc, Ἰάδοc, Αἰολίδοc, Ἀτθίδοc.

Vergl. *Lersch,* Sprachphilos. III 111—141; *Gräfenhan,* op. cit. III 109—132; *L. Lange,* Das System des A. D., Göttingen 1852; *E. Egger,* A. D., essai sur l'histoire des théories grammaticales dans l'antiquité, Paris 1854, pp. 354; *H. Steinthal,* Gesch. der Sprachwiss. II² p. 220—345; *L. Cohn* PW. II 136—139 (mit weiteren Literaturangaben).

Aelivs Herodianos ὁ τεχνικόc (Sohn des Vorigen).

Der größte Grammatiker des Altertums. *"Quid Herodiani artibus certius . . . qui* (sc. Apollonios et Herodianos) *omnes antiquorum errores grammaticorum purgaverunt"* Priscian. *"Artium minutissimus sciscitator"* Amm. 22, 16, 16. Apollonios und Herodian genossen bis zur Renaissance ein kanonisches Ansehen und bezeichnen in der Tat den Höhepunkt des sprachwissenschaftlichen Studiums im Altertum. Ihr Stern begann erst in der Neuzeit zu erblassen, als die vergleichende Sprachwissenschaft das wahre Wesen und die Gesetze linguistischer Entwicklung aufdeckte.

Καθολικὴ προcῳδία, in 21 B.[1] Von diesem grundlegenden Meisterwerke sind nur zahlreiche Exzerpte bei späteren Grammatikern erhalten, während seine Homerische Prosodie in unsere Homerscholien verarbeitet ist. Siehe unten p. 76. Herodian überragte selbst seinen Vater an

---

(1) B. 1—19 handelte über Akzente und Prosodie (τόνοι, προcῳδίαι), B. 20 über Quantität und Spiritus (χρόνοι, πνεύματα), B. 21 über Akzentänderung beim Lesen, sowie über ἔγκλιcιc, διαcτολή, cυναλοιφή. Er besprach im ganzen an 60000 Wörter.

schriftstellerischer Fruchtbarkeit⁽²⁾, doch hat sich auch von seinen anderen Werken, mit Ausnahme der nicht gerade hervorragenden Schrift *Περὶ μονήρουc λέξεωc (über eigentümliche anomale Wortformen), nichts im Original erhalten. Den Zitaten nach zu urteilen, scheinen die folgenden die bedeutendsten gewesen zu sein: Περὶ παθῶν 'Über Flexion der Wörter' περὶ ὀρθογραφίαc περὶ κλίcεωc ὀνομάτων περὶ ῥημάτων περὶ cυζυγιῶν περὶ βαρβαρicμοῦ καὶ coλοικicμοῦ περὶ διχρόνων περὶ μονοcυλλάβων περὶ cχήματοc περὶ ἡμαρτημένων λέξεων περὶ ἀριθμῶν.

Vergl. *Lobeck*, Pathologiae Graeci sermonis elementa, Königsberg 1843; *K. Lehrs*, Herodiani scripta tria, Königsberg 1857², pp. 522; *A. Lentz*, Herodiani technici reliquiae, 2 Bde., Leipzig 1867–1870, pp. CCXXVIII u. 564, VII u. 1264 mit Indices von A. Ludwich (grundlegendes Meisterwerk); *E. Hiller*, Jahrb. f. Philol. 118 (1871) p. 505–532. 603–629, Quaest. Herodianeae, Bonn 1866; *P. Egenolff*, Bursians Jahresber. XXXVIII (1884) p. 54 ff. 91 ff.

PHRYNICHOS aus Bithynien (unter Commodus).

Coφicτικὴ προ παραcκευή, in 37 B. Ein atticistisches Lexikon, das uns aber nur aus Exzerpten bekannt ist. Als Muster galten ihm Plato, die zehn Redner, Thukydides, Xenophon, der Sokratiker Aischines, Kritias und Antisthenes, unter den Dichtern die drei großen Tragiker und Aristophanes. Ob das erhaltene, von Suidas unter dem Titel *᾽Αττικιcτήc (= ἐκλογὴ ῥημάτων καὶ ὀνομάτων ᾽Αττικῶν) erwähnte Buch von Phrynichos selbst herrührt, ist seines elementaren Inhalts wegen zweifelhaft, doch mag viel Material aus dem echten Werke exzerpiert sein.

Vergl. *Lobeck*, Phrynichi eclogae usw., Lpz. 1820, pp. CXXX u. 841; *W. G. Rutherford*, the new Phrynichus, mit Kommentar, London 1880, pp. 550; *R. Reitzenstein*, Proleg. zum Lexikon des Photios (im Druck).

---

(2) Priscian spricht von einem *"pelagus Herodiani scriptorum"*. Ein vollständiges Verzeichnis der uns bekannten Titel gibt *Lentz*, op. cit. I praef. XV sq. Vergl. auch *Lehrs* op. cit. p. 418 ff.

IVLIVS POLLVX (Πολυδεύκης) aus Naukratis (c. 180). Kurze biographische Notiz bei PHILOSTR. Vitae Soph. 2, p. 96 f.ᴷ. Vielleicht identisch mit dem von *Lucian* (im Lexiphanes und ῾Ρητόρων διδάσκαλος) verspotteten Rhetoriker.

*᾽Ονομαστικόν, in 10 B. Ein sachlich geordnetes Lexikon, dessen Stoff dem Didymos, Tryphon, Juba, Pamphilos und Sueton entnommen ist. Am wichtigsten sind B. IV (von den Wissenschaften und Künsten, darunter besonders wertvoll die Artikel über das Theater, die Masken und die musikalischen Instrumente) und VIII (Attisches Gerichtswesen).

Vergl. *E. Rohde,* op. cit. (p. 34); *E. Althaus,* Quaestiones de I. P. fontibus, Berlin 1874, pp. 38; *F. de Stojentin,* de I. P. in publicis Atheniensium antiquitatibus enarrandis auctoritate, Breslau 1875, pp. 115; *E. Zarnke,* Symbolae ad I. P. tractatum de partibus corporis humani, Lpz. 1885, pp. 76.

HEPHAISTION (Lehrer des Kaisers Verus).

Λαβὼν δὲ παρ᾽ ἐμοῦ ὁ πᾶσιν κλοπὴν ὀνειδίζων ῾Ηφαιστίων ἐξιδιοποιήσατο τὴν λύσιν (ATHEN. XV 673ᴱ).

Hauptwerk: Περὶ μέτρων, 48 B. Vergl. LONGIN. Proleg. ad Heph. p. 88, Westph. ἰστέον δὲ ὅτι πρῶτον ἐποίησε περὶ μέτρων μη᾽ (48) βιβλία, εἶθ᾽ ὕστερον ἐπέτεμεν αὐτὰ εἰς ἔνδεκα, εἶτα πάλιν εἰς τρία, εἶτα πλέον εἰς ἕν τούτου τοῦ *ἐγχειριδίου. Dieses ist allein erhalten mit einem wertvollen Appendix περὶ ποιημάτων ῾poetische Kompositionstypen᾽.[1] Wie die Grammatik des Dionysios Thrax, so erlangte auch dieses Büchlein kanonisches Ansehen und bildete die Grundlage des Schulunterrichts bis zur Renaissance. Es enthält in knappster Form so ziemlich das wichtigste, was uns über griechische Metrik aus dem Altertum erhalten ist.

(1) Daraus besonders erwähnenswert die Stellen über die Parabase in der Attischen Komödie und über die verschiedene Anwendung der kritischen Zeichen in den Lyrikern und tragischen Chören: τὰ σημεῖα τὰ παρὰ τοῖς ποιηταῖς ἄλλως παρ᾽ ἄλλοις κεῖται. Siehe p. 87 f.

Ferner schrieb H. περὶ τῶν ἐν ποιήμασι ταραχῶν κωμικῶν ἀπορημάτων λύϲειϲ τραγικαὶ λύϲειϲ.
Vergl. *R.Westphal,* Scriptores metrici Graeci I pp. 310, Lpz. 1866
(mit Scholien) und *Consbruch,* mit Scholien, Lpz. 1906.

ATHENAIOS von Naukratis (um 200 n. Chr.)

Verfasser der *Δειπνοϲοφιϲταί, in 15 B., von denen
jedoch Buch I, II, Anfang von III nur in einem Auszug und
B. XI und XV in verstümmelter Gestalt erhalten sind. Die
praefatio stammt von einem Epitomator her, denn das Original umfaßte ursprünglich 30 B. Dieses "Lexikon in Form
von Tischgesprächen" ist eine der reichhaltigsten Fundgruben
griechischer Kultur, die wir überhaupt besitzen, und durch
die zahlreichen Zitate aus verlorenen Dichtern, namentlich
der mittleren[1] und neuen Komödie, von ganz einzigem Werte.[2]
Athenaios verfügte über ein großes Quellenmaterial, doch lassen
sich die direkt benutzten Werke nicht mehr genau bestimmen.
Wenn wir von der umfangreichen Symposienliteratur und den
kulinarischen Schriften, die Athenaios zu Gebote standen, ab-

---

(1) Vergl. VIII 336 D: ῎Αλεξιϲ δ᾽ ἐν ᾿Αϲωτοδιδαϲκάλῳ, φηϲὶ Cωτίων
ὁ ᾿Αλεξανδρεὺϲ ἐν τοῖϲ περὶ τῶν Τίμωνοϲ Ϲίλλων — ἐγὼ γὰρ οὐκ ἀπήν-
τηϲα τῷ δράματι· πλείονα τῆϲ μέϲηϲ καλουμένηϲ κωμῳδίαϲ
ἀναγνοὺϲ δράματα τῶν ὀκτακοϲίων καὶ τούτων ἐκλογὰϲ
ποιηϲάμενοϲ οὐ περιέτυχον τῷ ᾿Αϲωτοδιδαϲκάλῳ, ἀλλ᾽ οὐδ᾽ ἀναγρα-
φῆϲ ἀξιωθέν τινι ϲύνοιδα· οὔτε γὰρ Καλλίμαχοϲ οὔτε ᾿Αριϲτο-
φάνηϲ αὐτὸ ἀνέγραψαν, ἀλλ᾽ οὐδ᾽ οἱ τὰϲ ἐν Περγάμῳ ἀνα-
γραφὰϲ ποιηϲάμενοι. Diese interessante und wichtige Notiz wirft
ein günstiges Licht auf die Sorgfalt und Arbeitsweise des Verfassers
und hätte von denen, die in Athenaios nur einen mechanischen Abschreiber sehen, mehr beachtet werden sollen.

(2) Obwohl uns nur eine Epitome vorliegt, werden an 750 Schrift-
steller erwähnt, über 500 Dichter, mit mehr als 1000 Titeln von
Dramen. Darunter von Aischylos 27, Epicharm 25, Kratinos 17, Sopho-
kles 49, Aristophanes 42, Euripides 33, Alexis 108, Antiphanes 106,
Eubulos 47, Menander 46, Diphilos 29, Philemon 19, Timokles 24,
Nikostratos 18, Ephippos 12 (nur aus A. bekannt), Phrynichos 9.
Insgesamt hat Athenaios rund 10500 Verse erhalten, von denen nur
etwa 500 auch anderweitig überliefert sind!

sehen, so scheinen ihm *Didymos, Tryphon, Favorinus* (jedenfalls nicht die Hauptquelle) und *Pamphilos* das meiste Material
geliefert zu haben. Von Späteren ist er stark ausgebeutet
worden, so von *Eustathios* (aus der Epitome), *Suidas* (aus
einer vollständigeren Ausgabe als der erhaltenen) und wahrscheinlich schon von *Aelian* in der Ποικίλη ἱστορία. *Macrobius* verdankt ihm ebenfalls viel, besonders die dramatische
Einkleidung und den Plan des Werkes.

Vergl. *K. Bapp,* Leipz. Stud. VIII (1885), p. 85–160, Comment.
in honorem Ribbeckii, 1888, p. 253–258; *F. Rudolph,* Leipz. Stud.
VII 8 ff. 119 ff., Philol. Suppl. Bd. VI (1891) p. 109–163; *A. Brunk,*
Comment. Gryphisw., Berlin 1887; *C. Hirzel,* Der Dialog II 352–356;
G. Kaibel, Praef. ad Athen. 1887, p. I–XL (p. XXXI–XXXVII gegen
G. Wissowa, s. u. p. 119); *G. Wentzel* PW. II 2025–2033; *W. Ditten-
berger,* Athenaeus u. sein Werk, in Apophoreton, Berlin 1903, p. 1–28.

DIOGENES LAERTIOS (c. 200 n. Chr.).

*Φιλοσόφων βίων καὶ δογμάτων cυναγωγή, in
10 B.[(1)] Der Verfasser ist ein gedankenloser und nachlässiger
Abschreiber, doch ist sein inhaltreiches Werk als die einzige
erhaltene Philosophengeschichte für uns von ganz unschätzbarem Werte. Die Frage nach seinen direkten, wie mittel-
baren Quellen ist ein vielumstrittenes Problem. Nach *Wilamowitz* schöpfte er aus: Favorin, Diokles' ἐπιδρομὴ φιλοσόφων,
Athenaios, Phlegon, Epiktet, Myronianus, Pamphila, Alexander
Polyhistor, Epikur, Doxographen und Apophthegmensammlungen.
Nach *Usener* war seine Hauptquelle die Διαδοχαί (oder eine
Epitome dieses Werkes) des *Nicias* von Nicaea (unter Nero),
der seinerseits besonders die großen Werke des *Sotion* und
Diokles verarbeitet hatte. Bei einem Autor wie Diogenes
ist jedenfalls eine *direkte* Benutzung *zahlreicher* Quellen aus-
geschlossen. Manche *Vitae* erwecken den Eindruck, als ob

---

(1) Der Schluß des 7. B. (Schriftenverzeichnis des Chrysippos)
ist verloren. Im ganzen sind es 81 vitae, von denen die längsten, die
des Plato und Epikuros, *ein* Buch für sich bilden (III u. X). Zitiert
werden über 300 Schriftsteller.

74   II. Griechisch-Römische Periode.

sie aus *zwei* voneinander unabhängigen Quellen, einer *biographischen* und einer *doxographischen*, einfach zusammengeschweißt wären.

Vergl. *E. Maaß*, de biographis Graecis in Philol. Unters. III (1881) p. 3–141, der Favorin als Hauptquelle vertritt, widerlegt von *Wilamowitz*, ebenda p. 141–163; *F. Leo*, Griech.-röm. Biogr. p. 35–84; *H. Usener*, Epicurea p. VI–XXXVI, Sitzungsber. Berl. Akad. 1892, p. 1023–1034; und den ausführlichen Artikel, mit reichhaltigen Literaturangaben, von *E. Schwartz* PW. V 738–763.

CASSIVS LONGINOS.

Lebte 30 Jahre in Athen und wurde 273 von Aurelian als Anhänger der Königin Zenobia von Palmyra hingerichtet.

EVNAPIOS vita Soph. p. 456ᵃ,2: Βιβλιοθήκη τις ἦν ἔμψυχος καὶ περιπατοῦν μουσεῖον; Plotinos apud PORPHYR. vita Plotini 14: Φιλόλογος μὲν ὁ Λογγῖνος, φιλόσοφος δὲ μηδαμῶς; PORPHYR. op. cit. 20f: κριτικώτατος καὶ ἐλλογιμώτατος... ἐν κρίσει πρῶτος; HIER. epist. 125, 18: *criticum diceres esse Longinum censoremque Romanae facundiae notare quem vellet et e senatu doctorum excludere;* SVIDAS s. v.: ὁ κριτικός.

Hauptwerk: Φιλόλογοι ὁμιλίαι, in mindestens 21 B. Daraus wohl nur Teile: Ἀπορήματα Ὁμηρικά Προβλήματα Ὁμήρου καὶ λύσεις 2 B. (identisch mit dem Vorigen?) Περὶ τῶν παρ' Ὁμήρῳ πολλὰ σημαινουσῶν λέξεων, 4 B. Εἰ φιλόσοφος Ὅμηρος. Τίνα παρὰ τὰς ἱστορίας οἱ γραμματικοὶ ὡς ἱστορικὰ ἐξηγοῦνται.   Ἀττικῶν λέξεων ἐκδόσεις κατὰ στοιχεῖον, 2 B.   Kommentare zu *Hephaistions* Ἐγχειρίδιον, zur Midiana des *Demosthenes* und zur Rhetorik des *Hermogenes*.

Wenige Zitate aus den ὁμιλίαι ausgenommen, hat sich von all diesen Werken nur eine nicht bedeutende rhetorische Abhandlung (*ἀφορμαὶ λόγου) erhalten, die Ruhnkens Scharfsinn in der Rhetorik des *Apsines* entdeckte. Über die dem Longinos lange Zeit zugeschriebene Schrift περὶ ὕψους, siehe oben p. 60.

Vergl. *D. Ruhnken*, de vita et scriptis Longini 1776; *E. Egger*, L'histoire de la critique chez les Grecs 1886², p. 475–484.

PORPHYRIOS von Tyrus, 233 – c. 305.

Schüler der Neuplatoniker Plotin und Longin. Einer der
bedeutendsten Gelehrten seiner Zeit, dessen Eἰcαγωγή zu
den Kategorien des *Aristoteles,* in der Übersetzung des Boethius, die Grundlage des Studiums der Logik während des
ganzen Mittelalters bildete. Von den 50 uns bekannten Werken,
meist philosophischen Inhalts, ist nur wenig auf uns gekommen.
In das Gebiet der Philologie gehören folgende Schriften:

'Ομηρικὰ Ζητήματα (ein großer Teil ist in unseren
Homerscholien erhalten)   Περὶ τοῦ ἐν 'Οδυccείᾳ τῶν
Νυμφῶν ἄντρου (Odyss. XIII 102–112). Die Nymphen-
grotte wird zu einer Allegorie des Universums umgedeutet.
Es ist diese Schrift wohl das beste erhaltene Beispiel jener
uralten, unheilvollen allegorischen Exegese der homerischen
Gedichte[1], die von der stoisch-pergamenischen Schule zum
Prinzip erhoben wurde und sich bis in die späteste Zeit einer
unglaublichen Beliebtheit erfreute.[2]

Περὶ τῆc 'Ομήρου φιλοcοφίαc   περὶ τῆc ἐξ 'Ομήρου
ἀφελείαc τῶν βαcιλέων   περὶ παραλελειμμένων τῷ ποιητῇ
ὀνομάτων γραμματικαὶ ἀπορίαι   περὶ τῶν κατὰ Πίνδαρον
τοῦ Νείλου πηγῶν   εἰc τὸ Θουκυδίδου προοίμιον.   Περὶ
Cτυγόc und περὶ ἀγαλμάτων (beides allegorische Schriften).
Neben der Φιλόcοφοc ἱcτορία (Pythagoras bis Plato) wird auch
eine Φιλόλογοc ἱcτορία, in 5 B., erwähnt, aus der EVSEB.
Praep. evang. X 3 und CLEM. ALEX. Strom. VI 2 ein wertvolles
Bruchstück eines Dialogs (der Sprecher ist Longinos) über
Plagiate im Altertum erhalten haben.

Vergl. *Fabricius,* Bibl. Gr. V 725–758; *Graefenhan* III 43 f.

---

(1) Sie beginnt bereits mit Theagenes, siehe oben p. 10. Einen
kurzen Überblick bis auf Plutarch gibt *Hersman,* op. cit. (p. 65) I p. 7–23.
(2) Vergl. noch die 'Ομηρικαὶ ἀλληγορίαι des *Ps. Herakleitos.*
Bei den Römern erreichte diese exegetische Verirrung ihren Höhepunkt in des *Fulgentius* Virgiliana Continentia (6. Jahrh.). Eine zusammenfassende Darstellung der allegorischen Interpretation im
Altertum wäre eine sehr dankenswerte Arbeit.

76 II. Griechisch-Römische Periode.

298–302 und besonders *H. Schrader,* Porphyrii quaestionum ad Iliadem
pertinentium reliquiae, Lpz. 1882, pp. 507, Hermes XX (1885) p. 380 ff.,
Porphyrii quaest. ad Odysseam pertinentium reliquiae, Lpz. 1890,
pp. 207; *Wilamowitz,* Kultur der Gegenwart I 8 p. 195 f.

Die griechischen Scholien[1] und ihre Quellen.

Vergl. im allgemeinen: *E. Hübner,* Encyclopaedie usw., 1889,
p. 34–40; *Wilamowitz,* Eur. Heracl. I¹ p. 173–210; *A. Römer,* Philol.
LXV (1906) p. 24–81 (Zur Würdigung und Kritik der Tragikerscholien).

Homer:

Subscriptiones im cod. Venet. A der Ilias: Παράκειται
τὰ Ἀριστονίκου cημεῖα (s. unten) καὶ Διδύμου περὶ Ἀριcταρχείου διορθώcεωc (Ausgabe), τινὰ δὲ καὶ ἐκ τῆc
Ἰλιακῆc προcῳδίαc (Prosodie und Akzente) Ἡρωδιανοῦ
καὶ ἐκ τῶν Νικάνοροc περὶ cτιγμῆc[2] (Interpunktion).
Sogenannte "Viermänner-Scholien".[3]

Zitiert werden in den Ilias-Scholien — die zur Odyssee
sind in sehr verstümmelter Gestalt auf uns gekommen —
mehr als 135 Schriftsteller.

Vergl. im allgemeinen: *Lehrs,* op. cit. 1–15; *Ludwich;* opp. citt.
unter *Aristarch* und *Didymos,* ferner *L. Friedländer,* Nicanoris περὶ
Ἰλιακῆc cτιγμῆc, Berlin 1857², pp. 292, A r i s t o n i c i[4] περὶ cημείων

---

(1) cχόλιον in der Bedeutung von 'gelehrter Anmerkung' findet
sich zuerst bei GALEN. XVIII (2) 847 τὰ δ'ἔξω τῆc τέχνηc περὶ τὴν λέξιν ἔτι πλείονα cχόλια, denn bei CIC. Att. 16, 7, 3 hat es vielmehr den
Sinn 'Resumé' 'Kurze Abhandlung', wie der Zusammenhang lehrt.
Vergl. *Rutherford,* Schol. Aristoph. III p. 21, Note 19.

(2) Nur am Schluß von Γ Δ findet sich περὶ Ὁμηρικῆc cτιγμῆc.
Er wird am seltensten erwähnt (23 mal).

(3) Das Kennzeichen für Scholien des *Aristonikos* ist ὅτι (d. h.
ἡ διπλῆ usw. παράκειται ὅτι), die des *Didymos* erkennt man teils
am Inhalt, teils an der Partikel οὕτωc (sc. Aristarchos), die des
Herodian u. *Nikanor* am Inhalt.

(4) Andere Werke dieses sorgfältigen Forschers, eines Zeitgenossen
Strabos, waren περὶ τῶν cημείων τῶν ἐν Θεογονίᾳ Ἡcιόδου, vermutlich auch zu den *Opera* und *Kommentare* zur *Ilias* und *Odyssee,* eine
Quelle für *Herodian, Orion* und andere. Die von STRABO I 38 erwähnte Schrift ἐν τοῖc περὶ Μενελάου πλάνηc betrachtet L. Cohn als

Ἰλιάδος reliquiae, Goettingen 1853, pp. 360; *O. Carnuth,* Aristonici περὶ cημείων Ὀδυccείαc reliquiae, Lpz. 1869, pp. 176, Nicanoris περὶ Ὀδυc-cειακῆc cτιγμῆc reliquiae, Berlin 1875, pp. 68; *Th. Beccard,* de scholiis in Homeri Iliadem Veneti A, Berlin 1850, pp. 92; *A. Römer,* Die Werke der Aristarcheer im cod. Ven. A., Münch. Akad. II (1875) p. 241 ff. XXII p. 436 ff., Die exegetischen Schol. der Ilias im cod. Ven. B., München 1879, pp. 135; *J. Schwarz,* de schol. in Hom. Iliad. mythologicis, Breslau 1878, pp. 32; *E. Schwartz,* de scholiis Homericis ad historiam fabularem pertinentibus, in Jahrb. f. cl. Phil. Suppl. Bd. XII (1881) p. 403–464; *G. Rauscher,* de scholiis Homericis ad rem metricam pertinentibus, Straßburg 1886, pp. 60; *G. Lehnert,* de scholiis ad Hom. rhetoricis, Diss. Lpz. 1896, pp. 111; *L. Cohn,* PW. II 964–966 (Aristonikos). Ein alphabetisches Verzeichnis aller antiken Homerforscher, das aber der Sichtung bedarf, gibt *Fabric.* Bibl. Gr. I 502–527. Siehe auch *Sengebusch,* Hom. Diss. I.

Hesiod:

Die Scholien gehen in letzter Linie auf *Didymos* und Aristonikos zurück (s. o. p. 49. 76⁴).

Andere antike Interpreten waren: Zenodot, Apollonios, Praxiphanes, Aristophanes (s. o.), *Aristarch* mit Kommentar, *Krates* (s. o.), *Seleukos,* Epaphroditos, Demetrios Ixion, Dionysios Corinthius (beide nur aus Suidas als Erklärer bekannt), *Plutarch* (s. o.), *Proklos, *Ioh. Tzetzes, *Triklinios.

Vergl. *H. Flach,* Glossen und Scholien zur hesiod. Theogonie, mit Prolegomena, Lpz. 1876, pp. 443; *Wilamowitz,* op. cit. p. 191, Anm. 144.

Pindar:

Hauptquelle: *Didymos,* c. 60 mal direkt zitiert (s. o.). Von den etwa 30 uns bekannten antiken Pindarinterpreten oder -kritikern mögen die folgenden noch Erwähnung finden: Zenodot, Kallimachos, *Aristophanes* (s. o.), *Kallistratos, Aristarch* (s. o.), *Krates* (s. o.), Ammonios, *Aristonikos,* Asklepiades,

---

eine Art Exkurs zum Kommentar des 4. B. der Odyssee, doch spricht dagegen der Plural. Ἀcύντακτα ὀνόματα, in 6 B. (Substantive mit ungehörigen Buchstabenverbindungen). Περὶ τοῦ ἐν Ἀλεξανδρείᾳ Μουcείου, nach Photios in Sopatros' Ἐκλογαί ausgebeutet. Kommentar zu *Pindar.*

78   II. Griechisch-Römische Periode.

Chrysippos (nicht der Stoiker), Artemon, Palamedes (einer der Δειπνοσοφισταί des Athenaios), Drakon περὶ τῶν Πινδάρου μελῶν, Hephaistion und die Byzantiner *Eustathios* (s. u.), *Thomas Magister, *Moschopulos und *Demetrios Triklinios* (s. u.). Vergl. *A. Boeckh,* Pindar II 1 praef. IXff., und index auctorum II (von Kritz) II 2 p. 351; *K. Lehrs,* Die Pindarscholien, Lpz. 1873, pp. 207; *Wilamowitz,* op. cit. p. 184—186.

Aischylos:

Antike Forscher: *Chamaileon* (s. o.), *Glaukos* περὶ Αἰσχύλου μυθῶν, *Aristophanes, Aristarch.* Grundstock wird *Didymos* gewesen sein (s. o.), doch werden keine Gewährsmänner in den oft wertvollen, aber sehr zusammengeschrumpften Scholien genannt.[1]

Vergl. *J. Richter,* de Aesch. Soph. Eur. interpretibus Graecis, Berlin 1839, pp. 120; *J. J. Frey,* de Aesch. scholiis Mediceis, Bonn 1857, pp. 39; *W. Seelmann,* de propagatione schol. Aesch., Halle 1875, pp. 37; *A. Römer,* Münch. Akad. 1888, pp. 231 ff.; *F. A. Paley,* Commentarius in schol. Aesch., Cambridge 1878, pp. 44; *Wilamowitz,* Hermes XXV 161 ff.

Sophokles:

Hauptgewährsmann, auch für den Βίος, *Didymos.* Antike ὑπομνηματισταί: *Philochoros* περὶ Σοφοκλέους μύθων (s. o.), Dikaiarchos, Istros, Satyros, Duris περὶ Σοφοκλέους καὶ Εὐριπίδου, *Salustius* und bes. *Aristophanes, Aristarch.* Die byzantinischen Scholien sind wertlos.

Vergl. *J. Richter,* op. cit.; *Bernhardy,* Gr. Lit. II 2, p. 378 ff.; *G. Wolff,* de Soph. schol. Laurent. Lpz. 1843, pp. 287; *P. Jahn,* quaest. de schol. Laurent. I (Verhältnis zu Suidas), Berlin 1884, pp. 62; *Wilamowitz,* op. cit., p. 197 f. (über Salustius).

Euripides:[2]

Nur zu neun Stücken erhalten (Hecuba Orest. Phoen. Medea Hippol. Alcest. Androm. Troad. Rhesus) mit βίος und

---

(1) Die beiden Ausnahmen Kallistratos (Pers. 917K) und Epaphroditos zu den Αἴτια des Kallimachos (Eum. 2) beziehen sich nicht auf die Exegese der Dramen.

(2) Mit den *Tragikern* und dem *Theater* überhaupt befaßten sich z. B.: *Aristoteles, Aristoxenos, Herakleides Ponticus, Philochoros,*

ὑποθέςεις. Subscriptiones zum Orestes: παραγέγραπται ἐκ τοῦ Διονυςίου ὑπομνήματος ὁλοςχερῶς καὶ τῶν μικτῶν und zur Medea: Πρὸς διάφορα ἀντίγραφα Διονυςίου ὁλοςχερὲς καί τινα τῶν Διδύμου. Andere Euripides-Forscher waren: *Dikaiarchos, Alexander Aetolus, Aristophanes, Kallistratos, Aristarch, Krates.* Vergl. *Bernhardy,* II 2 p. 1 f. 498 ff.; *Th. Barthold,* de scholiorum in Eur. veterum fontibus, Bonn 1864, pp. 63; *Wilamowitz,* op. cit., p. 199 f.; de Rhesi scholiis, Greifswald 1877, pp. 14; *W. Elsperger,* Reste und Spuren antiker Kritik gegen Euripides, gesammelt aus den Euripidesscholien, Diss. München 1906, pp. 59 (vollständig in Philol. Suppl. Bd. XI ⟨1907⟩).

Aristophanes:

Subscriptiones zu Nub. Pax Aves: κεκώλιςται ἐκ τοῦ Ἡλιοδώρου, παραγέγραπται ἐκ τοῦ Φαείνου[1] καὶ Cυμμάχου[2] καὶ ἄλλων τινῶν[3] κεκώλιςται πρὸς τὰ

Dikaiarchos, Alexander Aetolus, *Kallimachos, Aristophanes, Aristarch, Didymos, Juba,* Hephaistion, *Dionysios* ὁ μουςικός (s. o.) *Asklepiades* Τραγῳδούμενα, *Karystos* von Pergamum περὶ Διδαςκαλιῶν, *Duris* περὶ τραγῳδίας, *Telephos* Βίοι τραγικῶν καὶ κωμικῶν, *Heliodoros* περὶ τριπόδων, Amarantos περὶ ςκηνῆς, Charikles περὶ τοῦ ἀςτικοῦ ἀγῶνος, Ptolemaios (Vater des Aristonikos) περὶ τῶν ὁμοίως εἰρημένων παρὰ τοῖς τραγικοῖς (versus iterati, Entlehnungen und Reminiszenzen), Dionysodoros περὶ τῶν παρὰ τοῖς τραγικοῖς ἡμαρτημένων, Menaichmos von Sikyon περὶ τεχνιτῶν (die sog. Dionysischen Künstler), Rufus' μουςικὴ ἱςτορία (nach Photios von Sopatros exzerpiert), Nestor θεατρικὰ ὑπομνήματα, Philostratos I περὶ τραγῳδίας, *Sueton,* Ludicra historia.

(1) *Fünf* und zwar törichte Notizen werden ihm in den Schol. zu den Equit. zugeschrieben.

(2) *36 mal* (19 mal zu den Aves) genannt. Terminus ante quem ist *Herodian,* der ihn zitiert.

(3) Zu diesen gehörten vermutlich Werke wie *Artemidoros'* cυναγωγή u. *Sopatros'* ἐκλογαὶ διάφοραι, 12 B. Am häufigsten werden erwähnt: Lykophron (8), Eratosthenes (19), Aristophanes (8), Kallistratos (30), Aristarch (26), Apollodoros von Athen (6), Demetrios Ixion (9), Apollonios ὁ Χαίριδος (15), Timachidas (8, in den Ran.), Euphronios (27), Didymos (61), Herodian (20) und 17 andere Gelehrte. Von weiterer antiker Literatur über die *Komödie* überhaupt

Ἡλιοδώρου, παραγέγραπται ἐκ Φαείνου καὶ Cυμμάχου   παραγέγραπται ἐκ τῶν Cυμμάχου καὶ ἄλλων cχολίων.
Vergl. *O. Schneider,* de vett. in Arist. scholiorum fontibus, Stralsund 1838, pp. 132; *A. Schauenburg,* de Symmachi in A. interpretatione subsidiis, Halle 1881, pp. 33; *F. Clausen,* de scholiis vett. in Aves Arist. compositis, Kiel 1881, pp. 78; *K. von Holzinger,* Über die Parepigraphae des Arist., eine Scholienstudie, Wien 1883, pp. 61; *K. Zacher,* Die Hss u. Klassen der Aristoph. Scholien, in Fleck. Jahrb. Suppl. Bd. XVI (1888), p. 503 ff.; *Wilamowitz,* Eur. Her. I¹ 179–184; *W. Meiners,* Quaest. ad scholia Arist. hist. pertinentes, Diss. Hallens. XI (1890), p. 217–413; *C. B. Gulick,* de scholiis Arist. quaestiones mythicae in Harvard Studies V (1894), p. 83–166; *W. G. Rutherford,* Schol. Arist. Bd. III (1905), pp. 494 (A chapter in the history of annotation); *A. Römer,* Studien zu Arist., Lpz. 1902, pp. XIV u. 196.

Über *Heliodors* kolometrische Arbeiten vergl. *Chr. Thiemann,* Heliodori colometriae Aristoph. quantum superest usw., Halle 1869, pp. 144; *O. Hense,* Heliodoreische Untersuchungen, Lpz. 1870, pp. 182.

Thukydides:

Die uns erhaltenen dürftigen Scholien, wie die wertvolle Vita des *Markellinos* gehen doch wohl in letzter Linie auf *Didymos* (siehe p. 50) zurück. Von anderen hypomnematischen Schriften zu Thukydides seien erwähnt: Dionysios (p. 58), Claudius Didymos περὶ τῶν ἡμαρτημένων παρὰ τὴν ἀναλογίαν Θουκυδίδῃ (Suidas), Antyllos[1], Numenios, Iulius

---

ist erwähnenswert: *Aristoteles* (im verlorenen Teil der Poetik), *Theophrast, Chamaileon* (s. o.), Eumelos, Diodoros von Tarsus (Aristophaneer), *Krates, Herodikos* von *Babylon* der Krateteer Κωμῳδούμενα (das in den Komödien Verspottete), *Ammonios* (siehe p. 47), Dionysiades Χαρακτῆρες ἢ φιλοκωμῳδός (ἐν ᾧ τοὺς χαρακτῆρας ἀπαγγέλλει τῶν ποιητῶν. Suidas), Doteridas περὶ κωμῳδίας, Galen (s. o.), Plutarch (s. o.), Telephos (siehe p. 79²), Nikanor Κωμῳδούμενα, Antiochos von Alexandrien περὶ τῶν ἐν τῇ μέσῃ κωμῳδίᾳ κωμῳδουμένων ποιητῶν, *Platonios u. *die anonymen Traktate περὶ κωμῳδίας, Eustathios' Kommentar zu Aristophanes (verloren). Auch die erhaltenen Einleitungen de comoedia von *Euanthius* und *Donatus* zu Terenz gehen auf alte griechische Gelehrsamkeit zurück.

(1) "ἀξιόπιcτος ἀνὴρ μαρτυρῆcαι καὶ ἱcτορίαν γνῶναι καὶ διδάξαι δεινός" *Markell.* vita Thucyd. 53.

Vestinus, Porphyrios, Asklepiades (kaum ὁ Μυρλεανός) und ein von Grenfell und Hunt gefundenes, aber noch nicht veröffentlichtes längeres Bruchstück aus einem Kommentar zum 2. Buche.

Vergl. *E. Schwabe*, Quaest. de Thucyd. schol. fontibus in Lpz. Stud. IV (1881), p. 67—150; *F. Altinger, de rhet.* in oratt. Thucyd. scholiis, München 1885, pp. 66.

Plato:

Infolge der Beliebtheit, wie der Autorität, deren sich Plato zu allen Zeiten erfreute, sind seine Werke schon frühzeitig Gegenstand exegetischer Forschung geworden; auch über sein Leben gab es eine reichhaltige Literatur. Von all diesen Erläuterungsschriften ist aus früher Zeit nur weniges auf uns gekommen. Unser Text geht auf eine Rezension zurück, die nach Alexandrinischer Art mit kritischen Zeichen versehen war und die tetralogische Ordnung des *Thrasyllos*[1] (unter Tiberius) befolgte. 1. *B i o g r a p h i c a :* Speusippos, Hermodoros, Philippos Opuntius, Xenokrates, *Aristoxenos, Favorinus,* *Apuleius de doctrina et nativitate Platonis, *Diogenes Laertius B. III, *Olympiodori vita, zum Kommentar des Alkibiades I. Vor allem gehören die Briefe Platos, namentlich der 7., hierher, die, wenn auch *insgesamt unecht,* doch sehr viel zuverlässiges Material enthalten. 2. *E x e - g e t i c a*[2]*:* ῾οἱ τοῦ Πλάτωνος ὑπομνηματισταί᾽ z. B.: *Krantor* ῾ὁ πρῶτος (?) τοῦ Πλάτωνος ἐξηγητής᾽, *Ammonios* (siehe p. 47), *Poseidonios* zum Timaios, Tauros von Berytos (1. Jahrh.) zum Gorgias und Timaios, Plutarch, Galen, Longinos, Porphyrios,

---

(1) Aristophanes hatte die platonischen Dialoge in *Trilogien* eingeteilt, wir wissen aber nicht in wie viele, die Briefe hielt er für echt. Thrasyllos nahm 9 Tetralogien an. Wie zu Demosthenes und Aischines gab es auch eine Ausgabe des Plato von Atticus (dem Freund Ciceros?). Ob dieselbe auf unseren Platotext irgend welchen Einfluß ausgeübt, läßt sich nicht ermitteln.

(2) Bei weitem am häufigsten wurde der *Timaios* erklärt, und zwar scheint hier der *große Poseidonios,* wie in zahlreichen anderen Fällen, die ganze Folgezeit beherrscht zu haben.

82   II. Griechisch-Römische Periode.

Iamblichos, Syrian, *Hermeias zum Phaidros, *Proklos [1],
Olympiodoros und die unvollendete latein. Übersetzung (mit
Kommentar) des Timaios von Chalcidius (4./5. Jahrh.). Dieses
Werk vermittelte dem Mittelalter im wesentlichen seine Kenntnis der platonischen Philosophie.   3. Lexikologisches: Harpokration Λέξεις Πλάτωνος in 2 B., Areios Didymos Περὶ
τῶν παρὰ Πλάτωνι ἀπορουμένων λέξεων (Fragmente erhalten),
Boethos (2. Jahrh.) λέξεων Πλατωνικῶν συναγωγή (eine Quelle
des Photios), *Timaios (3. Jahrh.) Περὶ τῶν παρὰ Πλάτωνι
λέξεων.   4. Rhetorica: Dionysios, Caecilius, Metrophanes
Περὶ χαρακτήρων Πλάτωνος, Ξενοφῶντος usw.   Unsere Scholien gehen zum größten Teil auf atticistische Lexika und
Platoglossarien zurück, die sonstigen Quellen lassen sich
nicht näher bestimmen.

Vergl. Naber, Proleg. zu Photios, p. 54—71; Th. Mettauer, de
Platonis scholiorum fontibus, Zürich 1880, pp. 122; L. Cohn, Unter-
suchung über die Quellen der Platoscholien in Fleck. Jahrb. Suppl.
Bd. XIII (1883), p. 771—864, Philol. Anzeiger XV (1885), p. 48—55;
Flach, Hesych. Miles., p. XV ff.

Aristoteles:

Antike Scholien zu den Schriften des A. sind nicht vorhanden, um so zahlreicher sind die Ausleger seiner Werke
und seine Biographen, deren Forschungen in den vom
3. Jahrh. an erhaltenen Kommentaren und Biographien uns
vorliegen.   Die namhaftesten Arbeiten sind:
Ariston von Keos (vergl. Gercke PW. II 953—956), Satyros Βίοι ἐνδόξων ἀνδρῶν, Hermippos (s. o.) mit Schriftenverzeichnis, Sotion Διαδοχαὶ τῶν φιλοσόφων, Apollodoros
Chronica (Quelle des Dionys. ad Ammaeum, vergl. Diels, Rh.
Mus. XXXI, p. 43 ff., Jacoby, Apollodors Chronik, p. 316—328),
Andronikos [2] von Rhodus (Zeitgenosse Ciceros), der Ordner

(1) Von den erhaltenen Exegeten wohl der bedeutendste. Auf
uns gekommen sind Kratylos, Parmenides, Alkibiades I, Republik,
Timaios, verloren die Erläuterungen zum Phaidros, Phaidon, Gorgias, Philebos, Theaetet, Sophistes und zu den Leges.

(2) Mit A. beginnt eine neue Epoche der Arist. Forschung.

und Herausgeber aristot. Werke (vergl. *Gercke* PW. I 2164
—2167), Aristokles (vergl. *Gercke* PW. II 934 f.), **Diogenes
Laertius* (s. o. p. 73 f.), *Hesychios Milesius* (= Suidas). Kom-
mentatoren: *Nikolaos* Damascenus θεωρία τῶν 'Αριcτοτέλουc
(Kompendium der Arist. Lehre); *Alexandros* von Aegae (Lehrer
Neros) zu den Kategorien; *Aspasios* (2. Jahrh.) zur Nikomach.
Ethik *I—IV. *VII. *VIII, verloren zu Kateg., Physik, Meta-
phys., de caelo; *Adrastos* (150 n. Chr.) περὶ τῆc τάξεωc τῶν
'Α. cυγγραμμάτων; *Alexandros* von Aphrodisias (c. 200), der
größte Interpret des A., ὁ ἐξηγητήc genannt. *Analytik I B. 1,
*Topik, *Meteorologie, *de sensu, *Metaphysik I—V (die
anderen Bücher sind untergeschoben), verloren sind z. B. die
Kommentare zu Kateg., Analytik I 2. II, Physik, de caelo, de
anima (vergl. *Gercke,* PW. I 1453—1455); *Porphyrios* (s. o.
p. 75); *Themistios* (4. Jahrh.) *Paraphrasen zu Anal. pr., Physik, de anima, parva naturalia; *Ammonios* (5. Jahrh.) zu *περὶ
ἑρμηνείαc; Joh. *Philoponos* (6. Jahrh.) z. B. zu *Analytik, *Meteorologie, *Metaphysik; *Simplikios* (6. Jahrh.) zu *Physik, *de
caelo, *de anima; *Boethius* (6. Jahrh.) zu *Περὶ ἑρμηνείαc (mit
lat. Übers.), *Kateg., *Analytica, *Coφιcτ. ἔλεγχοι, *Τοπικά
(vergl. *Hartmann* PW. III 596—601).

Vergl. im allgemeinen: *Gercke* PW. II 1040—1051 (A.s Werke).

Demosthenes:

Zu 18 Reden von *Ulpian* und *Zosimos* (minderwertig).
Inhaltsanzeigen des *Libanios* Fragmentarisches Spezial-
lexikon zur Aristocratea (Fayum Papyri, vergl. *Blass,* Hermes
XVII 148 ff.) und vor allem umfangreiche Reste des *Didymos-*
Kommentars zu Dem. (s. o. p. 50). Ästhetische Kritik: *Dio-
nysios* (p. 58). Biographen: *Plutarch* (p. 64), *Pseudo-Lucian*
Encomium Dem., Libanios, Zosimos, *Photios* cod. 265, *Suidas.*
Unter den nicht erhaltenen biographischen und exegetischen
Werken sind besonders erwähnenswert: *Demetrios Pha-
lereus* (p. 21), *Hermippos* (p. 43), Satyros, *Caecilius,* Longi-
nos, Hermogenes, Salustius, Apollonides, Aelius, Theon,

Gymnasios. Viele andere bei *A. Westermann,* Griech. Bereds., p. 111.[1]

Vergl. *E. Wangrin,* quaest. de scholl. Dem. fontibus, 1 de Harpocratione et Aelio Dionysio Pausaniaque Atticistis, Halle 1883, pp. 39 (dagegen *L. Cohn,* Philol. Anz. XV [1885], p. 55 ff.).

Aischines:

Unmittelbare Quellen unserer Scholien waren atticistische Lexika, und die Kommentare des *Aspasios* und *Apollonios,* die in letzter Linie auf *Didymos* und *Caecilius* zurückgehen. Von diesem zitiert Suidas auch eine spezielle Schrift cύγκρι-cιc Δημοcθένουc καὶ Αἰcχίνου (s. o. p. 60).

Vergl. *F. Schultz,* Jahrb. f. Phil. XCIII (1866), p. 289–315; *Th. Freyer,* Quaest. de scholl. Aesch. fontibus usw., in Lpz. Stud. V (1882), p. 239–392.

Lykophrons Alexandra:

Unschätzbarer Kommentar zu diesem cκοτεινὸν ποίημα von *Johannes Tzetzes,* der in letzter Linie auf *Theon* beruht (siehe p. 54). Er bildet, wie es scheint, die Redaktion älteren Scholienmaterials[2], von dem ein Rest im cod. A. sich findet. Daß *Stephanos Byzantius* Theon noch direkt benutzt hat, läßt sich nicht erweisen, ist aber wahrscheinlich. Einen sonst gänzlich unbekannten Erklärer Namens *Sextion* erwähnt das Etym. Magn. s. v. Ἀμαντίc.

Vergl. *Scheer,* Rh. Mus. XXXIV (1879), p. 272 ff., 442 ff. und in

---

(1) Umfangreiche Arbeiten zu den attischen Rednern überhaupt enthielten ferner: *Hermippos,* die πίνακεc des Kallimachos und der Pergamener, *Theopomp,* B. X der Philippica, περὶ τῶν Ἀθήνηcι δημαγωγῶν (Athen. IV 166 D), *Dionysios* u. *Caecilius* (p. 57 ff.), *Hero* von Athen περὶ ἀρχαίων ῥητόρων καὶ τῶν λόγων, οἷc ἐνίκηcαν πρὸc ἀλλήλουc ἀγωνιζόμενοι (Suidas), **Harpokration* (p. 66), **Ps. Plvt.* vitae X orat. (p. 64).

(2) Dieses hat der Besitzer und Abschreiber der Hs, der Erzbischof Niketas von Serrae (11. Jahrh.), nach eigener Aussage aus uns unbekannten älteren Werken gesammelt: κἀνταῦθα cυνήθροιcα λεξικοῦ λέξειc. Ähnliche Scholien wird wohl auch Tzetzes ausgeschrieben haben.

seiner Ausgabe p. Vff.; *Susemihl,* Alex. Lit. I p. 277 Anm. 45; *Wila-mowitz,* Eur. Her. I¹, p. 190–192.

Apollonios Rhodius:

Subscriptio zum cod. Med.: παράκειται τὰ cχόλια ἐκ τῶν Λουκίλλου Ταρραίου (c. 130 n. Chr.) καὶ Cοφο-κλέουc (c. 150 n. Chr.) καὶ Θέωνοc (p. 54), des ältesten von diesen.[1] Noch früher verfaßte *Chares,* ein Schüler des A. ein cύγγραμμα περὶ ἱcτοριῶν τοῦ Ἀπολλωνίου.[2] Ein Kommentar lag bereits, wie es scheint, dem *Varro Atacinus* und *Ovid,* sicher dem *Valerius Flaccus* und *Statius* vor, und unter Hadrian schrieb einen solchen der bekannte Grammatiker *Eirenaeus* (=Minucius *Pacatus*).[3] Diese Scholien gehören zu den reichhaltigsten und gelehrtesten, die uns erhalten sind. *Marianos* (6. Jahrh.) machte eine Metaphrase der Argonautica in 5608 iambischen Trimetern.

Vergl. *J. A. Weichert,* A. R., Meißen 1821, p. 400 ff.; *Bernhardy,* Gr. Lit. II 1, p. 370 ff.; *Susemihl,* I 389–391; *Wilamowitz,* Eur. Her. I¹ 186; *E. Bethe,* Quaest. Diod. mythogr., Gött. 1887, p. 87 ff.

Kallimachos:

Auf uns gekommen sind sehr dürftige und minderwertige Scholien zu den *Hymnen.* Vergl. *W. Reinecke,* de scholiis Callim. Diss. Hallens. IX (1887) pp. 65. Im Altertum erklärten *Artemidoros,* dessen Sohn *Theon,* und *Epaphroditos* die Αἴτια, ein *Archibios* ὁ Ἀπολλωνίου die Epigramme, ein *Salustius* (der Erklärer des Sophokles?) die Ἑκάλη. Ferner werden zitiert ein ὑπόμνημα εἰc Καλλίμαχον τὸν ποιητὴν des *Astyages* (c. 200 n. Chr.) und *Nikanor* περὶ cτιγμῆc τῆc παρὰ Καλλι-

---

(1) Ein langes Zitat in den Schol. Arg. IV 264 kehrt wörtlich wieder in den Schol. Aristoph. Nub. 397, ein einzig dastehender Fall in unserer Scholienüberlieferung.

(2) Ob schol. I 623 Ἀcκληπιάδηc ὁ Μυρλεανόc δεικνὺc ὅτι παρὰ Κλέωνοc (sc. Ἀργοναυτικῶν) πάντα μετήνεγκεν Ἀπολλώνιοc einen Kommentar u. nicht vielmehr nur ein cύγγραμμα über Entlehnungen des A. voraussetzt (vergl. p. 34¹), läßt sich nicht entscheiden.

(3) Über ihn *M. Haupt,* Opusc. II, p. 434–440.

μάχψ. Endlich hat der obenerwähnte *Marianos* Metaphrasen der 'Εκάλη, Αἴτια, Hymnen und Epigramme in 6810 iambischen Trimetern verfaßt.

Aratos:

Erhalten sind Scholien und eine vita (die III.) von dem Mathematiker *Theon* (4. Jahrh.), zu Germanicus' Aratea und selbständige Kommentare von *Hipparchos,* dem berühmten Astronomen, von Geminus (= *Poseidonios*), die Εἰcαγωγή eines *Achilles* (3. Jahrh.), Leontios περὶ κατασκευῆc 'Αρατείαc cφαῖραc (7. Jahrh.) und *vier vitae,* deren Grundstock, wie es scheint, dem *Boethos* entnommen ist. Von den mehr als 30 Aratinterpreten waren die bedeutendsten *Attalos* von Rhodos, *Boethos Sidonius* (1. Jahrh. v. Chr.), *Diodoros, Sporos* von Nikaea (2. Jahrh. n. Chr.), mit vita (die II.).

Vergl. *Susemihl,* I 293—297 und besonders *E. Maaß,* Aratea (Philol. Unters. XII 1892), de Achille.. Arati interprete p. 9—59, de Arati codice Hipparcheo p. 63—117, de Arati interpretum .. catalogo p. 121—164; *Wilamowitz,* Eur. Her. I¹ 190.

Theokritos:

Alte Scholien und ὑποθέceιc nur zu den ersten 18 Gedichten, etwa im 11. Jahrh. zusammengestellt. Maßgebende editio von *Artemidoros* (1. Jahrh. v. Chr.), grundlegender Kommentar von *Theon.* Andere Erklärer waren: *Asklepiades* von Myrlea (vergl. *Wentzel* PW. II 1628—1631), *Munatios* (2. Jahrh. n. Chr.), *Amarantos* zu den Θαλύcια (Zeitgenosse des Galen), *Eratosthenes* (6. Jahrh.), Nikanor von Kos (aus unbestimmter Zeit).

Vergl. *Wilamowitz,* Eur. Her. I¹, p. 187f.

Nikandros:

Steph. Byz. s. v. Κορόπη: οἱ ὑπομνηματίcαντεc Θέων (Schol. Theo, 237), Πλούταρχοc, Δημήτριοc (mit Beinamen Chloros, c. 150 v. Chr.). Deren Kommentaren werden unsere vielfach sehr gelehrten Scholien entnommen

sein. Andere Erklärer waren *Antigonos* (1. Jahrh. v. Chr.),
Pamphilos (?) und *Diphilos* von Laodikea (ATHEN. VII 314ᴰ).
Vergl. *Wilamowitz,* op. cit., p. 188–190.

Dionysios Periegetes (unter Hadrian).
Wertvolle alte Scholien (4.–5. Jahrh.), ein ausführlicher
Kommentar des *Eustathios* und eine ἐξήγηcιc εἰc τὴν Διο-
νυcίου περιήγηcιν (Zeit unbestimmbar) sind erhalten.
Vergl. *Knaack* PW. V 922f.

Die kritischen Zeichen, Cημεῖα, notae.[1]

῎Οβελοc (—): πρὸc τὰ ἀθετούμενα ἐπὶ τοῦ ποιητοῦ, ἤγουν
νενοθευμένα ἢ ὑποβεβλημένα (R I) *prudentiores viri quorum summus in
hac re fuit Aristarchus, quotiens improbarent versus quasi aut malos
aut non Homericos, obelum potissime notandum existimarent. nam
et ipsius Homeri proprios, sed non eo dignos eadem hac nota con-
demnarunt.* (P) Z. B.: SCHOL. Hom. A 29. 96. 133. 139. 192. Daher
ὀβελίζειν = 'für unecht erklären'.

᾿Αcτέριcκοc καθ' ἑαυτόν (✳): ὡc καλῶc εἰρημένων τῶν
ἐπῶν ἐν αὐτῷ τῷ τόπῳ (R I) πρὸc τοὺc αὐτοὺc cτίχουc οἳ κεῖνται ἐν ἄλλοιc
μέρεcιν τῆc ποιήcεωc καὶ ὀρθῶc ἔχοντεc φέρονται, cημαίνων ὅτι οὗτοι
καὶ ἀλλαχοῦ εἴρηνται (R II) *Aristophanes apponebat illis locis quibus
sensus deesset, Aristarchus autem ad eos* (sc. versus) *qui hoc
puta loco recte positi erant, cum aliis scilicet non recte ponerentur.
item Probus et antiqui nostri.* Z. B. SCHOL. Hom. A 12. 103. 405
B 56. 116. 176. 180. 453 Γ 257, siehe jedoch p. 71. – DIOG. LAERT.
III 66 πρὸc τὴν cυμφωνίαν τῶν δογμάτων (sc. Πλάτωνοc).

Διπλῆ ἀπερίcτικτοc καθαρά[1] (>): παράκειται: 1. πρὸc
τὴν ἅπαξ εἰρημένην λέξιν. 2. πρὸc τὴν τοῦ ποιητοῦ cυνήθειαν ('In-

---

(1) Mit solchen Zeichen waren nachweislich versehen die διορθώcειc (kritische Ausgaben) von Homer, Hesiod, Pindar, Sappho,
Alkaios, Alkman, Anakreon, Aischylos, Sophokles, Euripides, Aristophanes, Platon, Hippokrates, Demosthenes; doch haben sich nur
wenige in den Hss erhalten. So z. B., außer bei Homer, zur Midiana des *Demosthenes.* Bei den lateinischen Schriftstellern ist die
Anwendung von *notae* direkt bezeugt für Ennius, Lucilius, Historiker,
Lucrez, Vergil und Horaz, nachweisbar auch für Terenz.

(1) *"primus Leogoras Syracusanus apposuit Homericis versibus
ad separationem Olympi* (sc. montis, so stets bei Homer) *a caelo".*

88   II. Griechisch-Römische Periode.

konsequenz'). 3. πρὸς τοὺς λέγοντας μὴ εἶναι τοῦ αὐτοῦ ποιητοῦ
'Ιλιάδα καὶ 'Οδύςςειαν, (sc. Χωρίζοντας: Xenon und Hellanikos).
4. πρὸς τὰς τῶν παλαιῶν ἱςτορίας. 5. πρὸς τὰς τῶν νέων ἐνδοχάς.
6. πρὸς τὴν 'Αττικὴν ςύνταξιν. 7. πρὸς τὴν πολύςημον λέξιν. (V) Usus
est ea in multis Aristarchus, nunc ea quae praeter consuetudinem
tam vitae nostrae quam ipsius poetae apud eum invenirentur ad-
notans, nunc proprias ipsius figuras, interdum ea in quibus co-
piosus est, rursus quae semel apud eum ponerentur. Similiter in
nostris auctoribus Probus. Z. B. SCHOL. Hom. A 3 B 238. 300. 397.
412. 485. 659 Γ 11. 54 Δ 141 Є 211 DIOG. LAERT. III 65 πρὸς τὰ δόγ-
ματα καὶ τὰ ἀρέςκοντα Πλάτωνι.

Ὄβελος μετὰ ἀςτερίςκου (— ⋇): ὡς ὄντα μὲν τὰ ἔπη
τοῦ ποιητοῦ μὴ καλῶς δὲ κείμενα ἐν αὐτῷ τῷ τόπῳ, ἀλλ' ἐν ἄλλῳ (R I)
propria nota est Aristarchi. utebatur autem ea in his verbis qui
non suo loco positi erant. item antiqui nostri et Probus. Z. B. SCHOL.
Hom. A 195 B 27. 64. 160. 164 Δ 195. 320 H 293 Θ 28. 39. 557 K 387. 409.

Ὄβελος περιεςτιγμένος (⨪): DIOG. LAERT. 3, 66 πρὸς τὰς
εἰκαίους ἀθετήςεις.

Διπλῆ περιεςτιγμένη (⋝): πρὸς τὰς γραφὰς τὰς Ζηνο-
δοτείους καὶ Κράτητος (?) καὶ αὐτοῦ 'Αριςτάρχου. apponebatur quae
Zenodotus non recte adiecerat aut detraxerat aut permutaverat. in
his et nostri ea usi sunt. Z. B. SCHOL. Hom. A 56. 60. 80. 208. DIOG.
LAERT., op. cit. πρὸς τὰς ἐνίων διορθώςεις (Platons).

'Αντίςιγμα (Ͻ): πρὸς τοὺς ἐνηλλαγμένους τόπους καὶ μὴ
ςυνᾴδοντας ponebatur ad eos versus quorum ordo permutandus
erat. Z. B. SCHOL. Hom. B 188. 192 Θ 535. Schon von Aristophanes
benutzt. Vergl. SCHOL. Arist. Ranae 153.

'Αντίςιγμα περιεςτιγμένον (Ͻ·): ὅταν δύο ὦςι διάνοιαι,
τὸ αὐτὸ ςημαίνουςαι (Tautologie) τοῦ ποιητοῦ γεγραφότος ἀμφοτέρας,
ὅπως τὴν ἑτέραν ἕληται (R II) cum eiusdem sensus versus duplices essent
et dubitaretur qui potius legendi. sic et apud nostros. Z. B. SCHOL.
Hom. B 192. DIOG. LAERT. III, 66 πρὸς τὰς διττὰς χρήςεις καὶ μετα-
θέςεις τῶν γραφῶν (im Platotext).

Κεραύνιον (Τ): δηλοῖ .. πολλὰς ζητήςεις πρὸς ταῖς προειρη-
μέναις ponitur quotiens multi versus improbantur, ne per singulos
obelentur.

Χ (χρήςιμον): In den Tragiker- und Aristophanesscholien.

Antike Schriften: Aristonikos (siehe p. 76⁴), Diogenianos (?)
περὶ τῶν ἐν βιβλίοις ςημείων (Suidas); Philoxenos περὶ ςημείων τῶν
ἐν 'Ιλιάδι (Suidas), Hephaistion, im Schlußkapitel des *Ἐγχειρίδιον

(περὶ μέτρων). *DIOG. LAERT. III 65ff., *Suetonius* (=*ISID. Orig. 1, 21 ff.
de notis scripturarum). In *Osanns* Anecd. Romanum (R), *Villoisons*
Anecd. Venetum ʾ(V), *Cramers* Anecd. Paris. (P., lateinisch). Alle
bei *Reifferscheid,* Suet. reliquiae, p. 137—144.

Moderne Literatur: *Gräfenhan,* op. cit. II 92—99; *Nauck,*
Aristoph., p. 17 ff, Lex. Vindob., p. 271 ff.; *Ludwich,* op. cit. I 20 f.;
C. Wachsmuth, Rhein. Mus. XVIII (1863), p. 178—188; *La Roche,* Text,
Zeichen usw. des cod. Ven., Wiesbaden 1862; *H. Schrader,* de nota-
tione critica a veteribus grammaticis in poetis scenicis adhibita, Bonn
1863, pp. 62; *Susemihl* 1 432 Anm. 17, p. 454; *A. Römer,* Die Notation
der alex. Philol. bei griech. Dramatikern, Münch. Akad. XIX (1892),
p. 1—52.

Die wichtigsten grammatischen Termini.

Griech.	Latein.[1]
I. Ὄνομα.	I. Nomen.
1. Γένος:	1. Genus:
ἄρρενα, θήλεα, cκεύη (οὐ-	*virile, muliebre, neutrum, com-*
δέτερον Stoiker). Vergl. ARIST.	*mune* (canis), *promiscuum*
Rhet. 3, 5 Πρωταγόραc τὰ γένη	(aquila). Die späteren Termini
τῶν ὀνομάτων διῄρει, Soph.	'masculinum' u. 'femininum'
Elench. 14. Alexandrinische	begegnen zuerst bei *Quintilian.*
Gelehrte fügten hinzu κοινόν	Dessen grammatische Termino-
(ὁ ἡ βοῦc), ἐπίκοινον (ὁ ἀετόc).	logie scheint aber der auch
	für die Späteren maßgebenden
	Grammatik seines Lehrers,
	Remmius Palaemon, entnom-
	men zu sein. *Varro* sagt *mas,*
	femina oder *virile, muliebre.*[2]
2. Ἀριθμόc: ἑνικόc, πληθυν-	2. Numerus: *singularis; multi-*
τικόc u. δυϊκόc (von Zenodot	*tudo* (Varro u. Caesar), *pluralis*
hinzugefügt?)	(QVINT. inst. 1, 5, 16), *plurativus*
	(GELL. I 16, 13).

(1) Lateinische Bezeichnungen, soweit sie nicht Übersetzungen
der griechischen sind, stammen hauptsächlich von *Varro* und *Nigidius Figulus,* doch ist deren Terminologie von den späteren Grammatikern zugunsten der Übertragungen aus dem Griechischen verworfen
worden, die so durch die Vermittlung des Latein bis auf den heutigen
Tag das Feld behauptet haben. Siehe auch p. 41 f.

(2) 'femininum nomen' findet sich aber VARRO rust. 3, 5, 6.

90   II. Griechisch-Römische Periode.

3. Κλίcιc πτώcειc:
a) ὀνομαστική, εὐθεῖα, ὀρθή.
b) γενική, πατρική, κτητική.
c) δοτική, ἐπισταλτική.
d) αἰτιατική.
e) κλητική, προσαγορευτική.

Daß diese Termini nach-
aristotelisch sind, beweist ARIST.
Analyt. 1, 36 p. 48, 39 ff.β κατὰ τὴν
τοῦ ὀνόματος πτῶcιν ... κατὰ τὰς
κλίcειc τῶν ὀνομάτων ... τούτῳ
.. τούτου ... τοῦτο.

II. Ῥῆμα Cuζυγία.[1]
a) Διαθέcειc:
ARIST. Cat. 4, Soph. Elench. 4:
ποιεῖν, πάσχειν (ἐνέργεια, πάθος). Stoiker: ὀρθόν, ὕπτιον,
οὐδέτερον (intransit. medium),
μέcη (medium). Dionysios:
ἐνέργεια, πάθος, μεcότης. Spätere: ἐνεργετική, παθητική, μεcότης (inkl. des 2. Perfekts).

3. Declinatio[1] casus:
a) nominativus (Varro), rectus
(Nigidius).
b) casus interrogandi(Nigidius),
patricus u. communis (Varro),
paternus, patrius, possessi-
vus, genetivus (Quintilian).
c) casus dandi (Nigidius und
Varro), commendativus, da-
tivus (Quintilian).
d) casus accusandi (Varro),
incusativus, accusativus[2].
e) casus vocandi (Varro), sa-
lutatorius, vocativus.
f) sextus, Latinus casus(Varro:
'quia Latinae linguae pro-
prius est'), ablativus[3].

II. Verbum[5] Coniugatio[6]
a) Genera, adfectus, significatio:
activum passivum neutrum,
commune (curro, criminor te
und a te), deponens[7] oder sim-
plex. Varro kennt nur zwei
genera (verba faciendi et pa-
tiendi).

(1) Bei Varro noch von der Flexion überhaupt, im engeren
Sinne zuerst bei Quintilian.
(2) Falsche Übersetzung von αἰτιατική, statt causativus, was
sich auch zuweilen findet.
(3) Zuerst bei Quintilian. Daß der Terminus von Caesar (in
de analogia) geprägt sei, geht nicht mit Sicherheit aus DIOM. gramm.
I 122, 14 (nach Plinius) hervor.
(4) Bei Dionysios Thrax nach Akzenten geordnet.
(5) Hängt mit ἐρῶ, ῥῆμα, von der Wurzel 'er' zusammen. Die
Alten erklärten es mit 'verberato aëre'!
(6) Die vier Konjugationen sind nach-varronisch.
(7) Diese Bezeichnung begegnet erst bei Späteren.

b) Ἔγκλίςειc (DION. HALIC. de comp. verb. 6 πτώςειc ῥηματικαί). *Protagoras* (s. oben p. 12). *Dionysios:* ὁριστική⁽¹⁾ προστατική εὐκτική ὑποτακτική ἀπαρέμφατος.

c) Χρόνοι:
PLAT. Soph. 262 C περὶ τῶν ὄντων ἢ γιγνομένων ἢ γεγονότων ἢ μελλόντων⁽²⁾ ARIST. Top. 2,4 τὸ μὲν γὰρ τοῦ παρεληλυθότος χρόνου ἐcτί, τὸ δὲ καὶ τοῦ παρόντος καὶ τοῦ μέλλοντος *Stoiker:* ἐνεcτῶτα, παρωχηκότα, μέλλοντα *Dionysios:* ἐνεcτώc, παρεληλυθώc, μέλλων. ὁ παρεληλυθὼc ἔχει διαφορὰc τέccαραc: παρατακτικόν παρακείμενον (τέλειον) ὑποcυντελικόν (ὑπερτέλειον) ἀόριcτον.

d) Πρόcωπα: πρῶτον, δεύτερον, τρίτον.

b) *Modi,* qualitates, status, inclinatio: finitus, indicativus imperativus optativus subiunctivus infinitus, infinitivus.

c) *Tempora:*
praesens (instans) futurum praeteritum imperfectum perfectum plusquamperfectum.
Die Ausdrücke *futurum exactum* und *consecutio temporum* sind nicht antik.

d) *Personae:* prima, secunda, tertia.

Vergl. *Graefenhan,* op. cit. I 457–491, II 286–306, III 108–132, IV 144–181; *Lersch,* op. cit. II 170–256; *Steinthal,* Gesch. der Sprachwiss. II 209–306; *L. Jeep,* Zur Gesch. von den Redeteilen bei den latein. Grammat. 1893, p. 124–259. Andere Literatur p. 42 (μέρη λόγου, partes orationis).

III. Die Römische Periode

(168 v. Chr.–c. 600 n. Chr.).

Allgemeine Literatur: *Suetonius* de grammat. et rhetoribus. *W. H. D. Suringar,* Historia Critica scholiastarum Latinorum, 3 Bde, Leyden 1835; *Graefenhan,* op. cit. II 246–420, IV 40–456; *Teuffel-Schwabe,* Röm. Lit., 2 Bde., 1890⁵ ⟨= Teuffel⟩; *Schanz,* Röm. Lit. ⟨= Schanz⟩, in Müllers Handbuch VIII 1 (1898²), II 1 (1899²), II 2

---

(1) Weil Definitionen (ὅροι) im Indikativ stehen.
(2) Das doppelte Präsens ist von den Späteren verworfen worden.

92   III. Römische Periode.

(1901²), III (1905²), IV 1 (1904); *V. E. Jullien,* les professeurs de littérature dans l'ancienne Rome et leur enseignement depuis l'origine
jusqu'à la mort d'Auguste, Paris 1885, pp. 380; *Sandys* Hist. of Class.
Scholarship 1906² p. 167–275; *Saintsbury,* Hist. of Literary Criticism I
211–367.

L. Accivs, 170 – c. 86 v. Chr.

Pragmatica, in troch. Septenaren. Über die Entwicklung
der griech. Komödie und des Satyrspiels.

Didascalica, in Form der Satira Menippea, teils Prosa,
teils in Versen verfaßt, und in mindestens 9 B. Es handelte
nach den Fragmenten über Homer und Hesiod, den A. wie
schon Ephoros und die Pergamener für den Älteren hielt[1],
über die Tragiker, über die verschiedenen Dichtungsarten,
über die Echtheit des Plautinischen Nachlasses und über die
Chronologie römischer Dichter, Naevius, Livius Andronicus
und Pacuvius.

Berühmt sind seine *orthographischen* Reformvorschläge:
Vokallänge von A E V (auch O?) durch Verdoppelung[2]; er
schrieb agceps, aggulus, agcora, scena, Hectora statt Hecto-
rem, ei = ī und vermied y und z.

Vergl. *Madvig,* Opusc. Acad. I (1834) p. 87–110; *Lachmann,*
Kl. Schrift. II 67–72; *F. Ritschl,* Opusc. IV 142–163; *O. Ribbeck,*
Röm. Dichtkunst I 267; *E. Norden,* Rh. Mus. XLVIII 530 ff.; *G. L. Hen-
drickson,* Am. Journ. Philol. XIX (1898) p. 285–311 (A pre-Varronian
chapter of Roman literary history); *Leo,* Plautin. Forsch., p. 32;
Schanz, VIII 1² p. 95–98; *F. Marx* PW. I 146 f.

L. Aelivs Stilo [3] Praeconinvs aus Lanuvium (blühte c. 100 v. Chr.).

Der erste römische Philologe, Lehrer des Cicero und
Varro. Cic. Brut. 205 *eruditissimus et Graecis litteris et*

---

(1) Hierin zeigt sich der Einfluß des Krates. Vergl. die oben
(p. 56) zitierte Suetonsstelle.

(2) Älteste inschriftlich erhaltene Beispiele: *aastutieis* (Carm.
epigr. 2, siehe *E. Lommatzsch,* Woelfflins Archiv XV [1906] p. 138)
c. 180, also voṛaccianisch, *paastores* (Corp. I 551 *a.* 132 v. Chr.),
vootum (Corp. XI 3081 Faliskisch).

(3) Svet. gramm. 3 *Praeconinus quod pater eius praeconium fece-
rat vocabatur et Stilo quod orationes nobilissimo cuique scribere solebat.*

Latinis antiquitatisque nostrae et in inventis rebus et in actis scriptorumque veterum litterate peritus quam scientiam Varro noster acceptam ab illo etc. VARRO ling. 7, 2 *homo imprimis in litteris Latinis exercitatus.* GELL. 1, 18, 2 (nach Varro) *litteris ornatissimus memoria nostra,* 10, 21, 2 *doctissimus eorum temporum.*

Interpretatio (Explanatio) *carminum Saliorum.* Vielleicht zielt auf dieses Werk der Spott des HOR. epist. 2, 1, 86 *Saliare Numae carmen qui laudat et illud | Quod mecum ignorat, solus volt scire videri.*

Index comoediarum Plautinarum.[1] Von den 130, bezw. 100 Komödien, die unter Plautus' Namen erhalten waren, hielt Stilo 25 für echt[2] (GELL. 3, 3, 12, die Hauptstelle für die Plautusstudien im Altertum). Dieser Index bildete zweifellos nur eine Art Exkurs zu einer ästhetisch-kritischen Studie über Plautus, und in eben diesem Werke wird auch wohl das berühmte Urteil über des Dichters Sprache gestanden haben: "*Licet Varro Musas, Aeli Stilonis sententia, Plautino dicat sermone locuturas fuisse, si Latine loqui vellent"* (QVINT. inst. 10, 1, 99).

De proloquiis (περὶ ἀξιωμάτων, 'Satzformen' nach stoischer Terminologie).

Ob seine Etymologien und Bemerkungen zum Sprachgebrauch der Zwölf Tafeln selbständigen Werken oder einem Glossarium entnommen waren, läßt sich nicht entscheiden. Letztere Annahme ist die wahrscheinlichere.

Vergl. *van Heusde,* de L. Aelio Stilone, Utrecht 1839; *F. Mentz,*

---

(1) Andere Verfasser von *Indices Plautini* – sie gehören alle dem 1. Jahrh. v. Chr. an – zählt GELL. 3, 3, 1 auf: *Accius, Volcacius Sedigitus* (in de poetis. Über dessen Dichterkanon, bei GELL. 15, 24 erhalten, siehe *H. Reich,* Der Mimus I p. 337–353), *Servius Clodius, Aurelius Opillus, Manilius, Varro,* denen vielleicht *Ateius Philologus* (in den πίνακες) hinzuzufügen ist.

(2) Vermutlich die 21 "fabulae Varronianae", Commorientes und Colax (bezeugt von TER. Prol. Eun. 25. Prol. Adelph. 7), Fretum, Feneratrix.

de L. Aelio Stilone, Comment. Jenens. IV (1890) p. 1–60 (fragm. p. 27–35); *F. Marx,* Proleg. zur Rhet. ad Herenn. 1894, p. 138–141; *E. Norden,* de Stilone, Cosconio, Varrone grammaticis, Greifswald 1895; *G. Goetz* PW. I 532f.

C. Ivlivs Caesar 102—44.

De analogia, in 2 B., Cicero gewidmet. Der Einfluß dieses Buches war ein bedeutender und nachhaltiger.

Inhalt: Cic. Brut. 253 *in maximis occupationibus ad te ipsum* ... *de ratione loquendi accuratissime scripserit primoque in libro dixerit, verborum delectum originem esse eloquentiae.* Fronto p. 221 N. *duos de analogia libros scrupulosissimos scripsisse* ... *de nominibus declinandis, de verborum aspirationibus et rationibus.* Gell. 1, 10, 4 *in primo de analogia libro scriptum est:* ʿ*habe semper in memoria atque in pectore ut tamquam scopulum, sic fugias inauditum atque insolens verbum*ʾ. i statt u in Worten, wie maxumus, lacruma, soll zuerst von Caesar geschrieben worden sein. Vergl. Qvint. inst. 1, 7, 21, Isid. orig. I 26, 15.   Andere Stellen bei *Wilmanns,* de M. T. Varronis libris grammaticis, p. 173.

Vergl. *F. Schlitte,* de C. Iul. Caesare grammatico, Halle 1865; *Hauser,* Caesaris commentariorum textus cum praeceptis grammaticis ab eodem scriptore traditis comparatio, Villach 1883; *G. L. Hendrickson,* in Class. Philology I (1906) p. 97—120 (Einfluß auf Cic. de orat.).

P. Nigidivs Figvlvs († 45 v. Chr.).

Cic. Tim. 1 *Vir cum ceteris artibus, quae quidem dignae libero essent, ornatus omnibus, tum acer investigator* etc. Gell. 4, 9, 1 *homo . . iuxta M. Varronem doctissimus.* Schol. Cic. Bob. p. 317 *vir doctrina et eruditione studiorum praestantissimus.* Serv. Aen. 10, 175 *est solus post Varronem.*

Das einzige philologische, namentlich durch Gellius bekannte Werk war betitelt *Commentarii grammatici,* in mindestens 29 B., und behandelte hauptsächlich die Orthographie, Synonymik und Etymologie.   Auch die auf Nigidius zurückgeführten grammatischen Termini (s. o. p. 89[1]. 90) entstammten dieser Schrift.   Von einer rhetorischen Abhandlung *de gestu*

ist uns nur der Titel überliefert, vielleicht war sie die Hauptquelle für QVINT. inst. 12, 3, 65—136.
Vergl. *M. Hertz*, de N. F. studiis et operibus, Berlin 1845;
A. Röhrig, de N. F. Leipz. Diss. 1887, pp. 64; *H. Swoboda*, P. N. F.
operum reliquiae, mit ausführlichen Prolegomena, Wien 1889, pp. 144;
Schanz, VIII 1² p. 359f.

L. Ateivs Praetextatvs Philologvs[1] († c. 29 v. Chr.).
'*Inter grammaticos rhetor, inter rhetores grammaticus*' Capito
bei Svet. gramm. 10.

In Athen geboren, Freund des Sallust und des Asinius
Pollio. Für ersteren soll er ein *Breviarium rerum omnium
Romanarum "ex quibus quas vellet eligeret"* (Svet. l. c.),
für letzteren *praecepta de ratione scribendi* verfaßt haben.
Sein Hauptwerk war betitelt: "Ύλη *"quam omnis generis coe-
gimus ut scis octingentos in libros"* (Svet. l. c.), doch waren,
wie *Sueton* bezeugt, zu seiner Zeit nur noch '*paucissimi com-
mentarii*' erhalten. Von anderen Schriften werden zitiert:
Πίνακες, in 3 B. Liber glossematorum *An amaverit Didun
Aeneas* (d. h. utrum Anna [so Naevius] an Dido Aenean ama-
verit). Doch waren diese wohl nur Abschnitte aus der "Ύλη.
Vergl. Svet. gramm. 10; *H. Graff*, Mélanges gréco-romaines
II 274—320, Petersburg 1860.

M. Terentivs Varro von Reate, 116—27.
Berühmtes Elogium des Gelehrten bei Cic. ac. 1, 9.
Vergl. außerdem Dionys. Arch. 2, 21 ἀνὴρ τῶν κατὰ τὴν αὐτὴν ἡλι-
κίαν ἀκμασάντων πολυπειρότατος. QVINT. inst. 10, 1, 95 *vir Romanorum eruditissimus . . . peritissimus linguae Latinae et omnis antiquitatis et rerum Graecarum nostrarumque.* PLVT. Rom. 12 ἄνδρα
Ῥωμαίων ἐν ἱστορίᾳ βιβλιακώτατον. SYMMACH. epist. 1, 2, 2 *Romanae
eruditionis parens.* LAVRENT. LYDVS de mag. 1, 5 ὁ πολυμαθέστατος.
AVG. civ. 6, 2 *homo omnium facile acutissimus et sine ulla dubita-
tione doctissimus . . . vir doctissimus undecumque Varro qui tam
multa legit, ut aliquid ei scribere vacasse miremur, tam multa scripsit* (c. 74 Werke in c. 620 Büchern) *quam vix quemquam legere potuisse credamus.* Von sich selbst sagt VARRO ling. 5, 9 *non solum*

(1) Vergl. oben p. 3.

ad Aristophanis lucernam, sed etiam ad Cleanthis lucubravi (d. h. ich bin Philologe und stoischer Philosoph).

Seine enzyklopädischen Werke bildeten für alle Späteren die Grundlage ihrer Kenntnis altrömischer Kultur.[1] Über das 6. Jahrh. hinaus hat sich aber von diesen, außer einem Teil von 'de lingua Latina', nichts im Original[2] erhalten. Ein Verzeichnis seiner Schriften — es ist leider in der Mitte absichtlich abgebrochen — hat *Hieronymus*[3] verfaßt, um zu beweisen, daß die literarische Produktivität des *Origenes* die des *Varro* übertroffen habe.

I. Römische Altertumskunde:

Antiquitates rerum humanarum et divinarum, in 41 B. Es existierte auch eine Epitome in 9 B., vielleicht von Varro selbst verfaßt. Unsere Kenntnis dieses großartigen Werkes verdanken wir hauptsächlich *Augustin.* Vergl. *Schanz,* VIII 1² p. 370f. mit der dort zitierten Literatur. *Annales,* 3 B. *de vita populi Rom.* ad Atticum, in 4 B. (vergl. *Dicaearch,* Bíoc Ἑλλάδοc) *de gente populi Romani,* in 4 B. (verfaßt 43 v. Chr.) *de familiis Troianis* (wahrscheinlich eine Quelle von *Verg.* Aen. B. VI) *Aetia* (vergl. *Kallimachos* Αἴτια und *Plutarch* p. 65) *Res urbanae,* 3 B. *Tribuum liber* (vielleicht nur ein Teil von de gente populi Romani. Fehlt im Verzeichnis des Hieronymus, doch wird es von Varro selbst zitiert).

II. Literarhistorische Werke:

De bibliothecis, in 3 B.[4]   *de proprietate scriptorum,*

---

(1) 'Varro kommt mir vor wie ein Kranen, der aus den reichen Schiffsladungen der alexandrinischen Zeit die Waren auf die Frachtwagen der Nachwelt hebt' *Usener.*

(2) Denn die Schrift de re rustica und einige Satirae Menippeae gehören mehr der Fachwissenschaft, bezw. der Literaturgeschichte an.

(3) Erhalten in der Praefatio zu *Rufins* Übersetzung von Origenes' Homilien zur Genesis (47 Titel). *Et alia plura quae enumerare longum est. Vix medium descripsi indicem et legentibus fastidium est.* Hieronymus selbst hatte wohl den Katalog vollständig abgeschrieben.

(4) Vergl. *Dziatzko,* Beiträge zur Kenntnis des antiken Buchwesens 1892, p. 17f. und über römische Bibliotheken überhaupt, der-

3 B. *de poetis* (vermutlich nur ein Teil der *Imagines*, fehlt bei Hieronymus, s. unten) *de poematis,* 3 B. (eine Art Poetik) *de lectionibus,* 3 B. *de compositione saturarum* (Teil von de poematis? Fehlt im Katalog) *de originibus scenicis,* 3 B. (vielleicht die Quelle für Liv. 7, 2) *de scenicis actionibus,* 3 B. *de actis scenicis,* 3 B. (Didaskalien? Ritschl vermutete de actibus scenicis 'Akteinteilungen') *de personis,* 3 B. (Über Masken) *Quaestiones Plautinae,* 5 B., wovon *de comoediis Plautinis,* das im Katalog fehlt, wohl eine Unterabteilung bildete. Mit Λύceιc von ἀπορήματα, wie Ritschl glaubte, kann dies umfangreiche Werk sich nicht befaßt haben. In jedem Falle enthielt letzteres Buch die epochemachenden Untersuchungen über den plautinischen Nachlaß.[1] *Disciplinarum* libri IX (artes liberales: grammatica, dialectica, rhetorica, geometria, arithmetica, astrologia (d. h. astronomia), musica (inkl. Metrik), medicina, architectura.[2] *De descriptionibus* (? = περὶ χαρακτήρων), in 3 B., handelte, wie es scheint, über die Charaktertypen in der Komödie (z. B. Sklave, Parasit, Leno, Hetäre, Väter, Söhne, Miles Gloriosus, Pappus, Maccus, Dossennus). Nach anderen (z. B. Usener), aber weniger wahrscheinlich, über grammatische Flexion. *Imagines* (Hebdomades[3]),

selbe in PW. III 415ff.; *M. Ihm,* im Centralbl. f. Bibliotheksw. 10/11 (1893) p.470–476; *O.Hirschfeld,* Verwaltungsbeamte, 1905² p.298–306.

(1) GELL. 3, 3, 3 *praeter illas unam et viginti quae Varronianae vocantur* (20 erhalten mit Resten der Vidularia) ... *consensu omnium Plauti esse censebantur, quasdam* (nach *Ritschl* 19) *item alias probavit adductus filo atque facetia sermonis Plauto congruentis easque iam nominibus aliorum occupatas Plauto vindicavit.*

(2) Auf diese Einteilung, mit Ausschluß der Architektur und Medizin (s. unter Martianus Capella p. 120¹), gehen die sieben *artes liberales* des Mittelalters (Trivium und Quadrivium) zurück. Vergl. die versus memoriales: "*Gram. loquitur, Dia. vera docet, Rhet. verba colorat | Mus. canit, Ar. numerat, Ge. ponderat, Ast. colit astra*", und besonders *E. Norden,* Antike Kunstprosa II p. 670–687. 724–731. 743–747, mit der daselbst zitierten Literatur.

(3) Über die Rolle, welche die Siebenzahl im Altertum spielt, siehe die erschöpfende Abhandlung von *W. H. Roscher,* Die Hebdo-

in 15 B., veröffentlicht 39 v. Chr.   Vergl. PLIN. nat. 35, 11 *Varro benignissimo invento*[2] *insertis voluminum suorum fecunditati 700 illustrium aliquo modo hominum imaginibus non passus intercidere figuras aut vetustatem aevi contra homines valere, inventor muneris etiam dis invidiosi, quando immortalitatem non solum dedit, verum etiam in omnes terras misit, ut praesentes esse ubique ceu di possent.* Jedes Bildnis war mit einem Epigramm[1], das nicht immer von Varro selbst herrührte, versehen.   Daran knüpften sich literarhistorische Erörterungen, so z. B. ob Homer älter als Hesiod gewesen.   Vergl. GELL. 3, 11, 3 und über diese vielumstrittene Frage, *E. Rohde,* op. cit. (p. 18[1]).   Varro hielt sie für gleichaltrig.   Buch 1 enthielt die Einleitung (darin wohl die ausführliche Erörterung über die Siebenzahl, vergl. GELL. 3, 10). Die übrigen 14 B. verteilten sich auf *sieben* Fächer in 2 Büchergruppen, je einer für Nichtrömer und für Römer.   Die Reihenfolge innerhalb der Fächer war wohl, wie in allen Werken de viris illustribus, eine chronologische.   Die erhaltenen Zi-

---

madenlehre usw., Lpz. 1906, pp. 240 (Bd. XXIV Nr. 6 der Abh. der sächs. Gesell. der Wissensch.).

(1) Vielleicht haben wir aber in dem Γραφεῖον des Kallimachos einen Vorgänger, wenn nicht das direkte Vorbild, der Varronischen Imagines zu suchen.

(2) Von den fünf erhaltenen Dichterepigrammen weist GELL. 3, 11, 6 das auf *Homer* ausdrücklich dem 1. B. der *Imagines*, das des *Plautus* (1, 24, 3) aber dem 1. Buch von Varros *de poetis* zu, und derselben Stelle müssen demnach die ebenda angeführten Grabschriften des *Naevius* und *Pacuvius* entnommen sein, wie dies für die anderen Angaben über *Naevius* und *Ennius* direkt bezeugt ist. Vergl. GELL. 17, 21, 43. 45.   Da nun alle diese Zitate vortrefflich zu dem Inhalt der Imagines passen, wie nicht minder das bereits von CIC. Tusc. 1, 34 überlieferte Grabepigramm des *Ennius (Aspicite, o cives, senis Enni imaginis formam),* so scheint der Schluß berechtigt, daß die angebliche Schrift *de poetis* eben nur der Titel des ersten Faches der Imagines war, woraus sich auch das Fehlen dieser Schrift im Katalog des Hieronymus ohne weiteres erklären würde.

tate[1] beziehen sich nur auf Dichter, Redner, Philosophen, Künstler,
Könige oder Feldherren. Alle anderen Fächer beruhen daher
nur auf unsicherer Vermutung, insbesondere ist die allgemeine
Annahme, Varro habe den Nichtrömern für jedes Fach eine
genau entsprechende Zahl (49) *römischer* Vertreter gegen-
übergestellt, ganz unwahrscheinlich, denn eine solche kann
Varro jedenfalls für Dichter, Künstler, Philosophen und Me-
diziner nicht zu Gebote gestanden haben. Von diesem großartigen Werke existierte auch eine Epitome in 4 B., vielleicht
nur den Text enthaltend.

III. Grammatik.

De Lingua Latina[2], in 25 B. (B. V–XXV waren
Cicero gewidmet). Von diesem Werk sind nur B. V–X auf
uns gekommen. Inhalt nach Varros eigenen Angaben (V 1.
VI 99 VII 5. 110 VIII 24): I Einleitung, II–VII Etymologie,
VIII–XIII Flexion, Analogie und Anomalie, XIV–XXV Syntax.
Über die nicht erhaltenen Bücher, vergl. *Wilmanns* op. cit.,
p. 1–46   de sermone Latino, in 7 B. (nach dem Katalog
5 B.), behandelte im speziellen die Lautlehre, Orthographie,
den Akzent, Rhythmus und Stilistik[3], insofern sie durch "natura, consuetudo, analogia und auctoritas" bedingt waren.
Vergl. *Wilmanns*, p. 47–97   de utilitate sermonis, 4 B (?)

---

(1) GELL. ll. citt. (Dichter), AVSON. Mos. 306 (Künstler im
10. B.), SYMM. epist. 1, 2, 2. 8; 1, 4 (Philosophen und Feldherren),
NON. p. 528 (Demetrios von Phaleron als Redner oder Staatsmann),
LAVR. LYDVS de mag. 1, 30 (Aeneas), PLIN. nat. 26, 10–12. 29, 4–13
(Verzeichnis der Ärzte, das nach Ritschls wahrscheinlicher Vermutung
auf die Imagines zurückgeht).

(2) Vor 43 (Ciceros Tod) und nach 45 v. Chr. veröffentlicht.
Vergl. CIC. Att. 13, 18 (45 v. Chr.) *perfeci sane argutulos libros ad
Varronem* (d. h. die Academica) . . . *cum ipse homo* πολυγραφώτατος
numquam me lacessisset (d. h. 'mich nie durch die Widmung eines
Werkes belästigt hat!').

(3) Die Primärquelle, direkt oder indirekt, über diese Gegen-
stände für alle Späteren, z. B. Censorinus, Augustin, Macrobius, Martianus Capella, Cassiodorus, Isidorus und die Grammatiker.

und *de similitudine verborum*, 3 B. (?) waren vielleicht nur
Spezialtitel. Vergl. *Wilmanns*, p. 134—138   *de grammatica*.
Vergl. *Wilmanns*, p. 98—117   *de antiquitate litterarum*
'Geschichte des Alphabets' (dem Accius gewidmet). Vergl.
Wilmanns, p. 117—126.   de origine linguae Latinae (aus
dem Aeolischen abgeleitet). Vergl. *Wilmanns*, p. 126—133.
Vergl. *Ritschl*, Opusc. III 352—402 (de M.Varronis disciplinarum
libris), III 419—505 (die Schrifstellerei des Varro), III 506—592 (Über
Varros Imaginum .. libri, mit Beiträgen von L. Merklin, H. Brunn,
L. Urlichs, M. Schmidt); *Parerga*, p. 73—245 (Die Fabulae Varro-
nianae des Plautus); *Lersch,* op. cit. I 117—127 II 143—153; *G. Boissier*, M. T. Varron, sa vie et ses ouvrages, Paris 1861, pp. 337;
G. Wilmanns, de M. T. V. libris grammaticis, Berlin 1864, mit Fragmentsammlung (p. 141—223); *R. Reitzenstein*, M. T. V. und Joh. Mau-
ropus Eucheita, Lpz. 1901, pp. 92; *H. Willemsen*, de Varronianae doctrinae apud fastorum scriptores vestigiis, Bonn 1906; *H. Peter*, Hist.
Roman. Fragm. II (1906), p. XXXII—XXXX. 9—25 *Münzer*, Beitr. zur
Quellenkritik der Naturgesch. des Plinius, Berlin 1897, p. 137—199.
251—299; *Teuffel*, I⁵ 290—298; *Schanz*, VIII 1² p. 368—377.

Philologen und Rhetoriker der Kaiserzeit.

C. Iulius HYGINUS.[1]

Schüler des Alexander Polyhistor, Lehrer des Iulius Modestus und Freund des Ovid.   Vorsteher der palatinischen
Bibliothek unter Augustus.   Vergl. SVET. gramm. 20.

Kommentar zu: *Helvius Cinna,* Propempticon Pollionis
Vergils Aeneis, in mindestens 4 B., und zu den Georgica.
Die Art der Zitate deutet aber mehr auf cυγγράμματα als auf
einen fortlaufenden Kommentar.

De vita rebusque inlustrium virorum, in mindestens 6 B.
Auch scheint eine Epitome in 2 B. vorhanden gewesen zu
sein, die bereits dem Asconius Pedianus vorlag. *Exempla.*
Eine Sammlumg von Curiosa, vielleicht in der Art des *Vale-*

---

(1) Nicht zu verwechseln mit dem sogenannten *Hygin* (vor 207
n. Chr.), dem angeblichen Verfasser der erhaltenen Genealogie, Astro-
nomie und der Fabulae. Vergl. *Schanz*, VIII II 1², p. 331—339.

rius Maximus. De familiis Troianis. Beruhte vermutlich auf
der gleichnamigen Schrift des Varro. Nach SERV. Aen. 5, 389
von Vergil benutzt. Vergl. COLVM. 1, 1, 13 *Hygini quasi pae-
dagogi eius (Vergilii).* *Urbes Italicae* (Hauptquelle wahrscheinlich die *Italica* des Alexander Polyhistor, doch sind *Catos*
Origines wohl auch benutzt worden) *De proprietatibus deorum
De dis Penatibus.*

    Vergl. *C. B. Bunte,* de C. Iul. Hygini vita et scriptis, Marburg
1846; *O. Ribbeck,* Proleg. Vergil. vol. I 117; *Schanz,* VIII II 1², p. 326
–331; *H. Peter,* Hist. Rom. Fragm. II (1906) p. CI–CVII 72–77.

<h2 style="text-align:center">M. VERRIVS FLACCVS.</h2>

    SVET. gramm. 17 *docendi genere maxime inclaruit
.. ab Augusto quoque nepotibus eius praeceptor electus
.. centena sestertia accepit. decessit aetatis exactae sub
Tiberio.* Einer der ausgezeichnetsten römischen Gelehrten.

    De verborum significatu. Von wenigen Werken
gilt das Wort des Terentianus Maurus "Habent sua fata
libelli" in so zutreffender Weise wie von diesem lexikogra-
phischen Repertorium für altes Latein, antike Gebräuche,
Sakral- und Staatswesen. Etwa um den Anfang des 3. Jahrh.
wurde das Original von einem gewissen *Pompeius Festus* in
einen nachlässig verfertigten Auszug von 20 B. gebracht, und
von diesem veranstaltete der bekannte Historiker der Lango-
barden, *Paulus Diaconus* (c. 725 – 797), eine weitere Epitome.
Ende des 15. Jahrh. existierten von dem Werke des *Festus,*
wenn auch durch Feuer beschädigt, noch die Artikel von der
Mitte von M bis zur Mitte von V. Auch von diesen ver-
schwand ein beträchtlicher Teil, nachdem aber bereits einige
Abschriften, z. B. von Angelus Politianus und Pomponius
Laetus, genommen waren.

    Über das Verfahren der Epitomatoren, über die nur teilweise
durchgeführte alphabetische Anordnung des Originals und die Textgeschichte überhaupt, vergl. besonders *R. Reitzenstein,* Verrianische
Forsch., in Breslauer Philol. Abhandl. I (1887) u. *Schanz,* VIII II 1²,
p. 321–324, mit den anderen dort angeführten Schriften.

Fasti Praenestini: Zum Teil und zwar inschriftlich erhalten (CORP. I 295). Zu diesem Kalender hatte *Verrius* einen Kommentar verfaßt, den *Ovid* in den Fasti benutzt zu haben scheint, wobei aber keineswegs ausgeschlossen ist, daß Ovid auch *Varro* eingesehen hat.

Vergl. *H. Winther,* de fastis Verrii Flacci ab Ovidio adhibitis, Berlin Diss. 1885; *H. Nettleship,* Lectures and Essays, I p. 201–247; *Münzer,* Beiträge zur Quellenkritik der Naturgesch. des Plinius, Berlin 1897, p. 299–322.

De orthographia: Aus diesem Werke scheint, direkt oder indirekt, das Wichtigste, was wir über diesen Gegenstand bei Späteren finden, entnommen zu sein. So z. B. bei Quintilian, Terentius Scaurus, Velius Longus, Flavius Caper, Charisius, Diomedes, Marius Victorinus u. Ps.-Apuleius, de orthographia.

Vergl. *L. Mackensen,* de V. F. libris orthographicis, Comment. lenens. VI (1896), pp. 62.

de obscuris Catonis. Vergl. *Willers,* de Verrio Flacco glossarum interprete, Halle 1898.

Im allgemeinen, vergl. *E. Hübner,* Grundriß zu Vorles. über latein. Literat. 1878 [4] § 83 (mit der älteren Literatur); *Teuffel* [5], p. 609 –613; *Schanz,* VIII II 1 [2], p. 319–326; *Vahlen,* Prooem., p. 1877/8.

FENESTELLA (starb unter Tiberius).

LACT. inst. 1, 6, 14 *diligentissimus scriptor.* LACT. ira 22, 5 *maximi auctores tradiderunt ... nostrorum Varro et Fenestella.* Für seine hohe Wertschätzung zeugen auch Stellen wie SVET. vita Ter. 1, MACROB. sat. 1, 10, 5 und die oben angeführte Stelle des *Seneca* (p. 7). Er wird namentlich für staats-, religions- und sittengeschichtliche Angaben oft zitiert. Nur wenige von diesen lassen sich mit Leichtigkeit in seinen *Annales,* von denen ein 22. B. angeführt wird, inhaltlich unterbringen, doch wird nirgends ein besonderes antiquarisches Werk erwähnt.

Vergl. *L. Mercklin,* De F. historico et poeta, Dorpat 1844; *J. Poeth,* de F. historiarum scriptore et carminum, Bonn 1849; *H. Peter,* Die geschichtl. Literat. über die römische Kaiserzeit, Lpz. Bd. I (1897) 113,

Hist. Rom. Fragmenta II, p. CIX—CXIII.79—87; *Teuffel,* p.606f.; *Schanz,* VIII, II 2², p.201—203. Als carminum scriptor wird F. nur von Hieronymus erwähnt, was wohl auf einem Versehen (so Scaliger) beruht.

Q. Asconivs Pedianvs (3—88 oder 9 v. Chr.—76 n. Chr.).

Hier. chron. (nach Sueton): *LXXIII aetatis suae anno captus luminibus XII postea annis in summo omnium honore consenescit.*

Von seinem Meisterwerk, dem *Kommentar zu allen Reden Ciceros* — vielleicht die hervorragendste Leistung historischer Exegese im Altertum —, sind uns erhalten, wenn auch nicht ganz vollständig: *pro Milone, pro Scauro, in Pisonem, pro Cornelio, in toga candida.*

Vergl. *Madvig,* de Q. A. P. et aliorum veterum interpretum in Cic. Oratt. commentariis, Kopenhagen 1828; *C. Lichtenfeld,* de Q.A.P. fontibus ac fide, Bresl. Abhandl. II (1888), pp. 88.

Liber *contra obtrectatores*[1] *Vergilii.* Vgl. Donat. vita Verg. p.65f.: *Pauca admodum obiecta ei proponit eaque circa historiam fere et quod pleraque ab Homero sumpsisset, sed hoc ipsum crimen sic defendere assuetum ait: Cur non illi quoque eadem furta temptarent? verum intellecturos facilius esse Herculi clavam quam Homero versum subripere.* Hauptquelle vielleicht *L. Varius.* *Vita Sallustii,* nur von *Ps.-Acro* zu Hor. sat. 1, 2, 41 erwähnt.

Vergl. im allgemeinen: *Wissowa,* PW. II 1524—1527; *H.Peter,* Gesch. Lit. etc. I 114f.; *Schanz,* op. cit. VIII, III², p.335—337.

C. Plinivs Secvndvs, der Ältere (23—79).

Naturalis Historia, 37 B. Die erste römische Realenzyklopädie, ein Werk von staunenswerter, wenn auch kon-

---

(1) Z. B. Bavius, Mevius, (Serv. ecl. 3, 90. 7, 21); eines Anonymus Antibucolica; Aeneomastix des Carbilius Pictor, ein Vergiliomastix (Serv. Aen. 5, 521); Herennius, de vitiis Vergilii; Perellius Faustus, de furtis Vergilii; Q. Octavii Aviti Ὁμοιότητες. Vergl. *Ribbeck,* Proleg. ad Verg., p.96—113; *Nettleship* in Coningtons Vergil-Ausgabe, vol. I (1881), p. XXIX—LVI. Unsere Kenntnis dieser 'obtrectatores Vergilii' verdanken wir hauptsächlich dem Macrobius, vergl. besonders sat. 1, 24, 6. 3, 10ff.; 5, 3—16 und Donat. vita Vergilii l. c.

fuser Gelehrsamkeit. Nach der Quellenliste (B. 1) sind 463
Schrifsteller (146 römische und 317 ausländische, namentlich
griechische) benutzt. Die am Ende der Inhaltsverzeichnisse
angegebene Summe der ʿres (bezw. medicinae für Bd. 20
−33. 35), historiae et observationes ergibt (für B. 3. 4.5 sind
sie ausgefallen) die Zahl 35,846, insgesamt an 38,000. Vergl.
PLIN. epist. 3, 5, 6 opus diffusum, eruditum nec minus varium
quam ipsa natura.

Über Plan, Zweck und Charakter des Werkes, siehe
seine Praefatio. Über die Art und den Umfang der Benutzung
seiner Quellen, die Plinius gewissenhaft alle genannt hat,
siehe unten.

Dubii sermonis libri 8[1] (verfaßt 67 n. Chr.).
Ein von den Späteren viel benutztes Buch. Er vertrat das
Prinzip der Analogie in den Sprachformen, doch ohne strenge
Konsequenz. Die Grundzüge des Werkes lassen sich be-
sonders aus Charisius rekonstruieren.

Studiosi: PLIN. epist. 3, 5, 5 Studiosi tres in sex vo-
luʿmina propter amplitudinem divisi quibus oratorem ab
incunabulis instituit et perfecit. Das Werk verfolgte also
einen ähnlichen Zweck wie die institutio oratoria des Quintilian, der es öfter zitiert, und GELL. 9, 16, 1 sagt von demselben: libros .. studiosorum .. non medius fidius usquequaque
aspernandos. In his libris multa varie ad oblectandas eru-
ditorum hominum aures ponit. refert etiam plerasque senten-
tias quas in declamandis controversiis lepide arguteque
dictas putat.

Vergl. über die Quellʿn der Naturalis Historia, besonders
F. Münzer, Beiträge zur Quellenʿritik der Naturgeschichte des Plinius,

---

(1) Plinius selbst (nat. praef. 28ʿ erwähnt ein Werk de grammatica, welches Charisius (bezw. Iulius Romanus) häufig zitiert, wie
auch Priscian unter dem Titel ars oder ars grammatica. Da es aber
in dem chronologischen Schriftenverzeichnis seines Neffen (PLIN.
epist. 3, 5) fehlt, so wird es wohl ein Teil der libri dubii sermonis
oder der Studiosi, oder ein Nebentitel gewesen sein.

Berlin 1897, pp. 443, und die reichhaltigen Literaturangaben bei *Teuffel*[5], p. 761 f. und *Schanz*, VIII II, 2², p. 379 f.; *A. Klotz*, Quaest. Plinianae geogr., in Quellen und Forsch. zur alten Gesch. u. Geogr. II, pp. 217, Berlin 1906. Über *Plinius* als Grammatiker: *H. Neumann*, de Plin. dubii sermonis libris Charisii et Prisciani fontibus, Kiel 1881; *J. W. Beck*, Studia Gelliana et Pliniana, in Fleck. Jahrb. Suppl. XIX (1893), p. 1 ff. Die Quellen in den grammat. Büchern des Plinius, in Philol. LII (1894), p. 506 ff., C. Plin. Sec. libri dubii sermonis reliquiae, Lpz. 1894; *H. Nettleship*, Lectures and Essays II, Oxford 1895, p. 150 ff.; *D. Detlefsen*, Symbola philol., Bonn. 1867, p. 695—715; und zur Charakteristik noch *H. Peter*, Gesch. Literat. der Kaiserzeit I 119—123.

M. VALERIVS PROBVS von Berytos (blühte 80 n. Chr.).

Der größte römische Textkritiker. Wie Aristarch, dessen Arbeitsweise und Methode er sich aneignete, genoß er bei den Späteren den Ruf eines Kritikers par excellence. Vergl. MART. 3, 2, 12 (an sein Buch) *nec Probum timeto.* GELL. 1, 15, 18 *grammaticum illustrem,* 4, 7, 1 *inter suam aetatem praestanti scientia fuit,* 9, 9, 12 *in legendis pensitandisque veteribus scriptis bene callidi;* AVSON. 47, 20 *nomen grammatici merui non tam grande quidem quo gloria nostra subiret Aemilium* (Asprum) *aut Scaurum Berytiumve Probum* 205, 12; MACR. sat. 5, 22, 9 *vir perfectissimus notat . . quod tantum virum fugisse miror* und *Eugenius* l. c. (p. 38). Vita bei SVET. gramm. 24. *Diu centuriatum petiit, donec taedio ad studia se contulit. legerat in provincia quosdam veteres libellos ... durante adhuc ibi antiquorum memoria necdum abolita sicut Romae. hos cum diligentius repeteret atque alios deinceps cognoscere cuperet ... multaque exemplaria contracta emendare ac distinguere et adnotare* [1] *curavit, soli huic nec ulli praeterea gramma-*

(1) d.h. mit notae nach alexandrinischer Manier versehen. Für Probus direkt bezeugt sind Asteriscus, Diple u. Obelus cum asterisco, was den Gebrauch des Obelus selbst wohl mitbedingt. Siehe oben (p. 87) das Anecdotum Parisinum, das auf Sueton zurückgeht. In einer verderbten Stelle desselben Scholions werden dem Probus

*ticae parti deditus . . nimis pauca et exigua de quibusdam
minutis quaestiunculis edidit. reliquit autem non mediocrem
silvam observationum sermonis antiqui.* GELL. 15, 30, 5 *ego
cum Probi multos admodum commentationum libros ad-
quisierim neque scriptum in his inveni etc.* Mag dies auch
übertrieben sein, so wird man doch die angeführten Stellen
durch die Annahme in Einklang bringen können, daß aus
seinem Nachlaß und aus Aufzeichnungen seiner Schüler, ähnlich wie bei Aristarch, ein stattliches Material seiner exege-
tisch-kritischen Studien herausgegeben wurde. Auch werden
die mit notae versehenen Ausgaben, da sie nach alexandri-
nischem Muster bearbeitet wurden, wohl auch *hypomnematischen* Charakter[1] gehabt haben, wie denn Βίοι ebenfalls
nicht fehlten.

Ausgaben: *Lucretius Vergilius:* Zu seiner Methode,
vergl. GELL. 13, 21, 4 *in primo georgicon quem ego, inquit*
(Probus), *librum manu ipsius* (sc. Vergilii) *correctum legi,
urbis per i litteram scripsit,* 9, 9, 12 sqq. Oft von Servius
zitiert. Die erhaltene *Vita* ist fälschlich als *de commentario
Valeri Probi sublata* überliefert. Vergl. *E. Norden,* Rhein.
Mus. LXI (1906), p. 166—178 (de vitis Vergilianis: Donatus,
Servius, Probus). *Horatius:* Nie in den Scholien erwähnt.

aber alle dort angeführten 21 notae vindiziert: *his solis in adnota-
tionibus Ennii Lucilii et historicorum usi sunt † Varros hennius*
(Vargunteius *Bergk* Vargunteius Ennius *Reifferscheid.* In hennius
steckt vielleicht *Herennius,* der obtrectator Vergilii, siehe oben p. 103[1])
haelius aequae (Aelius *Reifferscheid*) *et postremo Probus qui illas
in Vergilio et Horatio et Lucretio apposuit ut Homero Aristarchus.* Da Aristarch nicht annähernd so viele Zeichen benutzte,
so geht schon hieraus die Unzuverlässigkeit der Notiz für Probus
hervor.

(1) Daß Probus sich in seinen Ausgaben nicht auf das *emendare, distinguere, adnotare* beschränkt hatte, scheint mir aus DONAT.
Ter. Phorm. 372 *'male loqui' pro 'male dicere' . . . et quaerit Probus
quis ante Terentium dixerit,* und aus MACROB. l. c. hervorzugehen.

Außer diesen drei im Anecdotum Parisinum bezeugten Editionen lassen sich noch folgende nachweisen:

Terenz.[1] Auch die erhaltene vita des Sueton geht vermutlich auf eine vita des Probus zurück. *Persius* mit erhaltener vita "de commentario Valerii Probi sublata". *Plautus* (von *Leo* vermutet) und *Sallust.* Aus GELL. 1, 1, 15, 18. 3, 1, 5. 6, 7, 3 ergibt sich jedenfalls, daß Probus auch mit diesen beiden Schriftstellern sich kritisch beschäftigte.[2]

De notis antiquis. So lautete vermutlich der Titel eines größeren Werkes, von dem der *commentarius satis curiose factus de occulta litterarum significatione in epistularum C. Caesaris scriptura* (GELL. 17, 9, 5) und die erhaltene Schrift **iuris notarum libri* wohl nur Unterabteilungen waren.

Von *grammatischen* Schriften werden noch erwähnt: *epistula ad Marcellum* (GELL. 4, 7, 1), *de inaequalitate consuetudinis, de dubiis generibus, de dubio perfecto.* Diese letzten werden der *silva observationum sermonis antiqui* (siehe oben p. 62[1]) angehört haben.

Apokryphe Schriften sind: ein **Kommentar* zu den *Bucolica* und *Georgica* des Vergil, **Persius* und **Juvenal* Scholien und zahlreiche grammatische Abhandlungen, wie die **Catholica* (=*Sacerdos,* artis grammat. lib. II), **ars Probi,* **Appendix Probi*; denn daß diese Abhandlungen, um ihnen einen höheren Wert zu geben, dem berühmten Namen unterge-

---

(1) Vergl. DONAT. Ter. Ad. 323 *Probus assignat hoc Sostratae,* Eun. 1 *non eam Probus distinguit.*

(2) Sollte in der interessanten Stelle bei HIER. adv. Rufin. 1, 16 unter *aliorum in alios* Probus gemeint sein, so würde er auch *Lucan* ediert haben: *quod puer legeris Aspri in Vergilium et Sallustium commentarios, Vulcatii (?) in orationes Ciceronis, Victorini in dialogos eius et in Terenti comoedias praeceptoris mei Donati, aeque in Vergilium et aliorum in alios, Plautum videlicet, Lucretium, Flaccum, Persium atque Lucanum.*

schoben wurden, ist eine wahrscheinlichere Annahme als der
Notbehelf, zwei oder gar drei homonyme Grammatiker zu
statuieren.
Vergl. *Suringar*, op. cit. I 59–61. 98–101, II 8–31; *O. Jahn*, Pro-
leg. ad Pers. CXXXVI–CLX; *J. Steub*, de Probis grammaticis, Jena 1871;
Th. Mommsen, M. V. Probus de notis antiquis, in Ber. der sächs.
Gesell. V (1853), p. 91–134; *J. Wollenberg*, de Probo carm. Verg.
editore, Zu Boeckhs Jubiläum, Berlin 1857, pp. 12; *B. Kübler*, de
Probi Berytii commentariis Vergil., Berlin 1881, pp. 40; *J. W. Beck*, de
M. Val. Probo, Groningen 1886, pp. 42; *F. Leo*, Plautin. Forsch., Ber-
lin 1895, p. 21 ff.; *Teuffel*⁵, p. 729–734; *Schanz*, VIII, II 2², p. 338–345.

M. Fabius Qvintilianvs, aus Calagurris in Spanien
(c. 35 – c. 95).

Schüler des berühmten Grammatikers *Remmius Palaemon*[1] und des Redners *Domitius Afer*.   Nach Hieronymus
(d. h. Sueton) *primus Romae publicam scholam et salarium
e fisco accepit*.   Unter seinen Schülern befanden sich der
jüngere *Plinius*, wahrscheinlich auch *Tacitus* und *Juvenal*.
Er war der einzige Rhetor, der es zum Konsulat brachte.
Vergl. auch Mart. 2, 90, 1 *Quintiliane, vagae moderator
summe iuventae | gloria Romanae, Quintiliane, togae.*

De causis corruptae eloquentiae (Qvint. inst. 2, 4, 41.
5, 12, 17–23. 8, 3, 57 f. 6, 76).   Weder *zeitlich,* noch *inhaltlich,* kann diese Schrift als eine Vorgängerin des Taciteischen
Dialogus betrachtet werden.[2]
Vergl. *A. Reuter*, de Q. libro qui fuit de causis etc., Göttingen
1887, pp. 77.

Institutio oratoria (um 95), in 12 B.   Plan des
Werkes I 21: B. I quae sunt ante officium rhetoris, II prima
apud rhetorem elementa . . de ipsa rhetorices substantia,
III–VII de inventione, VIII–XI de elocutione, XII de moribus
oratoris, de eloquentiae genere.   Von diesen hat das X. B.,

---

(1) Über ihn vergl. *Schanz*, VIII II 2² p. 332–334 und oben p. 89.
(2) Vergl. meine Ausgabe des Dialogus, Proleg. XXVI ff. LX ff.

wegen der in demselben enthaltenen literarischen Kritik, eine besondere Berühmtheit erlangt.

Über seine Quellen (namentlich das Verhältnis zu Dionysios von Halicarnassus), siehe oben p. 19 u. *Peterson*, Quint. Bk. X Introduct., XXII–XXXIX. Über *Chrysippos: Gudeman*, Proleg. zu Tac. Dial. 1894, p. XCIXf. Im allgemeinen: *C. von Morawski*, Quaest. Quint., Berlin 1874, pp.68; *H.Nettleship*, Lectures and essays II, p.76ff. 169ff.; *Teichert*, de fontibus Quint. rhetoricis, Königsberg 1884, pp.58, andere Literatur bei *Schanz*, VIII, II, 2², p.351, und über Q. als Kritiker, siehe *Saintsbury*, Hist. of Lit. Crit. I 289–323.

C. Svetonivs Tranqvillvs (c. 75 – c. 160).

Freund des jüngeren *Plinius* (vergl. epist. 1, 18. 1, 24. 3, 8. 5, 10. 9, 34). Unter Hadrian eine kurze Zeit lang Geheimsekretär.

Die enzyklopädische schriftstellerische Tätigkeit Suetons läßt sich an Umfang und Einfluß nur mit derjenigen Varros vergleichen. Indem er dessen Arbeiten zum großen Teil in eine dem Zeitgeschmack besser angepaßte und zur Benutzung praktischere Form brachte, hat er mit dazu beigetragen den Verlust der Varronischen Originale herbeizuführen, doch sind auch von seinen Werken nur die *Caesares* vollständig erhalten, die dann bis ins Mittelalter das Muster biographischer Geschichtschreibung blieben. Er schrieb in griechischer[1] wie lateinischer Sprache. Aus zahlreichen Zitaten, Fragmenten und einem unvollständigen Schriftenverzeichnis bei Suidas lassen sich seine philologischen, historischen und kulturgeschichtlichen Werke inhaltlich annähernd rekonstruieren.

*de vita Caesarum (von Caesar bis Domitian)　*de regibus.*

de viris illustribus (Index, Einleitung, vitae). [2]

1. *de poetis* (33 Namen von Livius Andronicus bis Lucan): *Terenz, Vergil, Horaz, Persius, Lucan* erhalten, teils im Ori-

---

(1) Die Griechen nennen ihn gewöhnlich nur Τράγκυλλος.

(2) Nach dem Vorgang des Antigonos von Karystos, Aristoxenos, Hermippos, Satyros, Varro, Nepos, Santra, Hyginus. Die Indices der Schriftsteller sind erhalten.

ginal, teils in überarbeiteter Gestalt, teils verkürzt. 2. *de
oratoribus* (15 Namen, von *Cicero* bis *Domitius Afer*), erhalten die vita des Passienus Crispus. 3. *de historicis*
(*Sallust, Nepos, Livius, Fenestella, Asconius* und *Plinius)
4. *de philosophis* (*Varro,Nigidius Figulus, Seneca*) 5. *de
grammaticis et rhetoribus*.[1] Der Index der ersteren
enthält 22 Namen von *Saevius Nicanor* bis *Valerius Probus,*
der letzteren 11 von *Plotius Gallus* bis *Quintilian*. Erhalten
sind die Einleitungen, 20 bezw. 5 vitae und kümmerliche Reste
von 9 anderen.

Roma: *De institutis moribusque Romanorum* (περὶ
νομίμων καὶ ἠθῶν) *de anno Romanorum* (eine Hauptquelle
des *Censorinus* de die nat. c. 19 und Macr. sat. 1, 12–14)
Ludicra historia (περὶ τῶν παρὰ Ῥωμαίοιc θεωριῶν καὶ
ἀγώνων). Ausgiebig von *Tertullian* de spectaculis benutzt. Da
in diesem Werke nachweislich auch auf griechische Spiele
Bezug genommen wurde, so ist es nicht unwahrscheinlich,
daß die teilweise erhaltene und namentlich von *Eustathios*
ausgebeutete Arbeit περὶ τῶν παρ᾽ ῞Ελλησι παιδιῶν zur *Ludicra historia*[2] gehörte. *de genere vestium   de institutione
officiorum*.

Prata (oder Pratum, vergl. Λειμών), in mindestens 10 B.:
de homine (z. B. de vitiis corporalibus) *de naturis rerum.*
Andere Spezialtitel sind unsicher, so: de tempore   de mundo
de naturis animantium.

Verborum differentiae. Von zweifelhafter Echtheit. In
der einen Hs des Traktats werden sie Suetons Pratum zu-
gewiesen, wo sie sich aber schwer unterbringen lassen.

---

(1) Zusammen mit dem Dialogus und der Germania des Tacitus
überliefert. Das große Bruchstück ist aber seinerseits in verkürzter
Gestalt auf uns gekommen.

(2) War diese Schrift ein Teil der *Roma*, so wird man wohl an-
nehmen müssen, daß von jener oder auch von beiden eine griechische Bearbeitung existierte.

Suetonisches Gut mögen sie immerhin enthalten. Auch *de rebus variis (grammat. Fragm. werden zitiert) werden Exzerpte aus einem oder mehreren Werken sein. *de notis* (περὶ τῶν ἐν τοῖc βιβλίοιc cημείων). Siehe oben p. 89.

Griechische Schriften: Περὶ τῆc Κικέρωνοc πολιτείαc. Siehe oben p. 52. *Περὶ δυcφήμων λέξεων ἤτοι βλαcφημιῶν καὶ πόθεν ἑκάcτη (große Bruchstücke erhalten) Quelle Didymos Λέξιc κωμική. Περὶ ἐπιcήμων πορνῶν. Quelle vielleicht *Aristophanes* oder *Apollodoros* (siehe oben p. 34. 46). Nach Schanz war der Eroticus des *Apuleius* eine lateinische Bearbeitung.

Vergl. *Reifferscheid*, Suetoni reliquiae praeter Caesares, Lpz. 1860 (darin Quaest. Sueton. p. 363–477, Ritschelii in vitam Terentii commentarii p. 481–536); *Schanz*, Hermes XXX 401–428, Röm. Lit. VIII III² p. 47–66; *Teuffel*, II p. 873–878; *F. Leo*, Griech.-röm. Biogr. p. 1–16. 140–145; *H. Peter*, Die geschichtl. Liter. über die röm. Kaiserzeit II 67 ff. 241 ff. 328 ff.; *Macé*, Essai sur Suetone, Paris 1900, pp. 450 (Bibliographie p. 17–24); *Körtge*, in Suetonii de viris illust. usw., Halle 1900.

Q. Terentivs Scavrvs (unter Hadrian).

Von Ausonius dreimal (47, 20. 205, 12. 210, 8.) mit Valerius Probus auf eine Stufe gestellt. Gell. 11, 15, 3 *grammaticus vel nobilissimus*.

de orthographia (Anfang verloren). Ein wertvoller Traktat. Als Quelle wird der mehrfach zitierte *Varro* angenommen, wahrscheinlicher ist *Verrius Flaccus* direkt benutzt, Varro nur mittelbar.

Kommentare zu *Plautus* (Rvfin. gramm. VI 651) *Vergils* Aeneis (vergl. Serv. Aen. 3, 484, Schol. Veron. Aen. 4, 146. 5, 95) *Horaz* (Porph. Hor. sat. 2, 5, 92, Charis. gramm. I 202. 210).

Ars grammatica. Besonders von Charisius, Diomedes und Donat stark benutzt. De Caesellii erroribus.

Vergl. *Teuffel*⁵, II p. 886 f; *Schanz*, VIII III² p. 166–168.

VELIVS LONGVS (unter Hadrian).

De orthographia de usu antiquae lectionis. Über
Anomalien in der Wortableitung[1] Kommentar zur Aeneis
(zitiert in den Scholien und MACROB. sat. 3, 6, 6).
Vergl. *Schanz*, VIII III² p. 169 f.

FLAVIVS CAPER (Ende des 2. Jahrh.).

De latinitate de dubiis generibus. Die erhaltenen
Traktate *de orthographia* (teilweise metrisch) und *de verbis
dubiis* tragen seinen Namen mit Unrecht. Seine echten Schriften
sind von Iulius Romanus, Nonius, Servius und vor allem von
Priscian ausgiebig benutzt worden.
Vergl. *Schanz*, VIII III² p.173 f. und *Goetz* PW. III 1506—1508 (mit
weiteren Literaturangaben); *G. Keil,* de Flavio Capro, Diss. Hall. X
(1889) p. 243—306.

AEMILIVS ASPER (Ende des 2. Jahrh.).

Von AVSON. 47, 20 mit Probus und Scaurus zusammen-
genannt. Kommentare zu: *Sallust Terenz Vergil* mit
Quaestiones Vergilianae, vielleicht eine Art Prolegomena.
Vergl. *Lämmerhirt,* op. cit. p. 401—404; *Suringar* II 124—142;
Schanz, VIII III² p. 171 f.; *Goetz* PW. I 547.

A. GELLIVS (unter Marcus Aurelius).

Verfasser der *Noctes Atticae,* in 20 B. (vom 8. B. sind
nur die Kapitelüberschriften erhalten). Eine ungemein reichhaltige Sammlung von Lesefrüchten auf fast allen Gebieten
des Wissens. Als Frontonianer ist Gellius ein Anhänger der
archaischen Literatur, und dieser Vorliebe verdanken wir eine
große Anzahl poetischer und prosaischer Fragmente der vor-
ciceronianischen Zeit.[2] Seine Mitteilungen sind sehr zuver-

(1) Z. B. Titus, Titianus, aber lupus, lupinus.
(2) Von Gesetzen, Edicta usw. abgesehen, zitiert Gellius an 260
Schriftsteller, darunter von Griechen 30 Dichter und mehr als 80 Prosaiker; von Römern c. 30 Dichter und über 100 Prosaiker. Am
häufigsten begegnen: Homer, Plato, Aristoteles, Plutarch; Ennius,
Plautus, Lucilius, Laberius, Vergil, Cato, Claudius Quadrigarius,
Sallust, Nigidius Figulus, Cicero, Varro, Plinius.

lässig, doch stammen sie nicht immer, trotz gegenteiliger Versicherung, aus eigner Lektüre der zitierten Schriftsteller, auch sind sie oft stark verkürzt. Avg. civ. 9, 4 nennt ihn *vir elegantissimi eloquii et multae ac facundae scientiae*. Benutzt haben ihn, wie es scheint, bereits *Apuleius* und *Ammianus;* *Nonius* und *Macrobius* beuten ihn stark aus, ohne aber seinen Namen je zu nennen.

Vergl. *Th. Vogel*, de A. G. vita, studiis, scriptis, Zittau Progr. 1860, pp. 25; *L. Friedländer*, Sittengeschichte III⁶ p. 500—505 (Chronologisches zu Gellius); *J. Kretzschmer*, de A. G. fontibus I (de auctoribus Gellii grammaticis), Greifswald 1860, pp. 114, Fleck. Jahrb. LXXXV (1862) p. 361 ff.; *L. Mercklin*, die Citiermethode und Quellenbenutzung des A.G., in Fleck. Jahrb., Suppl. Bd. III (1860) p. 632—710; *L. Ruske*, de Gellii fontibus quaest. select., Breslau 1883, pp. 72; *Nettleship*, Lectures and Essays, I, Oxford 1885, p. 248 ff.; *J. W. Beck*, Studia Gelliana et Pliniana, in Fleck. Jahrb., Suppl. Bd. XIX (1892) p. 1 ff.; *Schanz*, VIII 3² p. 185—190; *Saintsbury*, op. cit. I 323—329.

NONIVS MARCELLVS (Anfang des 4. Jahrh.).

Verfasser von **De compendiosa doctrina,* in 20 Kapiteln, von denen das 16. (de generibus calciamentorum) verloren gegangen ist. K. 1—12 sind sprachlichen, 13—20 sachlichen Inhalts. Nonius ist ein gedankenloser, mechanischer Abschreiber, sein Werk ist aber für uns von unschätzbarem Werte, da wir ihm die bei weitem größte Zahl aller uns erhaltenen Dichterfragmente der republikanischen Zeit verdanken.

Über seine Arbeitsweise und Quellenbenutzung vergl. besonders *M. Hertz*, N. M. und Aulus Gellius in Jahrb. f. Phil. LXXXV (1862) pp. 705—726. 779—799; *P. Schmidt*, de N. M. auctoribus grammaticis, Lpz. 1868, pp. 50; *Bartels*, de Terentii memoria apud Nonium servata, Straßburg 1884, pp. 50; *H. Caesar*, de Plauti memoria apud Nonium servata, Straßburg 1886, pp. 75; *O. Fröhde*, de N. M. et Verrio Flacco, Berlin 1890, pp. 52; *Wᵐ. M. Lindsay*, N. M.'s Dictionary of Republican Latin, Oxford 1901; *J. Vahlen*, Ennius 1903, p. LXXXIX—XCVI; *Schanz*, VIII ɪv 1 (1904) p. 131—136; *Fr. Marx*, Lucilius, proleg. I (1904) p. LXXVIII—CVI. II (1905) p. VIII—XXII.

FLAVIVS SOSIPATER CHARISIVS (4. Jahrh.).

Verfasser eines uns unvollständig überlieferten, reichhaltigen und aus guten Quellen geschöpften *Lehrbuchs der Grammatik* in 5 B. (nur 2 und 3 vollständig, vom 5. nur ein Fragm. de idiomatibus erhalten). Obwohl Charisius meistens seine Vorgänger nennt, ist die genauere Zuweisung an bestimmte Gewährsmänner mit dem vorhandenen Material nicht möglich. Am ausgiebigsten scheinen *Remmius Palaemon* (wenn auch nicht direkt) und *Iulius Romanus* ausgebeutet zu sein.

Vergl. *F. Bölte,* de artium scriptoribus latinis, Bonn 1886, pp. 54, Fleck. Jahrb. CXXXVII (1889) p. 401—440; *C. F. Marshall,* de Q. Remmii Palaemonis libris grammaticis, Lpz. 1887, pp. 88; *O. Fröhde,* de C. Iulio Romano Charisii auctore, in Fleck. Jahrb. Suppl. XVIII (1892) p. 567 ff.; *L. Jeep,* Die Lehre von den Redetheilen, Lpz. 1893, p. 1—13; *Goetz* PW. III 2147—2149, Bursians Jahresb. LXVIII (1891) p. 145 ff.; *Schanz,* VIII, IV 1 p. 149—152.

DIOMEDES (c. 350).

Seine *ars grammatica,* in 3 B., hat inhaltlich große Ähnlichkeit mit der des *Charisius* und des *Donat.* Daher ist die Quellenfrage besonders kompliziert. Von den drei Möglichkeiten: Benutzung des Charisius oder umgekehrt und gemeinsames Quellenmaterial, ist die zweite auszuschalten. Die erste hat namhafte Vertreter, doch spricht die sorgfältige Disposition, ebenso wie die von der Arbeitsweise des Charisius sehr vorteilhaft abweichende Verarbeitung des Materials entschieden für die dritte Annahme. Unter den direkt benutzten Grammatikern scheinen Charisius u. Diomedes auch dem *Terentius Scaurus* (s. p. 111) viel entlehnt zu haben.

Vergl. *F. Bölte, Fröhde,* opp. citt.; *L. Jeep,* op. cit. p. 56—68 (Charisius Quelle des D.); *Leo,* Die beiden metrischen Systeme des Altertums, in Hermes XXIV (1889) p. 281 ff.; *Schanz,* VIII, IV, 1 p. 152—155; *Goetz* PW. V 827—829. Über die Quellen der *Poetik* (gramm. I p. 482—492), vergl. *E. Kött,* de Diomedis artis poeticae fontibus, Jena Diss. 1904, pp. 50; *J. Kayser,* de veterum arte poetica quaest. selectae, Lpz. 1906.

Aelivs Donatvs (c. 350).

Lehrer des Hieronymus. *"Pereant qui ante nos nostra dixerunt."* Don. apud Hier. in Eccl. p. 390.

Ars grammatica (in 2 Teilen, eine ars minor und eine ars maior für reifere Schüler). Die ars minor hatte einen fast beispiellosen Erfolg, denn sie bildete die Grundlage des lateinischen Unterrichts bis zum Anfang des 15. Jahrhunderts.[1] Die indirekten Quellen sind dieselben, wie bei den vorigen, die unmittelbaren lassen sich aber nur vermutungsweise bestimmen.

Kommentar zu *Terenz* (mit Verlust des Hautontimorumenos). Doch ist dieser nur ein Konglomerat aus Exzerpten des Originals mit vielen Zusätzen, die teilweise einem Kommentar des *Euanthius* entnommen sind. Auch *Eugraphius* scheint darin benutzt zu sein. Die Scholien des codex Bembinus enthalten ebenfalls Donatisches Gut, doch kann der Scholiast kaum aus dem Original selbst geschöpft haben. Kommentar zu *Vergil*. Davon ist erhalten die *praefatio*, die *Einleitung* zu den *Bucolica*, und eine in der Hauptsache auf Sueton zurückgehende *Vita Vergilii*.

Vergl. zur Ars: *L. Jeep*, op. cit. p. 24—56. Zum Terenzkommentar: *Suringar*, op. cit. 1 78—86; *H. Usener*, Rhein. Mus. XXIII (1868) p. 493 ff.; *F. Leo*, Rhein. Mus. XXXVIII (1883) p. 317—347; *P. Rosenstock*, de Donato Terentii et Servio Vergilii explicatore usw., Königsberg 1886, pp. 85 (mangelhaft); *J. J. Hartman*, de Terentio et Donato, Leyden 1895, pp. 239; *H. Gerstenberg*, de Eugraphio Terentii interprete, Jena 1886, pp. 117; *Rabbow*, Jahrb. f. Phil. CLV (1897) p. 305—342; *R. Sabbadini*, Estr. dagli studi ital. di filol. class. II (1894) 1—132; *E. Smutny*, de schol. Terent. quae sub Donati nomine feruntur auctoribus et fontibus in Diss. Vindob. VI (1898) p. 95—137; *Wessner*, Unters. zur latein. Scholien-Literat., Bremen 1899, p. 1 ff., Praef. zur Scholienausgabe p. XLIV—XLVIII. Zum Vergilkommentar: *Suringar*, II 31—59; *Ribbeck*, Proleg. zu Verg., p. 178—185 und besonders *G. Lämmerhirt*, de priscor. script. locis a Servio allatis, in

---

(1) Im Altfranzösischen und Altenglischen (Chaucer) ist *Donat* (Donet) geradezu zu einem Synonymon von 'Grammatik' geworden.

8*

Diss. Ienen. IV (1890) p. 339 ff.; *J. C. Watson,* Donatus's Version of the Terence Didascaliae, in Transact. Amer. Philol. Assoc. XXVI (1905) p. 125–157; im allgemeinen: *Schanz,* VIII iv 1 p. 145–149; *Wessner,* PW. V 1545–1547.

Maurus (?) Servivs Honoratus (?), (geb. um 355).

Der Verfasser des erhaltenen *Vergil*-Kommentars ist uns etwas näher bekannt, weil Macrobius ihn in den Saturnalien als Sprecher und Autorität auf dem Gebiete der Vergilerklärung eingeführt hat (1, 2, 15. 1, 24, 8. 1, 24, 20. 6, 6, 1). Die erhaltene Scholienmasse zerfällt in zwei Gruppen. Die *kürzere* (der *echte Servius*) befaßt sich vorwiegend mit *Grammatik, Stilistik* und *Rhetorik* und diente augenscheinlich *rein* pädagogischen Zwecken; die *ausführlichere,* die sogenannten *Scholia Danielis*[1], enthalten außerdem eine große Anzahl *sachlicher,* sehr wertvoller Zusätze, die ein Unbekannter aus einem oder mehreren gelehrten Werken gesammelt hat. *Servius* benutzte besonders den *Aelius Donatus,* wahrscheinlich *Sueton* und für das Grammatische, wie es scheint, hauptsächlich *Flavius Caper.* Der *Anonymus* oder sein Gewährsmann schöpft z. B. aus *Probus* und *Asper,* dem die zahlreichen Sallustzitate entnommen sind. Die Übereinstimmungen mit *Macrobius* erklären sich am besten durch die Annahme gleicher Quellen. Andere dem Servius zugeschriebene grammatische Abhandlungen sind belanglos.[2]

Vergl. *Suringar,* op. cit. II 59–92; *G. Lämmerhirt,* op. cit. p. 311 –406; *E. Thomas,* Essai sur Servius et son commentaire sur Virgile, Paris 1880, pp. 350; *G. Thilo,* Prolegom. zur Servius-Ausgabe, I (1881) p. I–XLVII. LXVI–LXXVII; *Saintsbury,* op. cit. I p. 334–341. Weitere Literatur bei *Teuffel* II⁵, p. 1099–1101; *Schanz,* VIII iv, 1 p. 155–159.

---

(1) Weil von P. Daniel zuerst veröffentlicht (1600).

(2) Der Kommentar des Servius wird vielfach noch überschätzt. Er enthält ein Sammelsurium von nicht uninteressanten sprachlichen Notizen, aber es geht dem Verfasser jedes tiefere ästhetische Verständnis ab, und seine Zuverlässigkeit und Gelehrsamkeit lassen viel zu wünschen übrig.

HIERONYMVS (c. 348–420).

Einer der gelehrtesten Männer seiner Zeit. Er ist wohl auch einer der letzten gewesen, der vor dem Untergang der antiken Kultur mit der lateinischen und griechischen Literatur, namentlich der der Dichter, im vollen Umfang und aus erster Hand vertraut war.[1] Das Jahr 374 bedeutet einen Wendepunkt in seinem Leben, indem er, angeblich durch ein Traumgesicht veranlaßt, sich ausschließlich theologischen Studien hingab.[2] Für den klassischen Philologen kommt hauptsächlich in Betracht:

Die Chronik des Eusebios.[3] Vergl. HIER. chron. praef. 3 *sciendum etenim est me et interpretis et scriptoris ex parte officio usum, quia et graeca fidelissime expressi et nonnulla, quae mihi intermissa videbantur, adieci, in Romana maxime historia quam Eusebius, huius conditor libri . . perstrinxisse mihi videbatur. itaque a Nino et Abraham usque ad Troiae captivitatem pura Graeca translatio est, a Troia autem* (1184) *usque ad XX Constantini annum* (325) *nunc addita, nunc mixta sunt plurima quae de Tranquillo* (d. i. *Suetonius,* de viris illustribus) *et ceteris inlustribus in historicis curiosissime excerpsi. a Constantini autem supra dicto anno usque ad consulatum Augustorum Valentis sexies et Valentiniani iterum* (378) *totum meum est.*

---

(1) Dafür zeugt besonders sein Briefwechsel (von 370–419).

(2) Siehe die berühmte Stelle Epist. 22, 30 *Christianum me esse respondi . . . mentiris, ait* (sc. *iudex*), *Ciceronianus es, non Christianus, "ubi enim thesaurus tuus, ibi et cor tuum" . . . tanto dehinc studia divina legisse, quanto non ante mortalia legeram.*

(3) Das Originalwerk ist nur aus Bruchstücken bei byzantinischen Chronographen bekannt, doch dienen zur Rekonstruktion außer der Arbeit des Hieronymus, der nur das 2. B., die Κανόνες, übertrug, noch eine armenische Übersetzung und syrische Auszüge. Eusebios datierte nicht, wie gewöhnlich angenommen, durchweg nach den Jahren Abrahams (2016 = 1 v. Chr.), sondern nach Olympiaden. Zu den der ersten Olympiade (Abrah. 1240 = 1. Oct. 776) voraufgehenden fügte er aber bei jedem 10. Jahre diejenigen von Abrahams Geburt hinzu.

Die Quellen für die Zusätze waren, außer *Sueton*, besonders das *Breviarium* des *Eutrop*, eine römische Stadt-
chronik vom Jahre 334, eine nicht näher zu bestimmende
Latina historia de origine gentis Romanae und eine Geschichte
des Bürgerkrieges vom Tode des Pompeius (48 v. Chr.) bis
zur Schlacht bei Actium (31), vielleicht aus einer *Livius*-Epi-
tome. Diese Weltchronik des Hieronymus erlangte kanonisches
Ansehen und beherrschte das ganze Mittelalter, doch ist
das Werk mit der größten Flüchtigkeit gearbeitet und
daher reich an schweren und unentschuldbaren Versehen
aller Art. H. selbst nennt es mit allzu richtiger Selbst-
erkenntnis ein "opus tumultuarium"; dennoch ist es für uns
eine unschätzbare Fundgrube geschichtlicher Überlieferungen,
wie denn Eusebios-Hieronymus, alles in allem, wohl die bedeutendste Leistung auf dem Gebiete der Chronologie im
Altertum ist.

Vergl. *Mommsen*, Abhandl. der sächs. Gesell. der Wiss. I (1850)
p. 669 ff.; *A. Gutschmid*, Kleine Schrift. I 417—444 (in Anschluß an
die Ausgabe von Schöne). Zu den reichhaltigen Literaturangaben
bei *Schanz*, VIII IV p. 387—391 (Leben); 401—404 (Chronik) füge hinzu: *C. Wachsmuth*, Einleit. in das Stud. der alt. Gesch., Lpz. 1895,
p. 163—176. 185—187; *G. Boissier*, la fin du Paganisme, I³, (1898)
p. 324—334; *Sandys*, op. cit.² p. 232—235

MACROBIVS (Anfang des 5. Jahrh.).

Saturnalia, in 7 B. In der Form eines Gesprächs,
dessen Einkleidung er dem Platonischen Symposium, den
Deipnosophistae des Athenaios und den Quaestiones con-
vivales des Plutarch entlehnte, hat Verfasser eine erstaunliche Fülle interessanter und zuverlässiger Tatsachen aus
älteren Werken abgeschrieben. Er behandelt römische Altertümer aller Art, doch den weitaus größten Raum nehmen Erörterungen über Vergil ein (z. B. *de doctrina, furtis Vergilii*).
Seine direkten Hauptquellen verschweigt Macrobius prinzipiell,
zitiert aber statt dessen zahlreiche von jenen angegebene

Vorgänger.[1] Besonders ausgebeutet sind Gellius, Sueton, Seneca und Vergil-Kommentare (aber nicht Servius![2]), und von den Griechen Plutarch und Athenaios. Über Zweck, Inhalt und Plan des Werkes verbreitet er sich in einer Praefatio, in der er wiederholt die sorgfältige Disposition des Ganzen hervorhebt. Vergl. § 3 ff. *nec indigeste tamquam in acervum congessimus digna memoratu, sed variarum rerum disparilitas, auctoribus diversa, confusa temporibus .. in quoddam digesta corpus est .. nec mihi vitio vertas, si res quas ex lectione varia mutuabor, ipsis saepe verbis quibus ab ipsis auctoribus enarratae sunt explicabo.* 10 *tale hoc praesens opus volo: multae in illo artes* ('wissenschaftliche Kenntnisse'), *multa praecepta sint, multarum aetatum exempla, sed in unum conspirata.*

Kommentar zu *Ciceros Somnium Scipionis* (einem Teil des 6. B. von de republica). Dieser bis ins Mittelalter hinein viel gelesenen, neuplatonischen Exegese verdanken wir die Erhaltung des Ciceronianischen Originals. *De differentiis et societatibus Graeci Latinique verbi.* Nur in mittelalterlichen, ziemlich umfangreichen Auszügen erhalten. Von den bilinguen Glossarien abgesehen, ist dieses Werk wohl das einzige erhaltene Beispiel vergleichender Sprachwissenschaft im Altertum.

Vergl. *G. Wissowa,* de Macr. Saturn. fontibus, Breslau 1888; *H. Linke,* Quaestiones de Macr. Sat. fontibus, Breslau 1888; *Teuffel,* II p. 1141–1144; *Saintsbury,* I 329–334; *Sandys,*² p. 237–240.

MARTIANVS CAPELLA (c. 420).

De nuptiis Philologiae et Mercurii, in 9 B. Es war diese in der Form der Satira Menippea verfaßte Enzyklopädie der

---

(1) Erwähnt werden nahezu 200 Schriftsteller, oft mit sonst nicht erhaltenen Zitaten, darunter 25 griech. Dichter, 60 griech. Prosaiker, 25 latein. Dichter und an 75 latein. Prosaiker. Am häufigsten, nach *Homer* (über 200 mal) und *Vergil* (c. 700 mal), begegnen Cicero, Ennius, Lucrez und Varro.

(2) Sonst hätte ihn M. kaum als Mitredner teilnehmen lassen.

sieben 'liberales artes' (s. oben p. 97) eines der beliebtesten Schulbücher des Mittelalters. Vergl. GREG. TVR. Hist. Franc. 10, 31 p. 449, 15 ff. *si te . . Martianus noster septem disciplinis erudiit* (folgt eine Inhaltsangabe). Die beiden ersten Bücher sind eine groteske Allegorie, die Hochzeit des Merkur und der Philologia behandelnd, bei der die einzelnen 'Artes' als Brautjungfern auftreten und die ihnen zukommende Wissenschaft auskramen.[1] Hauptquelle war *Varros* Disciplinarum libri, daneben für die Rhetorik (B. V) besonders *Aquila Romanus,* für Geographie und Geometrie (B. VI) *Plinius* und *Solinus,* für die Musik (B. IX) *Aristides Quintilianus.*

Vergl. Proleg. in Eyssenhardt's Ausgabe, p. XXXI ff.; *Teuffel,* II p. 1156—1159; *Sandys,*² p. 241—243.

PRISCIANVS (unter Anastasius 491 — 518).

Lebte in Konstantinopel. *"Communis hominum praeceptor"* u. *"Romanae lumen facundiae"* (Eutyches) *"Latinae eloquentiae decus"* (Alcuin).

Institutiones grammaticae, in 18 B. Es ist dies das reichhaltigste und umfangreichste Werk über die lateinische Sprache, das wir besitzen. Bis zur Zeit der Renaissance blieb es, neben Donat, das verbreitetste Schulbuch und ist in mehr als 1000 Handschriften erhalten. Vergl. p. 68 u. PRISCIAN. Praef.: *conatus sum supra nominatorum praecepta virorum* (Apollonios Dyskolos und Herodianos[2]) *quae congrua sunt visa in Latinum transferre sermonem, collectis etiam omnibus fere quaecumque necessaria nostrorum quoque inveniuntur artium commentariis grammaticorum.* Für uns liegt der ganz einzige Wert dieser

---

(1) Angeblich wegen Zeitmangels kommen die zwei letzten Varronischen 'artes', Medizin und Architektur, nicht mehr zum Wort. Infolgedessen kennt das Mittelalter nur *sieben* freie Künste (Quadrivium und Trivium)!

(2) Weitere griech. Gewährsmänner waren *Juba, Heliodor* und *Hephaistion* für die Metrik, *Dionysios Thrax* Scholiasten. Für das Lateinische scheint *Flavius Caper* am ergiebigsten benutzt zu sein.

Kompilation darin, daß sie den Verlust der Leistungen der großen griechischen Sprachforscher einigermaßen ersetzt, und in dem Reichtum der Zitate aus römischen Schriftstellern. Vergl. *Encyclop. Brittanica,* s. n.; *Jeep,* Redeteile, p. 89–97; *Teuffel* II 1242–1244.

CASSIODORVS SENATOR (c. 490–c. 585).

Quaestor unter Theoderich von 507–511, Konsul 514, nahm er auch unter dessen Nachfolgern eine leitende Stellung ein. Kurz vor der Übergabe Ravennas an Belisarius (540) hatte er sich in ein von ihm begründetes Kloster in Scyllacium (Scillace), seinem in Süd-Italien gelegenen Geburtsort, zurückgezogen und lebte hier über vier Dezennien lang theologischen und historischen Studien. Nicht seine zahlreichen Schriften, nicht seine wenig tiefen [1] oder ausgebreiteten Kenntnisse des klassischen Altertums verschaffen dem Cassiodor einen ehrenvollen Platz in der Geschichte der Philologie, sondern die Tatsache, daß er seinen Mönchen die Pflege der geistigen Wissenschaften und Sammlungen, sowie das Abschreiben von Handschriften zur Pflicht machte; denn dies wurde vorbildlich für andere Klöster, die dann in der Zeit der Barbarei die Vermittler und Erhalter der lateinischen Literatur geworden sind.

Vergl. *A. Olleris,* Cassiodore, Conservateur des livres de l'antiquité Latine, Paris 1841, pp. 41; *Mommsen,* Prooem. zu den Variae (Monum. Germ. XII), p. XI–XVII; *J. Franz,* Das Leben von Cassiodor, Berlin 1877; *E. Norden,* Die antike Kunstprosa II 663; *Ebert,* op. cit. I 498–514; *Hodgkin,* Italy and her invaders III 315 ff. IV 384 ff.; *Teuffel* II 1246–1253; *Sandys,*² p. 258–270; *Hartmann* PW. III 1672 –1676; *M. Roger,* L'enseignement des lettres classiques d'Ausone à Alcuin, Paris 1905, p. 175–187.

(1) Es findet sich bei ihm die älteste Erwähnung der Germania des Tacitus (c. 45), doch mit der Bemerkung ʿ*hoc quodam Cornelio scribente legitur*ʾ*!* Peinliche Genauigkeit verlangte er von seinen Mönchen nur beim Kopieren der heiligen Schriften, für die klassischen Autoren war der Korruption Tür und Tor geöffnet durch seine Forderung "*ubicumque paragrammata in disertis hominibus* (d. h. die Klassiker) *reperta fuerunt, intrepidus vitiosa recorrigat.*"

Isidorvs von Sevilla (c. 570—636).

"Der größte Exzerpist und Kompendiator, den es vielleicht gegeben hat" *Ebert.*

Von den sehr zahlreichen Schriften dieses "letzten Literators des römischen Reiches" kommt hauptsächlich in Betracht das buntscheckige, aber sehr inhaltreiche Werk:

Etymologiae (Origines), in 20 B.[1] Es ist eines der einflußreichsten Bücher des ganzen Mittelalters. Sein Wert für uns liegt, wie bei Macrobius, Priscian und vielen anderen, lediglich in der Verwertung verlorener Quellen antiker Gelehrsamkeit, die er allerdings mit wenig Sachkenntnis und daher oft mit groben Mißverständnissen — Isidor war des Griechischen so gut wie unkundig — ausschreibt. Die Hauptquellen — die direkt benutzten verschweigt er oder umschreibt sie mit 'quidam, veteres, philosophi dicunt' — waren Lucrez, Sallust, Vitruvius, Plinius (Solinus), Hieronymus, Augustinus, Martianus Capella, Orosius, Boethius, und vor allem *Suetons Pratum. Varro* scheint ihm nicht mehr vorgelegen zu haben.

Vergl. *A. Ebert,* op. cit. I 588–594 (602); *Roger,* op. cit., p. 195 –201; *H. Dressel,* de Isidori Originum fontibus in Rivista di Filol. III (1875), p. 207–268; *Sandys,*[2] p. 456–458.

Lateinische Scholien und deren Quellen.

Die lateinischen Scholien stehen an Wert, wie an Umfang hinter den griechischen weit zurück. Von der Mehr-

---

(1) Es ist unvollendet und von seinem Freunde, dem Bischof Braulio, herausgegeben worden. Inhalt: I–III Septem liberales artes, IV de medicina, V de legibus et temporibus, VI de libris et officiis ecclesiasticis, VII de deo, angelis et fidelium ordinibus, VIII de ecclesia et sectis diversis, IX de linguis, gentibus, regnis, militia, civibus, affinitatibus, X vocum certarum alphabetum, XI de homine et portentis, XII de animalibus, XIII de mundo et partibus, XIV de terra et partibus, XV de aedificiis et agris, XVI de lapidibus et metallis, XVII de rebus rusticis, XVIII de bello et ludis, XIX de navibus, aedificiis et vestibus, XX de penu et instrumentis domesticis et rusticis.

zahl der bedeutendsten Autoren, deren Werke auf uns gekommen, besitzen wir überhaupt keine Scholien, doch sind uns bei einigen die Namen antiker Erklärer und Herausgeber überliefert.

NAEVIVS:

SVET. gramm. 2. C. *Octavius Lampadio Naevii Punicum Bellum ... uno volumine et continenti scriptura expositum divisit in septem libros* .. VARRO ling. 7, 39 erwähnt zwei sonst gänzlich unbekannte Kommentatoren namens *Cornelius* und *Virgilius*.

PLAVTVS:

Pinakographen, siehe p. 93[1]. *Glossographen:* Aurelius Opillus, Servius Clodius (Claudius). *Kommentatoren: Sisenna*[(1)] (bezeugt für Amph. Aul. Capt. Poen. Pseud. Rud.), *Terentius Scaurus* (wohl nur zufällig allein für Pseud. bezeugt). Auf eine exegetische Beschäftigung mit Plautus deuten auch die *metrischen Argumenta.* Davon sind *akrostichische* zu allen Stücken, mit Ausnahme der Bacchides und Vidularia, wo sie mit deren Anfängen verloren gegangen, erhalten, und *nicht akrostichische* zu Amph. Aul. Merc. Miles in den codd. Palatini, zum Pseud. und verstümmelt zum Persa und Stichus im ambrosianischen Palimpsest. *Didaskalien:* zum Pseudolus und Stichus im Ambrosianus. *Stichometrische* Reste zum Trinum. und Truc.
Vergl. *Ritschl,* Parerga, p. 249—300 (die plautinischen Didaskalien), p. 357—387 (de veteribus Plauti interpretibus).

ENNIVS:

C. Octavius Lampadio (GELL. 18, 5, 11 FRONTO p. 20, 4 N.); *M. Pompilius Andronicus* Annalium elenchi (um 100 v. Chr.) von Orbilius herausgegeben (SVET. gramm. 8); *M. Antonius*

---

(1) Mit dem Zeitgenossen des Cicero, dem Historiker und Redner L. Cornelius Sisenna, kann dieser Kommentator, trotz *Ritschl,* Parerga, p. 376 ff. u. *Klotz,* Altröm. Metr., p. 562 f., unmöglich identisch sein. Er wird wohl der Hadrianischen Zeit zuzuweisen sein.

124   III. Römische Periode.

Gnipho[1] (Schol. Bern. Verg. georg. 2, 119, vergl. *Bücheler,*
Rh. Mus. XXXVI, 334). *Probus,* mit kritischen Zeichen (?).
Siehe oben p. 106.

TERENTIVS:

Zu *Donatus, Eugraphius, Euanthius, scholia Bembina,*
(siehe oben p. 115), *Schol. Terentiana* ed. Schlee, Lpz. 1903.
Andere gelehrte Forschungen knüpfen sich an folgende Namen
an, meist in *Suetons* Vita Terentii erwähnt: Varro, Cornelius
Nepos, Porcius Licinus, Volcacius Sedigitus, Santra, Q. Co-
sconius, Maecius, Tarpa, Vagellius(?) *Probus* mit kritischen
Zeichen und Kommentar(?)   *Aemilius Asper* (s. o. p. 112)
Helenius Acro (bezeugt für Eun. und Adelphoe)   Arruntius
Celsus zum Phormio(?).   Dazu kommen die erhaltenen *Didaskalien* und die *Periochae* des *C. Sulpicius Apollinaris.*
    Vergl. *K.Dziatzko,* Rh. Mus. XX (1865), p. 578–598. XXI p. 64–92
(über die Terentianischen Didaskalien); *Th. Opitz,* de argument. me-
tricorum Latin. arte et origine in Lpz. Stud. VI (1883), p. 195 ff.

LVCILIVS:

Nach der korrupten Stelle im *Anecd. Paris.* (s. o. p. 106)
öfter ediert mit kritischen Zeichen.   Andere Lucilius-Forscher
waren: *Laelius Archelaus, Vettius Philocomus,* Pompeius
Lenaeus (?), *Valerius Cato, Curtius Nicias* (Freund Ciceros),
Ateius Capito, Probus (?).   Vergl. *F. Marx,* C. L. carm. reliq. I
(1904), proleg., p. L–LIX. CXXIX (testimonia).

LVCRETIVS:

Ausgabe mit kritischen Zeichen von *Probus.*   Einen
Kommentar erwähnt HIER. apol. in Ruf. 1, 16 (s. o. p. 107).   Nach
demselben HIER. chron. soll *Cicero* das postume Werk des
Lucretius herausgegeben haben (*emendavit*).   Das Verbum
hat aber hier nicht den späteren technischen Sinn, sondern
bedeutet nur so viel als „ließ eine *Reinschrift* machen", ver-

(1) Falls ein solcher Kommentar existierte, so kann er nach
SVET. gramm. 7 nur zu den untergeschobenen Schriften gehört haben.

mutlich durch seinen Freund *Atticus,* den *Epikureer* und *Buchhändler.*

CICERO:

Die Briefe und die Reden edierte *M. Tullius Tiro.* Kommentatoren zu den *Reden:* *Asconius (s. p. 103). **Ps. Asconius* (zur div. in Caec., Verr. 1. 2. 3, 1—35). **Scholia Bobiensia* (Flacc., post red. in sen., post red. ad Quir., Planc., Mil., Sest., Vat., in Clodium et Curionem, de aere alieno Milonis, de rege Alexandrino, Arch. Sull. Mur. dom. nicht erhalten, aber bezeugt). **Scholiasta Gronovianus* (div. in Caec., Verr. 1. 2, Catil. 2. 3. 4, Lig., Marcell., Deiot., S. Rosc., Manil., Milo, vollständig erhalten nur die 3. und 4. Catilinaria), minderwertig. Ganz wertlos sind Schol. Ambros. (Catil. 4, Marcell., Lig., Deiot.). Nur dem Namen nach kennen wir *Volcacius* (HIER. apol. in Ruf. 1, 16), *Sacer* zu Rab. post. (CHAR. gramm. I, 21, 10). Zu *de inv.:* **C. Marius Victorinus* (4. Jahrh.), *Grillius* (4./5. Jahrh.). *Topica:* **Victorinus,* **Boethius.* *Somnium Scipionis:* *Macrobius (s. p. 119), **Favonius Eulogius.* Zu den *Dialogen: Victorinus* (HIER. l. c.). Ferner schrieb *Statilius Maximus* de singularibus apud Ciceronem positis (sehr häufig von Charisius zitiert).

Vergl. *Schanz,* VIII I², p. 281—284 und *P. Hildebrandt,* de schol. Cic. Bobiensibus, Göttingen 1894, pp. 64.

SALLVSTIVS:

Aemilius Asper (siehe oben p. 112). Direkt zitiert wird aus seinem Kommentar zu den Historien und dem Catilina. Doch wird er sicherlich auch den Jugurtha erklärt haben.[1] Ob er eine kritische Ausgabe besorgte, ist nicht zu erweisen, doch ist es sehr wahrscheinlich.

GERMANICVS:

Aratea: **Scholia Basileensia* (vor Lactanz) ed. Breysig 1867, p. 55—104. Scholia Sangermanensia (8. Jahrh.).

---

(1) HIER. adv. Rufin. 1, 16 wenigstens scheint dafür zu sprechen: *quod puer legeris Aspri in Vergilium et Sallustium commentarios.*

VERGILIVS:

Erhaltene Scholien und Kommentare: *Servius* (p. 116). *Scholia Veronensia:* Exzerpte aus Ecl. Georg. Aeneis. Zu ersteren sehr dürftig, auch zur Aeneis sehr lückenhaft, von B. VI und XI fehlen Scholien gänzlich. Der Wert dieser Scholien ist sehr hoch einzuschätzen. Nachweisbar benutzt waren Cornutus, Asper, Velius Longus. Auch sind wertvolle literarische Fragmente daselbst erhalten. Rhetorisch-ästhetischer Kommentar des *Tiberius Claudius* *Donatus* zur Aeneis. *Ps. Probus* zu den Bucolica und Georgica, rein sachlich. Kurze vita, Einleitung über bukolische Poesie, Gattung, Versmaß usw. Von Ecl. dürftige Reste mit Ausnahme von 6, 31 über die Elemente (in Thilo-Hagens Servius III 2, p. 331—344). Weniger lückenhaft sind die Anmerkungen zu den Georgica, eine längere astronomische Abhandlung zu 1, 233 ff. (p. 360—365). *Iunius* *Philargyrius* zu den Eclogen, in zwei Fassungen, einer kürzeren und längeren, erhalten. *Scholia Bernensia* zu den Ecl. und Georgica, mit der subscriptio: *haec omnia de* ⟨*tribus*⟩ *commentariis Romanorum congregavi* (vielleicht *Adamnanus*): *id est Titi Galli et Gaudentii et maxime Iunilii Flagrii* (d. h. Iunius Philargyrius). Diese "Dreimänner-Scholien" liegen uns aber nur in einer Epitome vor. *Anonymi Brevis expositio Vergilii Georgicorum.* Die anderen Anonymi sind wertlos.

Unter den überaus zahlreichen Gelehrten, deren Arbeiten über *Vergil* uns ganz verloren gegangen oder nur aus Zitaten und Bruchstücken bekannt sind, erwähne ich: Plotius Tucca und L. Varius (editio princeps), *M. Valerius Probus* (maßgebende Ausgabe mit kritischen Zeichen) *Obtrectatores Vergilii* und dessen *Verteidiger* (p. 103). *Iulius Hyginus* (p. 100 f.). *L. Annaeus Cornutus   Aemilius Asper* (p. 112) *Velius Longus   Q. Terentius Scaurus* (p. 111). Andere bei *Suringar* und *Ribbeck*.

Vergl. *Suringar,* op. cit. II 1—350; *Georgii,* Die antike Aeneiskritik aus den Scholien und anderen Quellen hergestellt, Stuttgart

1891, Die antike Aeneiskritik im Kommentar des Tiberius Claudius Donatus, Stuttgart 1893, Praef. zur Ausgabe Bd. I, p. VIII–XV (1905), Die antike Vergilkritik in den Buc. u. Georg., in Phil. Suppl. IX (1902) p. 52–328; *O. Ribbeck,* Proleg. ad Verg. c. 9; *Schanz* VIII ıı 1°, p. 80–92.

HORATIVS:

Porphyrio (vor Gellius und nach Iulius Romanus, also etwa Anfang des 3. Jahrh.): Grammat.-rhetorisch-ästhetischer Kommentar, in verkürzter[1] und lückenhafter[2] Gestalt erhalten.[3] Hauptquelle: *Helenius Acro,* einmal von P. selbst erwähnt (Sat. 1, 8, 25 *memini me legere apud Helenium Acronem).* Von Gewährsmännern nennt er außerdem nur *Claranus* (Sat. 2, 3, 83), *Terentius Scaurus* (Sat. 2, 5, 92), *Sueton* (Epist. 2, 1, 1), der aber häufig benutzt zu sein scheint, und sodann *qui de personis Horatianis scripserunt* (Sat. 1, 3, 21. 90). Sonst begnügt er sich mit einem Hinweis auf *alii, quidam, dicitur, fertur, putant, sunt qui, traditur, veteres* und *nonnulli veterum grammaticorum* (Sat. 1, 3, 11).

Ps. Acro (5. Jahrh.): Der Name *Acro* wurde dieser buntscheckigen und ziemlich minderwertigen Scholienmasse erst im 15. Jahrh. beigelegt. In der Hauptsache geht der Kommentar auf *Porphyrio* in seiner unverkürzten Form zurück. *Commentator Cruquianus:* Es sind dies Scholien, die *Cruquius* († 1628) aus einem später verbrannten *cod. Blandinius antiquissimus,* wie er behauptet, abgeschrieben hatte. Es scheint aber, daß er nur einiges Material aus anderen Hss entnommen und vor allem moderne Scholien-Ausgaben, wie die des G. Fabricius, ausgebeutet hat. Was sich an wichtigen Notizen

---

(1) Vergl. Sat. 1, 9, 22 mit 1, 10, 83. 1, 6, 41 mit der vita. An beiden Stellen wird auf Erörterungen hingewiesen, die in unserem Porphyrio sich nicht mehr finden.

(2) Es fehlen z. B. die Anmerkungen zu Sat. 2, 3, 103–141 und 2, 6, 72–117.

(3) Daß der Kommentar zu einem Texte gehörte, geht aus Sat. 1, 9, 52 hervor: *ubi duo puncta interposita sunt alteram personam loqui intellegas.*

trotzdem findet, geht nicht auf antike Quellen zurück. Die grundlegende *Rezension* des Textes mit notae wird *Probus* verdankt. Einen weiteren nicht genau zu identifizierenden Horazerklärer, namens Modestus, erwähnt eine vita Pseudo-Acroniana: *commentati in illum sunt Porphyrion, Modestus et Helenius Acron. Acron omnibus melius.*

Vergl. *Suringar,* op. cit. III 1–189; *O. Keller,* in Symbola philol. Bonnens. (Über Porphyrion, Pseudoacron und Fulgentius, Scholiasten des Horaz), Lpz. 1867, p. 489–503; *P. Wessner,* Quaest. Porphyrioneae in Comment. Ienens. V (1894), p. 155 ff.; *J. Endt,* Studien zum Commentator Cruquianus, Lpz. 1906, pp. 86. Der Versuch von *P. Graffunder,* Entstehungszeit und Verfasser der akronischen Horazscholien, in Rh. Mus. LX (1905), p. 128–144, *Ps. Acro* als die Quelle für *Porphyrio* zu erweisen, ist gänzlich mißlungen. Im allgemeinen: *Schanz* VIII II 1², p. 128–131, VIII III, p. 175–179.

OVIDIVS:

Zum *Ibis.* ed. R. Ellis 1881, p. 43–104. Aus dem 7.–8. Jahrh. und fast wertlos.

LVCANVS:

*Commenta Bernensia (cod. Bern. 370) *Adnotationes,* in zahlreichen Hss. *Kommentare* ähnlicher Art werden wohl die in alten Bücherkatalogen (z. B. von Tegernsee und Corbie) erwähnten gewesen sein. Nur dem Namen nach bekannt sind die exegetischen Arbeiten des Horazscholiasten *Porphyrio,* des *Cornutus*[1], *Vacca* (6. Jahrh.) mit *vita, und *Polemon,* in mindestens 5 B. (LAVR. LYDVS, de magist. 3, 46). Dazu kommt die *vita Lucani* (nach *Sueton*) und ein anonymer Kommentar (HIER. adv. Rufin. 1, 16).

Vergl. *Schanz* VIII II 2², p. 95 f.; *H. Hagen,* Suppl. Fleck. Jahrb. 1867, p. 696–733.

---

(1) Vielleicht identisch mit L. Annaeus Cornutus, dem Philosophen, Rhetor und Grammatiker, Lehrer des Lucan und des Persius, Erklärer des Vergil und Hesiod. Vergl. *O. Jahn,* Proleg. ad Persium, p. VIII–XXIV.

PERSIVS:

Cornuti[(1)] (?) *Commentum. Ein Kommentar wird auch von HIER., l. c. 1, 16, erwähnt. Hauptausgabe von *Probus* besorgt, mit *vita. Vergl. *Schanz* VIII II 2², p. 69.

IVVENALIS:

Für die spätere Zeit grundlegende Textrezension von *Nicaeus,* einem Schüler des Servius. Die erhaltenen Scholien zerfallen in zwei Gruppen: Scholia Pithoeana (im cod. Pithoeanus [9. Jahrh.] und im Sangallensis [9. Jahrh.] ohne Text). Die Scholien bis 8, 193 veröffentlichte *G. Valla* (1486) fälschlich unter dem Namen des *Probus. Scholia Cornuti* in codd. deteriores erhalten. Der minderwertige Charakter dieser Scholien verbietet es, sie mit dem berühmten *Cornutus* in Verbindung zu bringen, wie denn schon dessen Lebenszeit gegen die Identität sprechen würde[(2)] Vergl. *Schanz,* VIII II 2², p. 183 f.

STATIVS:

SCHOL. Theb. 6, 364 (342): *de his rebus ... ex libris ineffabilis doctrinae Persei praeceptoris* (Cornutus?) *seorsum libellum composui [Caelius Firmianus Lactantius Placidus?]* Scholien zur *Achilleis.*

Vergl. *Schanz,* VIII III 2² p. 136 f.

---

(1) Vergl. Vita Persii: *librum imperfectum reliquit. versus aliqui dempti sunt ultimo libro et quasi finiturus esset, leviter correxit Cornutus et Caesio Basso petenti ut ipsi cederet tradidit edendum.* Dies beweist, daß Cornutus überhaupt keinen Kommentar zum Persius verfaßt hat.

(2) Es ist wahrscheinlicher, daß sowohl bei *Persius* (aus naheliegenden Gründen) als auch bei Juvenal (weil ebenfalls Satiriker?) der berühmte Name hinzugefügt wurde, wie bei Ps. Acro Horaz, Ps. PROBVS Vergil, als daß ein gleichnamiger Kommentator beider Dichter existiert haben sollte.

IV. Das Mittelalter.

1. Die Byzantinische Epoche (529—1453).

Im allgemeinen: *K. Krumbacher* (= Kr.), Gesch. der byzant. Literatur (in J. Müllers Handbuch IX 1) 1897², p. 499—604. 725—730. 1139—1142 (grundlegendes Meisterwerk), Kultur der Gegenwart, Theil I 8 (1905) p. 237—282 (Charakteristik); *Wilamowitz*, Eur. Heracl. I¹ 193—219[1]; *Sandys*, Hist. of Class. Scholarship, p. 385—439.

Lexica und Etymologica: Der Wert der überaus zahl-reichen Arbeiten dieser Art beruht lediglich auf den Resten antiker Gelehrsamkeit, die sie uns aufbewahrt haben, denn keine derselben zeichnet sich durch Originalität oder eigenes Studium der einschlägigen Quellen aus. Die bekanntesten sind: *Oros, Orion,* das *Etymologicum magnum genuinum, Etymologicum Gudianum,* das erweiterte *Etymologicum magnum,* die bilinguen Lexica des *Ps. Kyrillos* und des *Ps. Philoxenos, Hesychios* von Alexandrien (s. oben p. 62), Cυναγωγὴ λέξεων χρηcίμων ἐκ διαφόρων coφῶν τε καὶ ῥητόρων πολλῶν (Quelle des Suidas), sechs Lexica Segueriana, *Photios, Suidas* (s. u.).

Zur Literatur siehe besonders unter Pamphilos p. 63. Die verlorenen Etymologica verzeichnet *Fabricius*, Bibl. Gr. VI 601—605.

HESYCHIOS ILLVSTRIS von Milet (6. Jahrh.).

᾽Ονοματόλογος ἢ πίναξ τῶν ἐν παιδείᾳ ὀνομάcτων behandelte, nach Literaturgattungen geordnet, alle namhaften Schriftsteller Griechenlands. Hauptquellen waren: *Philon* von

_____

(1) p. 194: „Diese Byzantiner sind eigentlich gar nicht als Schreiber, sondern als Emendatoren aufzufassen, sie sind nicht die Kollegen der braven, stupiden Mönche, die treufleißig nachahmten, was sie nicht nur nicht verstanden, sondern auch nicht zu verstehen meinten, sondern sie sind unsere Kollegen. An ihren Zeit- und Sinnesgenossen in Italien müssen sie gemessen werden . . . Ihr Scharfsinn ist gar nicht gering, sie haben so manchen Vers für immer geheilt und noch viel öfter das Auge von Jahrhunderten geblendet."

Byblos und die Μουcικὴ ἱcτορία des Aelius *Dionysios* (siehe
oben p. 65 f.). Dieses reichhaltige Werk wurde von einem
Unbekannten in einen alphabetischen Auszug gebracht, der
von *Suidas* ausgebeutet wurde.[1]

Vergl. *Kr.*, p. 323–325; *H. Flach*, Rhein. Mus. XXXV p. 191–235.

PHOTIOS (c. 820 – c. 891).

Patriarch von Konstantinopel (858 – 867. 877 – 886). "Eine
der mächtigsten Gestalten, welche die Geschichte der griech.
Literatur kennt" *Krumbacher.* Die welthistorische Bedeutung
des Mannes beruht auf seiner Tätigkeit als Kirchenfürst. Der
Altertumswissenschaft gehören zwei Werke an:

Βιβλιοθήκη oder Μυριόβιβλον (vor 857 verfaßt). Enthält eine kritische Beurteilung von 280 Büchern (oft mit
längeren Exzerpten und Inhaltsangaben), die Photios angeblich
als Gesandter in Syrien in einem wissenschaftlichen Kreise
gelesen und besprochen hatte. Von metrischen Paraphrasen
der Bibel abgesehen, fehlen die Dichter vollständig, auch die
bedeutendsten Vertreter der Philosophie und Historiographie
(z. B. *Xenophon, Platon, Aristoteles, Thukydides, Polybios,
Plutarch*), doch las er viele Werke, die uns nicht mehr oder
nur fragmentarisch erhalten sind (z. B. *Ktesias, Theopomp,
Ephoros, Dionysios Halic., Diodor, Appian, Arrian, Cassius
Dio*). In den Exzerpten und in den vorzüglichen Charakte-
ristiken besteht der große Wert des Buches. Ob letztere
aber durchweg originell sind, muß nach Analogie seiner theologischen Schriften bezweifelt werden. Vermutlich war des
Hesychios Ὀνοματόλογος eine stark ausgebeutete Quelle.

Λέξεων cυναγωγή. Nach Andeutungen in der Βιβλιοθήκη (cod. 151–158) und den Untersuchungen moderner

(1) Wenn SVIDAS s. v. Ἡcύχιος sagt: οὗ ἐπιτομή ἐcτι τοῦτο βι-
βλίον, so hat er diesen Satz in seiner gedankenlosen Weise einfach
aus seiner Vorlage mit abgeschrieben, denn 1. ist die Behauptung
nachweisbar falsch, 2. würde ein Suidas kein so offenes Geständnis
abgelegt haben.

132 IV. Mittelalter.

Forscher ist dies Lexikon eine Kompilation aus *Harpokration*, einer Epitome des *Diogenianos* (Hesychios?), dem platonischen Glossarium des *Timaios*, dem homerischen des *Apion* und vor allem aus den atticistischen Lexica des *Dionysios, Pausanias* und *Phrynichos* (siehe p. 66. 70).

Vergl. Prolegomena in *Nabers* Ausgabe und im allgemeinen: *Fabricius*, Bibl. Gr. X 660–776. XI 1–37; *J. Hergenroether*, Photios, 3 Bde, Regensburg 1869 (Hauptwerk), bes. Bd. 3 p. 3–260 (Schriften des Photios); *Kr.*, p. 73–79 (Eberhard), 515–525; *Saintsbury*, I 175–187.

KONSTANTINOS VII. PORPHYROGENNETOS.

Byzant. Kaiser von 912(945)–959. Von den zahlreichen Werken, die wir weniger seiner Feder als seiner zielbewußten Anregung verdanken, ist für das Studium des Altertums das wichtigste die monumentale:

Enzyklopädie der Geschichte. In der Überzeugung, daß "ἐπ' ἄπειρόν τε καὶ ἀμήχανον ἡ τῆς ἱστορίας cυμπλοκή", ließ er eine historische Anthologie veranstalten, und zwar nach sachlichen Gesichtspunkten. Es waren 53 Abschnitte, von denen uns etwa 26 Titel bekannt sind, doch sind nur *vier* auf uns gekommen: 1. *περὶ πρεcβειῶν (ganz erhalten), 2. *περὶ ἀρετῆc καὶ κακίαc (etwa die Hälfte). 3. περὶ γνωμῶν und 4. περὶ ἐπιβουλῶν κατὰ βαcιλέωι γεγονυιῶν, in Exzerpten. Beachtenswert ist, daß einige der umfangreichsten Geschichtswerke, wie die des *Polybios, Dionysios* Halic., *Diodor* und *Cassius Dio,* schon den damaligen Exzerptoren nicht vollständiger zu Gebote standen als uns.

Vergl. *Kr.,* p. 252–264 (speziell p. 258–261); *C. Wachsmuth,* Einl. in das Studium der Gesch., p. 69–77; *L. Cohn* PW. IV 1037 –1040. Hauptausgabe von *de Boor, Boissevain* u. *Büttner-Wobst* Berlin, 4 Bde, 1903–1907.

SVIDAS.

"Pecus est Suidas, sed pecus aurei velleris" Justus Lipsius Lexikon (verfaßt zwischen 976 und 1028).[1] Teils

(1) d. h. nach Johannes I Tzimiskes (969–976) und vor dem Tode Konstantinos VIII (1025–1028). Vergl. SVIDAS s. v. 'Ἀδάμ. Au

Wörterbuch, teils Konversationslexikon. Trotz der großen
Nachlässigkeit und der schweren Versehen, die man dem
Suidas nachgewiesen, bleibt seine Kompilation dennoch ein
Werk von staunenswerter Gelehrsamkeit und ist für uns, bei
dem Verlust seiner vorzüglichen Quellen, von unschätzbarem
Werte, besonders für die Literaturgeschichte.[1] Wenn auch
eine reinliche Scheidung seiner direkten und indirekten Quellen
bisher nicht gelungen ist, so scheint doch die überwiegende
Masse seines Materials auf folgende Schriften zurückzugehen:

    1. *Lexica:* *Harpokration,* Aelius *Dionysios* und *Pau-*

dieselbe Zeit führt seine Erwähnung des *Simeon Metaphrastes* als
eines kürzlich Verstorbenen (ὁ μακαρίτης). Auf diese Indizien hat
zuerst aufmerksam gemacht *R. Bentley,* Diss. on the Epistles of Phalaris 1690, p. 89 W.

    (1) Von der Reichhaltigkeit dieser Enzyklopädie kann folgende
Zusammenstellung ein Bild geben. Im ganzen enthält das Werk
etwa 12000 Lemmata, davon über 900 biographischen Inhalts. Die
längsten Artikel sind *Origenes* (3½ Seiten bei Bekker), *Jesus* (3),
Homer (2½), *Pythagoras* (2½), *Dionysios Areopagites* (2), *Demosthenes* (1½). Zitate finden sich insgesamt aus c. 400 Schriftstellern,
in einigen Fällen mit gänzlicher Unterdrückung des Namens, so z. B.
bei Artemidoros, dem Historiker Herodian, dem Periegeten Pausanias, Diogenes Laertios, Theodoretos, Sophronios. Über 50 mal
zitiert werden: *Kratinos* (mit 21 Titeln), *Euripides* (mit 21), *Kallimachos,
Athenaios, Appian.* Über 100 mal: *Herodot, Lysias* (mit 28 Reden),
Aristoteles, Menander (mit 49 Titeln), *Iosephos, Dio Cassius, Proko-
pios.* Über 200 mal: *Hesiod, Thukydides, Xenophon, Platon, Iohannes
Damascenus, Diogenes Laertius* (270 Übereinstimmungen), *Theodoret.*
Über 300 mal: *Demosthenes* (mit 51 Reden). Über 400 mal: *Homer,
Aelian.* Am häufigsten benutzt werden, von den biblischen Schriften
abgesehen, *Sophokles* (c. 800 mal, mit 31 Titeln), *Polybios* (670 mal),
Anthologie (965 mal), und allen voran *Aristophanes* (3401 mal, mit
17 Titeln). Auch die Römer gehen nicht ganz leer aus, doch werden
von Autoren nur *Ennius, Fabius Pictor* (der aber griechisch schrieb),
Asinius Pollio, Livius, Suetonius (Schriftenverzeichnis) und *Juvenal,*
sehr kurz und nicht ohne arge Versehen behandelt, vergl. z. B. s. v.
Κορνοῦτος: δύω cυγγράφεε Ῥωμαίων ἥcτην, Τίτος Λίβιος, οὗ διαρρεῖ
πολὺ καὶ κλεινὸν ὄνομα καὶ Κορνοῦτος usw.; die Artikel Ἀcίνιος Πωλίων u. Πωλίων ὁ Ἀcίνιος.

sanias die Atticisten, *Helladios, Eudemos,* Glossarien zu *Herodot, Euripides, Menander, Kallimachos,* rhetorische Lexica und vor allem eine Epitome des *Hesychios* von Alexandrien und eine Cυναγωγὴ λέξεων χρησίμων, die auch Photios benutzte.

2. *Scholien* und *Kommentare: Aristophanes* (in einer vollständigeren Fassung als die erhaltenen), *Homer* (ähnlich denen des Venetus B), *Thukydides, Sophokles* (hauptsächlich zum Oed. Tyr. Oed. Colon. und Aias), *Philoponos* und *Alexandros* von Aphrodisias zu Aristoteles.

3. *Historiker: Herodot, Thukydides, Xenophons* Anabasis, *Polybios, Iosephos, Arrian, Aelian, Byzantiner.* Doch dürfte Suidas diese Autoren fast ausschließlich in der historischen Anthologie des *Konstantinos* (siehe oben) gelesen haben. Für die christlichen Schriftsteller scheint *Georgios Monachos,* obwohl er ihn nirgends nennt, seine Hauptquelle gewesen zu sein.

4. *Literaturgeschichte:* Hier hat Suidas vor allem des *Hesychios* Ὀνοματόλογος ausgeschrieben.[1] Auch *Athenaios* (B. I und II in der noch unverkürzten Fassung) und *Diogenes Laertios* (s. o. p. 133[1]) sind vielfach benutzt.

Vergl. *Fabricius,* Bibl. Gr. VI 389—400. 419—595; *G. Bernhardy* Proleg. zu Suidae Lexicon, vol. I p. XXVII—LXXXII; *A. Daub,* Studien zu den Biographica des Suidas, Tübingen 1883, p. 124—153 (Suidas u. Hesychios), Fleck. Jahrb., Suppl. Bd. XI p. 403—490; *D. Volck- mann,* de Suidae biographicis, Bonn 1861, Symbola phil. Bonnens. in honorem Ritschelii, Lpz. 1867, p. 715—731; *C. Wachsmuth,* ebenda p. 135—153; *E. Rohde,* γέγονε in den Biographien des Suidas in Rhein. Mus. XXXIII (1878) p. 161—220. 638—639. XXXIV p. 620—62

---

(1) Daß eine solche Abhängigkeit mitunter eine gewisse Selbständigkeit nicht ausschließt, zeigt in eklatanter Weise der bissige Ausfall in dem Artikel 'Lucian'. Gegen eine ausgedehnte selbständige Lektüre von seiten des Suidas spricht deutlich die fast völlig Ignorierung des Lucian (er zitiert ihn nur 5 mal, aber nie mit Namen) sowie vor allem die des Plutarch und Lykophron, drei der beliebteste Schriftsteller in der Byzantiner-Zeit.

(= Kleine Schrift. I p. 114–184); *R. Roellig,* Quae ratio inter Photii et Suidae lexica intercedat, Diss. Halle 1887, pp. 66; *Kr.* p. 562–570; *G. Wentzel,* Berichte der Berl. Akad. 1895, p. 477–487.

IOHANNES TZETZES, c. 1110–c. 1185.

Tzetzes zeichnet sich aus ebenso durch eine achtunggebietende Belesenheit, unleugbaren Fleiß und vielseitige Sammlertätigkeit, als durch Unzuverlässigkeit, Geschmacklosigkeit und abstoßende Selbstüberhebung.[1]

Antiquarisch-historische Arbeiten: Βίβλος ἱστοριῶν, 600 Kapitel in 12674 politischen Versen, gewöhnlich *Chiliades*[2] genannt. "Ein ungeheurer, versifizierter Kommentar zu den eigenen Briefen" *Krumb.* Das Werk enthält eine konfuse Sammlung literarischer und geschichtlicher Details. Die Chiliaden wurden ihrerseits mit Scholien vom Verfasser selbst versehen. *Allegorien*[3] euhemeristischer Art zur *Ilias* und *Odyssee* in c. 10000 Versen. Kommentar mit Scholien zur *Ilias. Carmina Iliaca* (Antehomerica, Homerica, Posthomerica), ebenfalls mit Scholien. Ausgeschrieben sind Tryphiodoros, Quintus Smyrnaeus und Joh. Malalas. *Theogonia,* ein mythologisches Handbuch in Versen.

Kommentare und *Scholien:* Zu *Hesiods* Opera et Dies und Ἀσπίς. Ausgeschrieben ist *Proklos,* der seinerseits den *Plutarch* ausbeutete (siehe oben p. 63). Da ersterer nur in Bruchstücken, letzterer gar nicht erhalten ist, so kommt dieser Arbeit ein selbständiger Wert zu. Zu *Aristophanes:* Auf uns gekommen sind Scholien zu Wolken, Frösche, Plutos und ὑποθέσεις zu Ritter und Vögel. Besonders berühmt wurde

(1) Chil. 1, 277 οὐδὲ γὰρ μνημονέστερον τοῦ Τζέτζου θέος ἄλλον | Ἄνδρα τῶν πρίν τε καὶ τῶν νῦν ἐξέφηνεν ἐν βίῳ. Alleg. ad Iliad. 15, 87 Ἐμοὶ βιβλιοθήκη γὰρ ἡ κεφαλὴ τυγχάνει | Βίβλοι δ' ἡμῖν οὐ πάρεισι δεινῶς ἀχρηματοῦσιν.

(2) So vom ersten Herausgeber *Gerbel* (1546), der zur Erleichterung des Zitierens 13 Verstausende annahm.

(3) Ὁ Ὅμηρος, ὁ πάνσοφος, ἡ θάλασσα τῶν λόγων. Siehe oben p. 42[1].

eine Notiz zum Plutos (Scholion Plautinum), siehe oben p. 24.
Diese Scholien sind vielfach identisch mit anderen anonym
erhaltenen.   Zu *Lykophrons* Alexandra: die einzige er-
haltene Erklärung dieses dunkelsten Gedichts der griech.
Literatur. Siehe oben p. 84.   Zu den Halieutika des *Oppian.*
Aus Zitaten kennen wir auch Scholien zu *Nikandros.* Andere
Schriften bei *Kr.* op. cit.

Vergl. *Fabricius,* Bibl. Gr. XI 229—259; *H. Giske,* de Ioh. Tzetzae
scriptis ac vita, Rostock Diss. 1881, pp. 92; *G. Hart,* de Tzetzarum
nomine, vitis, scriptis, Suppl. Bd. Jahrb. f. Phil. XII (1881) p. 1—75;
Chr. Harder, de Ioh. Tzetzis historiarum fontibus quaest., Kiel 1886,
pp. 89.   Weitere Literatur bei *Kr.* p. 526—536.

EVSTATHIOS.

Erzbischof von Thessalonice, 1175.   Seine philologischen
Arbeiten wurden vor diesem Jahr in Konstantinopel verfaßt.

Kommentare zur *Ilias* und zur *Odyssee* (παρεκ-
βολαί), mit Proömien über Homerische Poesie überhaupt
und über Homer selbst.   Jedem Gesang geht eine kurze Inhaltsangabe voran.   Wie man den Wert dieses großartigen
Sammelwerkes heute wegen seiner Weitschweifigkeit und
seines Mangels an Originalität zu unterschätzen geneigt ist,
so hat man es früher in Nichterkenntnis seiner Unselbständig-
keit und vor der Veröffentlichung der Scholien des Venetus
A. gleich sehr überschätzt.   Seine Hauptquellen sind: *Homerscholien,* 'Lexica rhetorica' (d. h. Atticisten, wie Dionysios und
Pausanias), das echte *Etymologicum Magnum, Suidas,* sodann
Strabon, Stephanos von Byzanz (in vollständiger Form), *Herakleides* von Milet, *Sueton* (griech. Schriften) und *Aristophanes*
von Byzanz, aber kaum in einem Originalwerk.[1]

Kommentar zu *Pindar:* Davon ist nur erhalten das
sehr wertvolle Proömium, über lyrische bezw. Pindarische

---

(1) Anonymi abgerechnet, zitiert Eustathios über 400 Schriftsteller, am häufigsten, von *Homer* abgesehen, *Hesiod, Aischylos,
Aristophanes, Herodot, Euripides, Lykophron, Strabo,* Aelius *Dionysios,* allen voran *Sophokles* (über 200 mal).

Poesie, die Olympischen Spiele und das *Leben Pindars,* von
den vier überlieferten Bíoι des Dichters der beste.

Scholien und Paraphrase des **Dionysios Periegetes.*

Vergl. oben unter Aristophanes, Sueton (p. 31. 35. 111), *Fabricius,* Bibl. Gr. I 457—501 (index auctorum ab Eustathio laudatorum);
Stallbaums Ausgabe des Homer. Kommentars, vollständiger Index,
pp. 508; *Naber,* Proleg. zu Photios I p. 48 ff.; *H. Schrader, E. Schwabe,*
opp. citt. (p. 65. 66); *L. Cohn,* de Heraclide Milesio, in Berl. Stud.
I (1884) p. 603—718; *Kr.,* p. 536—541; *M. Neumann, E.* als kritische
Quelle für den Iliastext in Jahrb. Suppl. Bd. XX (1893) p. 143—340.

MAXIMVS PLANVDES 1260—1310.

Lebte in Konstantinopel und ging im Jahre 1296 als Gesandter nach Venedig.   Er ist einer der ersten byzantinischen
Philologen, der des Lateinischen kundig war.   Auch kennen wir
keinen vor oder nach ihm, der auch nur annähernd eine so
ausgedehnte Tätigkeit als Übersetzer römischer Schriftsteller
aufweisen könnte.[1]   Planudes scheint auch der erste gewesen zu sein, der das indische (arabische) Ziffersystem in
Europa einführte, wie er überhaupt philologische und mathe-
matische Kenntnisse vereinigte.

Περὶ γραμματικῆς, περὶ cυντάξεωc.   Scholien zu *Theokrit*
und dem Rhetor *Hermogenes.*   Eine prosaische Bearbeitung
der *Aesopischen Fabeln* mit einer *Vita,* im Mittelalter ein
sehr populäres Volksbuch.   Doch ist die Autorschaft des Planudes sehr zweifelhaft.

Sammlungen: *Sprichwörter* Cυναγωγὴ ἐκλεγεῖcα
ἀπὸ διαφόρων βιβλίων (Exzerpte aus Plato, Aristoteles, Strabo,
Pausanias, Cassius Dio, Synesios, Dio Chrysostomos, Lydus u. a.).
Diese Miscellanea sind für die Textkritik der betreffenden

---

(1) Von solchen Prosa-Übertragungen (μεταφράcειc) vor Planudes sind uns nur folgende bekannt: Eclogen des *Vergil,* von einem
gewissen *Arrianos,* alle Werke des Dichters von *Polybios,* dem Freund
des Philosophen Seneca, die *Historiae* des *Sallust* von Zenobios, das
Breviarium historiae Romanae des *Eutropius* von *Capito* und von
*Paionios.

Autoren wertvoll. *Anthologia Planudea*. Bis 1606, in welchem Jahre *Salmasius* die *Anthologia Palatina* entdeckte, war jene die einzige Quelle für die Sammlung des *Kephalas*. Die Anthol. Plan., obwohl kürzer[1], enthält aber zahlreiche Epigramme, die in der Palatina fehlen, und bietet vielfach bessere Lesarten.

Übersetzungen: **Caesars* de Bell. Gall. **Disticha Catonis* **Ovids* Metamorphosen und *Heroides* (letztere auf Grund einer wertvollen, jetzt verlorenen Hs) **Ciceros* Somnium Scipionis **Donatus'* Ars minor **Augustinus,* de trinitate und **Boethius,* de consolatione philosophiae, seine gelungenste Leistung. Die poetischen Partien sind in denselben Versmaßen übertragen.

Vergl. *Fabricius,* Bibl. Gr. XI 682—693; *A. Gudeman,* de Heroidum Ovidii codice Planudeo, in Berl. Stud. VIII (1888) pp. 90, Amer. Philol. Assoc. XX (1889) p. 6 ff.; *M. Treu,* Kommentar zu Planudis Epistulae, Breslau 1890; weitere Literatur bei *Kr.* p. 543—546. 727 f. 897. 907.

MANVEL MOSCHOPVLOS.

Schüler des Planudes. Er verfaßte eine vielbenutzte, auf Dionysios Thrax beruhende Schulgrammatik, Ἐρωτήματα γραμματικά, deren großer Einfluß nicht nur in den ähnlichen Arbeiten des Chrysoloras, Chalkondyles, Gaza deutlich hervortritt, sondern sich bis auf die Grammatik des *Melanchthon* verfolgen läßt. Außerdem gab M. eine ansehnliche Zahl von Schülerkommentaren zu klassischen Schriftstellern heraus, deren wissenschaftlicher Wert aber hinter dem pädagogischen weit zurücksteht. Z. B. zur Ilias A und B, zur Batrachomyomachia, zu Hesiod, Pindars Olympioniken, Euripides, Theokrit, Philostratos' Imagines und Heroicus.

Vergl. *L. Voltz,* Fleck. Jahrb. CXXXIX (1889) p. 579—599 (Einfluß der Ἐρωτήματα); *K. Hartfelder,* Ph. Melanchthon, Berlin 1889, p. 225 ff.; *M. Treu,* Planudis Epist. p. 208—212 (Lebenszeit).

---

(1) Planudes nahm die anstößigen Stellen nicht auf.

THOMAS MAGISTER (Zeitgenosse des Planudes).

Seine philologischen, wohl ausschließlich für die Schule bestimmten Arbeiten erhalten ihren einzigen Wert durch Zitate aus verlorenen Schriften.

Ἐκλογὴ ὀνομάτων καὶ ῥημάτων Ἀττικῶν. Quellen: ältere Wörterbücher, wie die des Phrynichos, Ammonios, Moeris und die auch von Suidas benutzte Cυναγωγὴ λέξεων χρηϲίμων u. a. Meist wertlose Scholien zu *Aischylos, Sophokles, Euripides, Aristoph.* Wolken, Frösche, Plutos.

Vergl. *Fr. Ritschl,* Th. Magistri ecloga, Halle 1832 mit ausführlichen Prolegomena; *K. Zacher,* op. cit. (p. 80).

DEMETRIOS TRIKLINIOS (Anfang des XIV. Jahrh.).

"Der erste moderne Textkritiker" *Wilamowitz.*

Scholien zu *Pindar,* mit zwei metrischen Traktaten und einer Paraphrase. Zu *Hesiod* und *Aischylos* (mit Ausnahme der Supplices und Choephoren), in des T. eigener Hs erhalten. Zu *Euripides*' Hecuba, Orestes, Phoenissae, *Aristophanes* und *Theokrit.* Vor allem aber eine Textrezension des *Sophokles,* mit Kommentar und Exkursen περὶ μέτρων οἷϲ ἐχρήϲατο Cοφοκλῆϲ und περὶ ϲχημάτων. Diese Ausgabe hat einen großen und schädlichen Einfluß auf die moderne Sophokles-Forschung ausgeübt, bis man die radikale Textkritik und das verfehlte metrische System des T. erkannte.

Vergl. *Lehrs,* Pindarscholien, p. 78–96; *Zacher,* op. cit.; *Wilamowitz,* Eur. Heracl. I¹ 194f. (Charakteristik des T.), Hermes XXV (1890) 161–170 (Aischylosscholien); *Kr.* p. 554f.

2. Das abendländische Mittelalter.

Philologische Leistungen im eigentlichen Sinne haben die etwa 8 Jahrh. von Isidorus bis Dante nicht aufzuweisen.[1] Die Beschäftigung mit den heidnischen Autoren war nirgends

---

(1) Denn die grammatischen Schulschriften eines Beda, Aldhelm, Alcuin oder die Epitome des Festus von Paulus Diaconus wird man wohl kaum als solche betrachten können.

Selbstzweck, sondern ging in erster Linie aus dem Bedürfnis
hervor, die lateinische Sprache nach berühmten, formellen
Mustern zu erlernen.   Die gelesensten Schrifsteller im Mittelalter, von den Kirchenvätern und Grammatikern wie *Donat*
und *Priscian,* oder *Isidorus* abgesehen, waren: *Terenz, Vergil, Ovid,* die sogenannten *Disticha Catonis,* der Philosoph
Seneca, Lucan, Persius, Statius' Thebais, *Homerus Latinus*
(Pindarus Thebanus), *Juvenal, Dictys* Cretensis und *Dares*
Phrygius, *Martianus Capella, Boethius,* demnächst *Horaz, Curtius, Phaedrus, Suetonius.* Des Griechischen waren nur wenige [1]
Gelehrte kundig und auch diese, mit Ausnahme des Ioh. *Scotus,*
in sehr geringem Grade.   Selbst *Aristoteles,* der die Ge-
dankenwelt der ganzen Epoche beherrschte, war bis zum
12. Jahrh. ausschließlich in lateinischen Übertragungen, meist
sogar aus dem Arabischen, zugänglich.   *Plato* kannte man
fast nur aus dem *Timaios,* in der Übersetzung des *Chalcidius*
(5. Jahrh.), und etwa aus *Apuleius* de dogmate Platonis.

Die Erhaltung der römischen Literatur verdanken wir
zum größten Teil der Ordensregel, die den Mönchen das
Kopieren von Hss zur Pflicht machte.   Die berühmtesten
scriptoria und Klosterbibliotheken waren: *Monte Cassino* (gegründet 529), *Bobbio* (612) in Italien; *St-Gallen* (614), *Rei-
chenau* (724), *Fulda* (744), *Lorsch* (763), *Hersfeld* (768),
Corvey (822), *Hirschau* (830) in Deutschland; Fleury (620),
Ferrières (630), *Corbie* (662), *Cluny* (910) in Frankreich.   Die
Athos-Klöster [2].   Um die Verbreitung klassischer Schriften

---

(1) z. B. Beda, Ioh. Scotus Erigena, Aldhelm, Einhard, Alcuin,
Dungal, Clemens, Hrabanus Maurus, Odo von Cluny, Papst Silvester
II (Gerbert), Roger Bacon.   Nach Alcuin stammt ὑποκριτής 'Heuchler'
von *hippo* 'falsch' und *chrisis* 'Urteil'!

(2) Die ersten Klöster wurden c. 880 errichtet, der eigentliche
Gründer der Klosterkolonie war Athanasios, um 968.   Die Zahl der
Hss beläuft sich auf etwa 13 000, doch sind nur wenige nicht theolo-
gische darunter, wie z. B. die Fabeln des *Babrios.*   Katalog von
Lampros, 2 Bde, Cambridge 1895—1900.

haben sich besonders *irische* Mönche (z. B. *Columbanus, Dungal, Gallus*) unsterbliche Verdienste erworben.

Vergl. *G. Kaufmann,* Rhetorenschulen und Klosterschulen, in Raumers Histor. Taschenbuch, 4. Folge, Bd. 10 (1869); *L. Traube,* Textgesch. der regula S. Benedicti, in Abhandl. der Münch. Akad. XXI (1898), p. 601 ff. und im allgemeinen: *A. H. L. Heeren,* Gesch. der class. Literatur im Mittelalter, 2 Bde., Göttingen 1822; *F. Cramer,* de graecis per occidentem studiis inde a primo medio aevo usque ad Carol. Magn., 2 Teile, Sundiae (Stralsund) 1848. 1853; *F. Haase,* de medii aevi studiis philologis, Breslau 1856, pp. 45; *E. Egger,* L'Hellénisme en France I 1—87; *A. Ebert,* Gesch. der Lit. des Mittelalters im Abendlande I² (1889) II (1880) III (1887). Biographien und Inhaltsangaben; *A. Tougard,* L'Hellénisme dans les écrivains du moyen âge, Paris 1886; *J. Mullinger,* The schools of Charles the Great and the restoration of education in the 9th century, London 1877; *F. A. Specht,* Geschichte des Unterrichtswesens in Deutschland bis zur Mitte des 13. Jahrh., 1885; *Rashdall* (s. u. p. 160. 164), *Kaufmann* (s. u. p. 186); *H. Masius,* in Schmid's Gesch. der Erziehung II 1 (1892); *F. A. West,* Alcuin and the schools of the West, 1892; *C. J. B. Gaskoin,* Alcuin, his life and his work, London 1904.   *M. Roger,* L'enseignement des lettres classiques d'Ausone à Alcuin, Paris 1905, pp. 454, sehr wertvoll (Bibliographie p. IX—XVIII); *W. Schultze,* Die Bedeutung der iroschottischen Mönche usw., in Centralbl. f. Bibliothekswesen VI (1884), p. 185 ff., 233 ff., 281 ff.; *H. Zimmer,* Über die Bedeutung des irischen Elements für die mittelalterliche Cultur, in Preuss. Jahrb. LIX (1887), p. 26 ff.;

H. O. Taylor, The classical heritage of the Middle Age, 1902; *J. B. Clark,* Libraries in the medieval and Renaissance periods, 1894; *G. H. Putnam,* Books and their makers during the Middle Ages, 2 Bde. 1896/7 (besonders I p. 16—146. 403—459); *M. Manitius,* Philologisches aus alten Bibliothekskatalogen, in Rhein. Mus. Suppl. Bd. XLVII, pp. 152. Analecten zur Gesch. des Horaz im Mittelalter bis 1300, Göttingen 1893.   *B. Hauréau,* Histoire de la philosophie scolastique, 2 Bde, 1880² (Hauptwerk); *G. H. Luquet,* Aristote et l'université de Paris pendant le XIIIᵉ siècle, 1894.   *C. Bursian,* Gesch. d. class. Philol. in Deutschl., 1883, p. 8—90; *E. Norden,* Die antike Kunstprosa II (1898), p. 659—731, Literaturnachweise p. 666 f.; *J. E. Sandys²,* History of Class. Scholarship, p. 441—678, mit reichhaltigen Literaturangaben (besonders: Über das Studium des Aristoteles, p. 524—608 und "The Survival of the Latin Classics", p. 616 —665).

Die ältesten Hss der wichtigsten klassischen Autoren.

Vergl. *E. Hübner*, Bibliographie usw. 1889[2], pp. 45–54 (Hssfrag-
mente bis 8. Jahrh.). 57–64 (handschr. Verbreitung der klassischen
Literatur); *W. Freund*, Triennium Philologicum Bd. I[3] (1906), p. 145
–219 (Bibliothekskataloge, Papyri, Schriftsteller und Schriftenverzeichnis, Haupthss nur gelegentlich angegeben).   Verzeichnisse
der *literarischen Papyri*[1]: *W. Wattenbach*, Anleit. zur griech. Paläographie, Lpz. 1895[1], p. 9–22; *P. Couvreur*, Revue de philol. XX
(1896), p. 165–174; *C. Haeberlin*, Centralbl. f. Bibliothek. XIV (1897),
p. 1–13. 201–225. 263. 283. 337–361. 381–412. 473–499. 585 f.;
M. Ihm, ebenda XVI (1898), p. 341 ff. (die latein. Papyri); *F. G. Kenyon*,
The Palaeography of Greek Papyri, Oxford 1899, p. 129–148; Archiv
f. Papyrusforsch. I (1900), p. 104–120. II 502–539 (Croenert). III (1904),
p. 257–299 (Blaß); *Seymour de Ricci*, in Revue des études Grecques
XVIII (1905), p. 303–382; *K. Schmidt*, Das humanist. Gymn. XVII
(1906), p. 33–48.   Die ausführlichen Berichte von *Viereck*, Bursian's
Jahresb. 1898, p. 135–186. 1899, p. 244–311, und *P. Hohlwein*, La
papyrologie Grecque, Louvain 1905, pp. 169, schließen die literarischen Papyri aus.   *E. Chatelain*, Les palimpsestes Latins, Paris
1904, Paléographie des Classiques Latins, 1884–1900 (mehr als
300 Faksimiles).

Dem Alter nach kommen die *Papyri* an erster Stelle,
sodann folgen in weitem Abstand die *Palimpseste*[2], wiederum
Jahrhunderte später unsere *Pergamenthss*.   Die überaus
zahlreichen Papyrusfragmente[3] *erhaltener* Schriftsteller, obwohl sie oft um ein Jahrtausend älter sind als unsere Hss,
haben insgesamt einen äußerst geringen Ertrag für die Text-

---

(1) Ihre Entdeckung auf *ägyptischem* Boden verdanken wir
Flinders Petrie und vor allem *Grenfell* und *Hunt*.   Die Gesamtzahl
inhaltreicher Papyri ist bereits so groß, daß sie einen neuen Zweig
der Altertumswissenschaft – die Papyrologie – ins Leben gerufen hat.

(2) Den syrischen Palimpsest der Ilias (4. Jahrh.), Eurip. Phaethon u. Demosthenes Fragm. ausgenommen, haben sich nur lateinische Klassiker in 'codices rescripti' gefunden.

(3) Unter diesen sind bis jetzt nur sehr wenige lateinische Bruchstücke aufgetaucht, z. B.: Epitome des Livius (aus Buch 37–40. 48
–55), *Sallusts* Catilina (aus Oxyrhynchos), Carmen de bello Actiaco
(67 Verse) aus Herculaneum.

kritik abgeworfen — ein ebenso erfreulicher wie schlagender Beweis für die relative Vorzüglichkeit unserer Überlieferung.

Der nicht minder gewaltige Zuwachs an *neuen* literarischen Texten kommt hauptsächlich der griech. Lyrik, (z. B. Archilochos, Sappho, Pindar, Bakchylides, Timotheos, Kallimachos, Herondas) und dem Drama (Euripides, Menandros) zugute, doch sind auch größere Bruchstücke philologischer Werke zutage getreten, z. B. aus Kommentaren: *Didymos* zu *Demosthenes,* Anonymi zu *Platos* Theaetet und *Thukydides;* aus den ΚεϹτοί des *Iulius Africanus,* aus der Grammatik des *Tryphon,* ὑποθέϹειϹ eines *Mimus* und des ΔιονυϹαλέξανδροϹ des *Kratinos.*

Der bequemeren Übersicht wegen folgt zunächst ein kurzes Verzeichnis der *ältesten* Hss in *chronologischer*[1] Reihenfolge bis zum 12. Jahrh., darauf ein genaueres der *wichtigsten* Hss nach *Autoren* geordnet.

1. 4. Jahrh. v. Chr.: Timotheos' Persae.

3. Jahrh. v. Chr.: Zahlreiche Homerfragmente, Eurip. Antiope (123 vss), aus Platos Phaidon u. Laches.

2./1. Jahrh. v. Chr.: Alkman Fragment.

1./2. Jahrh. n. Chr.: Bakchylides, Aristoteles' Ἀθηναίων πολιτεία, Herondas, sechs Reden des Hypereides, Demosthenes Fragm., Herculanensische Rollen (Philodem, Epikur, Carmen de bello Actiaco), terminus ante quem 79. Menanders ΓεωρΥόϹ (87 vss.), Περικειρομένη (51 vss.), ΚόλαΞ (101 vss.), codex Menandri (c. 1200 vss.)[2], Paeane Pindars[2], Hipponax (28 vss.), aus den ΚατάλοΥοι des Ps. Hesiod, große Bruchstücke aus einem Historiker[2] (Theopomp?), Sallust.[2]

4./5. Jahrh.: Syrisch-griech. Palimpsest der Ilias (im Brit. Museum) mit 3873 Vs. (aus Μ—Π. Ϲ—Ω), cod. Ambrosianus der Ilias (Bruchstücke). Ebenfalls Palimpseste: Eur. Phaethon frg., Plautus, Cic. de rep., 6 Reden, Lucan, Sall. Hist., Fronto und Gellius Fragm. Terenz, Archetypus des Lucrez, Fragm. Vergil.

---

(1) Die Zeitbestimmungen sind oft nur approximativ. Fragmente geringeren Umfangs, obgleich oft sehr frühen Datums, sind hier übergangen. Hingegen habe ich einige jetzt verschollene Hss verzeichnet, deren Zeit sich bestimmen läßt.

(2) Noch nicht veröffentlicht.

5. oder 5./6. Jahrh.: Homer, Vergil, Livius u. Gaius Palimpseste, Cassius Dio. Dioskorides und cod. Arcerianus der Gromatici (Guelpherbytanus) berühmte Bilderhss.

6. Jahrh.: cod. Rom. des Vergil.

8./9. Jahrh.: Cicero (Reden), Horaz, Seneca phil., Martial.

9. Jahrh.: Plato Terenz, Lucrez, Cicero, Sallust, Livius, Ovid, Val. Max., Columella, Persius, Lucan, Seneca phil., Plinius d. Ältere, Curtius, Statius' Thebais, Silius Italicus, Plinius d. Jüngere, Juvenal, Tacitus, (ann. I–VI) Suetonius, Florus, Claudianus.

9./10. Jahrh.: Properz (fragm.), Caesar, Cicero, Horaz, Livius, Phaedrus, Persius, Lucan, Seneca phil., Val. Flaccus, Martial, Justinus, Ammian.

10. Jahrh.: Thukydides, Lysias, Xenophon, Isokrates, Demosthenes, Plato, Aristoteles, Dionysios, Diodoros, Plutarch, Lucian, Appian, Athenaios. Caesar, Catullus, Cicero, Sallust, Livius, Ovid, Lucan, Persius, Curtius, Plinius d. Ältere, Quintilian, Statius, Juvenal.

11. Jahrh.: Homer, Hesiod, Pindar, Aischylos, Sophokles, Herodot, Aristophanes, Aratos, Apollonios Rhodius, Polybios, Cassius Dio. Caesar, Sallust, Livius, Ovid, Tacitus (ann. XI–XVI. hist. I–V), Apuleius.

12. Jahrh.: Hesiod, Pindar, Euripides, Plato Properz, Nepos, Varro ling.

II. Homer: Venetus A (saec. X/XI) u. B.   Hesiod: Parisinus 2771 (saec. XI)   Mediceus (Florenz) 31, 39. 32, 16 (saec. XII/XIII). Pindar: Ambrosianus (Mailand) A (s. XII) nur Olymp. Vaticanus 1312 (Ursinus) B (s. XII).   Aischylos: Mediceus (Laurentianus) 32, 9 (s. XI), auch Sophokles und Apollonios Rhodius enthaltend. Sophokles: Mediceus 32, 9 (s. o.) Parisinus 2712 (s. XIII).   Euripides: Marcianus (Florenz) 471 (s. XII) 5 Dramen Vaticanus 909 (s. XII) 9 Dramen Parisinus (s. XIII) 6 Dramen. Florentinus (s. XIV) alle 19 Dramen.   Herodot: Laurentianus 73, 5 (s. XI), Vaticanus 123 Parisinus 1633.   Aristophanes: Ravennas 180 (s. XI) Venetus A 474 (s. XII) ohne Ach. Eccl. Thesm. Lysist. Parisinus 2712 (s. XIII).   Thukydides: Laurentianus 69, 2 (s. X) Monacensis 430 Vaticanus 126 (s. XI).   Antiphon, Andokides, Isaios, Lykurgos: Crippsianus im Brit. Museum (s. XIII).   Lysias: Palatinus in Heidelberg (s. X). Stammkodex der anderen erhaltenen Hss.   Isokrates: Vaticanus-Urbinas (s. X) Vaticanus 65 Laurentianus 87, 14 (s. XIII).   Xenophon: Parisinus 1640 (s. X) für Anab. Cyrop. Parisinus 1738 für Hellenica. Parisinus 1302 (s. XIII) für Memorab. I. II, Parisinus 1740 vollständig. Aischines: Zwei

Hauptklassen (Hss sehr zahlreich). Demosthenes: Parisinus Σ (s. X) Monacensis 485 ⟨A⟩ (s. X/XI) Marcianus 416. 418 (s. X/XI). Platon: Clarkianus (Bodleianus) aus Patmos (geschr. 895) enthält die vier ersten Thrasylleischen Tetralogien. Venetus (s. XII) mit den sechs ersten Tetralogien. Parisinus A 1807 (s. X) mit den beiden letzten Tetralogien. Aristoteles: Marcianus 201 (955 n. Chr.) Urbinas 35 für Organon. Parisinus 1853 (s. XII) für die Physica und die Metaphysik. Parisinus 1741 (s. X) einzige Hs für Poetik u. Rhetorik. Laurentianus 81, 11 (s. X) für die Ethik. Die anderen, sehr zahlreichen sind ziemlich jungen Datums. Aratos: Marcianus (s. XI). Apollonios Rhodius: siehe Aischylos. Guelpherbytanus (s. XIII) in Wolfenbüttel. Kallimachos Hymnen (zusammen mit den *Homer.* Hymnen): Mosquensis (s. XIV) in Moskau. Theokrit: Ambrosianus 222 ⟨K⟩ (s. XIII), Idyll. 1—17. 29. Vaticanus 915 (s. XIII), Idyll. 1—18 (von hohem Wert für 1—12). Polybios: Vaticanus 124 (s. XI). Strabo: Parisinus 1397 für I—IX. (s. XII) Parisinus 1393 für I—XVII (s. XIII) jedoch mit großen Lücken. Dionysios von Halikarnassos: Urbinas (s. X), Chisianus (s. X) für die Archäologie. Parisinus 1741 (s. XI) für die rhetor. Schriften. Diodoros: Kodex aus Patmos (s. X) für XI—XVI. Vindobonensis 79 (s. XI) für I—V. Parisinus 1665 (s. XII) für XVI—XX. Plutarch: Sangermanensis 319 (s. X), Palatinus 283 (s. XI) Seidenstettensis für die Vitae. Parisini 1675. 1955. 1956. 1672 Urbinas 97 Vindobonensis 148 für die Moralia. Arrian: Parisinus 1683. 1753 für Anabasis und Indica. Appian: Vaticanus 141 (s. X). Lukianos: Vaticanus 90 (s. X), Harleianus (s. X) im Brit. Mus., Vindobonensis 123 (s. XI). Athenaios: Marcianus (s. X). Cassius Dio: Laurentianus 70, 8 (s. XI), Marcianus 395 (s. X).

Plautus: Ambrosianus (A) Palimpsest[1] (s. IV/V). vetus codex Camerarii B (s. XI) mit 20 Komödien. 1622 von Heidelberg in den Vatikan gebracht. cod. alter Camerarii, genannt Decurtatus (s. XII), mit den letzten zwölf Stücken (von Bacch. bis Trucul.). Kam ebenfalls nach Rom, ist aber seit 1815 wieder in Heidelberg. Terenz: cod. Bembinus (s. IV/V). Die anderen, meist s. X, gehen auf die minderwertige Rezension des *Calliopius* (s. IV/V) zurück. Berühmte Bilderhs Vaticanus C 3868. Cato de agricult.: Kollation des Politianus eines jetzt wieder verschollenen cod. Marcianus. Parisinus

---

(1) Fehlt gänzlich für Amphit. Asin. Aul. Curc., dürftige Reste von Capt. Cist. Vidul. (nur hier), fast vollständig Pseud. Stich., von den übrigen zwölf ist etwa die Hälfte erhalten.

6842 (s. XII/XIII) ältestes Apographon des Marcianus.   Lucretius: VossianusF30 Oblongus⟨O⟩(s.IX), VossianusQ94 Quadratus⟨Q⟩(s.X) in Leyden.   Cicero: Palimpsestblätter aus Bobbio in Turin, Mailand, Rom (s. IV/V), pro M. Fonteio, C. Rabirio, Verrinen, pro Caelio, pro Scauro, pro Tullio. Sammelhss der *Reden:* Vaticanus H 25 (s. VIII/IX) 4 Reden, Parisinus 7794 (s. X) 10 Reden, Bruxellensis 5345 (s. XII) 13 Reden. Vollständigere Hss nur jungen Datums, z. B. Guelpherbytanus 205 (s. XV) 38 Reden, Laurentianus 4825 (s. XV) 41 Reden. Fast alle in Palat. Vatic. 1525 (s.XV). *Rhetorica:* codd. mutili (die besseren) und integri, apographa eines verschollenen (nach 1422) cod. Laudensis (s. IX).   *Philosophica:* Vossiani 84 (s. X) 86 (s. XI) für Topica, de leg., parad., Acad. pr., nat. deor., div. Gudianus 294 (s. IX/X), Parisinus 6332 (s. X) für Tusc. Palat. Vatic. 1513 (s. XI) für de fin. Bernensis 391 (s. X), Parisinus 6601 für de off.   *Epistulae:* Mediceus 49, 7. 9 (s. IX) für ad fam. Mediceus 49, 18 (s. XIV) für ad Att., ad Brut. ad Q. fr. Apographa aus den verschollenen codd. Veronensis und Vercellensis.   Varro: Laurentianus 51, 10 (s. XI) für ling. Latin. Für de re rust. wie bei Cato.   Catullus: Germanensis = Paris. 14 137 G (geschr. 1375). Oxoniensis O (c. 1400). Carm. LXII in einer Anthologie des cod. Thuaneus = Paris. 8071 (s. IX/X). Stammkodex ein zweimal verschollener *Veronensis* (nach 965 und wieder aufgefunden um 1323, abermals verloren zwischen 1374–1433).   Caesar: α-Klasse (lückenhaft): Paris. 5763 (s. IX/X) nur Bell. Gall. β-Klasse (interpoliert): Paris. 5764 (s. XI/XII). Cod. Ashburnhamensis 7 γ, jetzt in Florenz (s. X), gehört zu α, enthält aber alle Caesariana. Die erste und letzte Hs (auch andere) sind mit einer Subscriptio versehen.[1]   Sallust: 'codd. lacunosi', mit Verlust von Iug. 103, 2–112, 3: Paris. 16 024 (s. X). 'codd. integri, sed interpolati': Monacensis 14 477 (s. XI). Die Fragmente in Hss von Orléans, Rom, Berlin (s. IV/V), verbunden in Vatic. 3864 (s.X). Nepos: Parcensis in Löwen (s. XV) (beste Hs) Gudianus 166

---

(1) Ähnliche "Subscriptiones" (emendavi, legi, recognovi, contuli) mit den Namen des Revidenten, oft mit Hinzufügung des Datums, des Orts und anderer Notizen, finden sich z. B. auch in Hss des Cicero, Vergil, Horaz, Livius, Mela, Persius, Lucan, Martial, Ps. Quintilian, Statius, Iuvenal, Apuleius, Fronto, Nonius, Macrobius, Martianus Capella, Vegetius mil., Prudentius, Sedulius usw. Vergl. *O. Jahn,* Die Subscriptionen in den Hss der röm. Klassiker, in Bericht sächs. Akad. 1851, p. 327 ff. (grundlegend), *F. Haase,* de lat. codd. mss subscriptionibus, Breslau 1860; *E. Lommatzsch,* Zeitschr. f. vergl. Literaturgesch. XV p. 177–192.

in Wolfenbüttel (s. XII/XIII). Vergilius: Sieben Uncialhss
(s. IV/VI). Vollständig: Mediceus (M) 39, 1 (anno 494), Palatinus-
Vaticanus ⟨P⟩ (s. VI?) 1631, Romanus-Vatic. 3867 (s. VI) mit
Illustrationen. Gudianus γ (s. IX), Bernensis (s. IX/X). Tibullus:
Ambrosianus R 26 (s. XIV), Vaticanus 3270 (s. XIV/XV), Excerpta
Parisina (s. IX/X), Excerpta Frisingensia (s. XI) in München. Ho-
raz: Bernensis (B) 363 (s. VIII/IX), in irischer Handschrift, aus der
Zeit des Sedulius, gehört der Recensio des Mavortius (527) an;
Sueco-Vaticanus (R) 1703 (s. IX/X), Harleianus 2725 (s. IX/X).
Propertius: Neapolitanus, jetzt in Wolfenbüttel (s. XII) Ottobo-
nianus (Vatikan) 1514 (s. XV) Daventriensis 1792 (s. XV). Ovi-
dius: Parisinus (Regius) 7311 (s. X), Parisinus (Puteanus) 8242
(s. XI) für die Amatoria. Laurentianus (Marcianus) 225 (s. XI), Har-
leianus 2610 (s. XI), Laurentianus 36, 12 (s. XI) für Metamorphosen.
Vatic. Regin. (Petavianus) 1709 (s. X), Vatic. Ursinianus 3262 (s. XI),
Monacensis 8122 (s. XII/XIII) für Fasti. Laurent. S. Marci 223 (s. XI),
Gudianus 192 (s. XIII), Vaticanus 1606 (s. XIII) für Tristia. Zwei Pa-
limpsestblättter in Wolfenbüttel (s. VI), Hamburgensis (s. XII), Monacensis 384 (s. XII/XIII) für ex Ponto. Cantabrig. ⟨Cambridge⟩(s. XII),
Vindobonensis (s. XII/XIII) für Ibis. Livius: *I. Dekade:* Verona
Palimpsest (s. V), Laurentianus 62, 19 (s. XI). *III. Dekade:* Paris. (Puteanus) 5730 (s. V) und Fragm. in Palimpsesten. *IV. Dekade:* Fragmente
(s. V), Bambergensis (s. XI). *V. Dekade:* Vindobonensis 15 (s. V). Einzige
Hs. Manilius: Bruxellensis 10012 (s. X/XI), Lipsiensis 1465 (s. XI).
Vitruvius: Harleianus 2767 (s. IX), Gudianus 69 (s. XI). Seneca
rhetor: Bruxellensis 9581, Antverp. 411, Vatic. 3872 (alle s. X), Exzerpte: Montepessulanus 126 (s. IX/X), auf Grund einer besseren Hs.
Velleius Paterculus[1]: Apographon des B. Amerbach (1516) von
der Abschrift, die Beatus Rhenanus von einem jetzt verschollenen
cod. Murbachensis (Murbach, im Elsaß) gemacht hatte. Valerius
Maximus: Bernensis 366 (s. IX), Ashburnhamensis 1802 (s. IX). Die Epitome des Iulius Paris (verfaßt um 5. Jahrh.), erhalten durch Vaticanus 4929 (s. X), beruht auf einer besseren und vollständigeren Hs
als die des Originals. Beide gehen auf eine Recensio des Dom-
nulus (s. V) in Ravenna zurück. Phaedrus: Pithoeanus (s. IX/X),
Remensis (s. IX/X), 1774 verbrannt, aber kollationiert 1665 und 1769.
Beide enstammen einer bereits epitomierten Vorlage. Seneca:
Zu den *Tragödien* zwei Rezensionen: 1. Laurentianus-Etruscus (E) 37, 13

---

(1) Andere Beispiele von editiones principes, die für uns die
verlorene Hs ersetzen müssen, sind: Terentianus Maurus 1497 und
die Aldina des Iulius Obsequens 1508.

(s. XI/XII), Fragm. aus Medea u. Oedipus im Plautus-Palimpsest
und Paris.-Thuaneus (s. IX/X). 2. Alle anderen (A) nicht vor s. XIV
und stark interpoliert, doch auf einem Archetypus des 4./5. Jahrh.
beruhend. *Dialogi*: Ambrosianus C 90 (s. X/XI) de clementia,
de benef.: Vatic. Palatinus 1547 (s. VIII/IX). *Epistulae* 1–88:
Laurent. 76, 40 (s. IX/X), Paris. 8540 (s. X); 89–124: Bambergensis
(s. IX/X), Argentoratensis (s. IX/X), 1870 in Straßburg verbrannt,
vorher von Bücheler kollationiert. Alle Briefe zusammen nur in
jüngeren u. schlechteren Hss (s. XII/XIII). *Nat. Quaest.*: Berolinensis
(s. XIII). *Apocolocyntosis:* Sangallensis 569 (s. X/XI).   Curtius
Rufus: Paris. 5716 (s. IX/X) u. andere (s. XII). Zweite interpolierte
Klasse s. XIV.   Columella: Sangermanensis in St. Petersburg
(s. IX), die anderen viel jüngeren Datums.   Persius: Fragm. Vatic. 5750 (s. IV/V) Palimpsest. Montepessulanus (Montpellier) 125 (s. IX)
= Pithoeanus des Iuvenal.   Montepess. 212 (s. X) geht auf eine
Recensio vom Jahre 402 zurück (siehe Subscriptio).   Spätere überaus
zahlreich.   Lucanus: Palimpsestblätter in Rom, Neapel, Wien (s. IV/V).
Montepessul. H 113 (s. X), Parisinus 10314 (s. IX), 7502 (s. X), Voss. 63,
(s. X), mit Subscriptio, die auf eine Recensio aus dem Jahre 674
hinweist.   Petronius: Unverkürzte Exzerpte: Leidensis Q 61 (Apographon Scaligers einer jetzt verschollenen Hs), Paris. 7989 (s. XV),
gefunden 1650 in Trau (Dalmatien), alleinige Quelle für die Cena
Trimalchionis.   Dioskorides: cod. Vindobonensis (s. V).   Eine
berühmte Bilderhs.   Faksimiliert in der Sijhoff-Sammlung.
Plinius d. Ältere: 1. *Vetustiores,* die besseren aber nur fragmentarisch: Bambergensis B. 32–37 (s. X), Palimpseste (s. V/VI) zu
B. 11–14. 23–25 u. a.   2. *Recentiores* (s. X–XII), vollständiger,
gehen auf *einen* Archetypus zurück, in welchem II 187–IV 67
nach IV 67–V 34 stand. Älteste Hs: Paris. 6796 (s. X/XI).   Valerius Flaccus: Vaticanus 3277 (s. IX/X) Stammhs.   Silius Italicus: St. Gallensis, von Poggio 1416/17 bei Konstanz entdeckt,
später verschollen. Die erhaltenen Hss (s. XV) sind Abschriften
einer Abschrift jenes Kodex. Coloniensis (B. I–XVI 556), ebenfalls
verloren. Lesarten bekannt durch seinen Entdecker L. Carrion und
durch F. Modius.   Statius: Parisinus (Puteanus) 8051 (s. X) für
Thebais u. Achilleis. Die anderen, und zwar die große Mehrheit,
sind minderwertig. Vindobonensis 140, Matritensis (Madrid) M 31
(s. XV) für die *Silvae.* Stammkodex ein von Poggio 1417 entdeckter,
jetzt verschollener St. Gallensis, dessen Varianten Poliziano in die
editio princeps eintrug.   Martialis: (1) Parisinus 8071 (s. IX),
Vossianus Q 86 (s. IX), Vindobonensis 277 (s. X) (2) Palatinus 1696
(s. XV), Arondellianus 136 (s. XV), entstammen der Recensio des Tor-

quatus *Gennadius* (anno 401) (3) Edinburgensis (s. X), ein Puteanus
(s. X), Vaticanus (s. X/XI), Vossiani (s. XII). Quintilianus: Ambrosianus E 153 sup. (s. XI), mit Verlust von IX, 4, 135–XII, 11, 22.
Bernensis 351 (s. X), Parisinus 18527 (s. X), verkürzt. Vollständige
Hss jung (s. XV) und interpoliert. Frontinus: (1) Harleianus
2666 (s. IX/X). (2) Parisinus 7240 (s. IX/X). Die übrigen weit jünger
und verderbt. Iuvenalis: (1) Siehe Persius (2) Zahlreich und
korrupt. Eine Subscriptio im Laurent. 34, 42 u. Leidensis 82 (s. XI)
deutet auf eine Rezension eines *Nicaeus,* Schüler des Servius (vermutlich der Vergilerklärer, s. IV). Tacitus: Vaticanus 1862 (s. XV),
Leidensis 18 (anno 1460) für Dialogus u. Germania. Stammkodex
aus Hersfeld (?), nach 1460 verschollen. Vaticanus 3429 (geschrieben
von Pomponius Laetus), für Agricola, Vatic. 4498 für Dial. Agric.
German. Sueton de gramm. (alle s. XV). Toletanus (s. XV), 1897 in To-
ledo von R. Wünsch entdeckt, enthält Agric. Germ. und einige Briefe
des Plinius, für Agric. wertvoll. Eine 1903 in Jesi (bei Ancona) ge-
fundene und angeblich dem 12. Jahrh. angehörige Hs des Agric.
u. der Germ. ist noch nicht veröffentlicht, scheint aber von keiner Bedeutung zu sein. Mediceus I (s. IX) aus Corvey, alleinige Quelle
für Ann. I–VI. Mediceus II, wahrscheinlich aus Monte Cassino und
geschrieben zwischen 1053–1087, für Ann. XI–XVI. Hist. I–V. Die
jüngeren Hss ohne Wert. Der Stammkodex des ganzen Tacitus scheint
ein *Fuldensis* gewesen zu sein (vor 852). Suetonius: Für de
gramm. et rhet. dieselbe Überlieferung wie Tac. Dial. Parisinus
6115 = Memmianus (s. IX) Vatic. Lipsii (s. XI/XII), Laurent. 68, 7
(s. XI) für die Caesares. Plinius der Jüngere: (1) Sehr alte franz.,
aber längst verschollene Hs, deren Lesarten in der Aldina (1508)
benutzt wurden. (2) Laurentianus 47, 36 (s. IX), von derselben Hand
wie Mediceus I des Tacitus und ursprünglich zusammengebunden.
Vaticanus 3864 (s. IX/X) nur B. I–IV. (3) Florentinus (s. X/XI),
Riccardianus 488 (s. IX/X) in Florenz. 100 Briefe (I–V 6). (4) codex
archivii Casinatis 529 (anno 1429), B. I–⟨VIII⟩IX. Panegyricus in
den Hss der Panegyrici überliefert, die sämtlich s. XV angehören
und einem jetzt nicht mehr vorhandenen Mainzer Kodex (Maguntinus)
entstammen. Drei Palimpsestblätter aus Bobbio, jetzt in Mailand.
Fronto: Palimpsest aus Bobbio (s. VI), sehr lückenhaft. Ein Teil
jetzt im Vaticanus 5760, ein anderer in Mailand. Gaius: Erhalten in einem Palimpsest (s. V), von Niebuhr 1816 in Verona entdeckt.
Apuleius: Laurentianus 68, 2 (s. XI) für Apol. Flor. Metam. Bruxellensis 10054 (s. XI). Monacensis 621 (s. XII) für die übrigen philosoph. Schriften. Stammkodex nach der Subscriptio die Recensio
eines Sallustius (anno 397). Ausonius: Eine alle Werke umfassende

Hs ist nicht erhalten. Leidensis 111 (s. VIII/IX). Leidensis 107 (s. XIV), die verschollene, aber der editio princeps (1472) zugrunde liegende Hs. Für Mosella: St. Gallensis 899 (s. X/XI). Ammianus Marcellinus: Von der jetzt verschollenen Hersfelder Hs des Gelenius (s. IX/X), sind sechs Blätter in Marburg wiedergefunden. Vaticanus 1873 (s. IX/X) aus Fulda, von Poggio um 1417 entdeckt. Claudianus: Die verlorene von Gyraldus benutzte Hs, Veronensis 163 (s. IX), St. Gallensis (s. IX), Vossianus 294 (s. XIII). Für de raptu Pros.: Laurent. 24, 112 (s. XII/XIII), Voss. 294, Guelpherbytanus 228 (s. XIII/XIV).

V. Die Renaissance in Italien.

Im allgemeinen vergl.: *A. H. L. Heeren*, Gesch. des Studiums der class. Literat. usw., Bd. II 1 (15. Jahrh.), Göttingen 1801; *G. Voigt*, Die Wiederbelebung des class. Alterthums, 2 Bde., Berlin 1894³ (Bibliographie: Bd. II p. 511—525), pp. 1101 (Hauptwerk); *J. A. Symonds*, Renaissance in Italy, vol. II (The Revival of Learning) 1877; *J. Burkhardt*, Die Cultur der Renaissance, 2 Bde., Lpz. 1896⁶; *D. Comparetti*, Virgilio nel medio evo, übersetzt von H. Dütschke, Lpz. 1875; *Alfred von Reumont*, Lorenzo di Medici, 2 Bde., 1874, bes. I 517—606. II 1—149; *E. Norden*, Antike Kunstprosa II 732—809; *R. C. Jebb*, in Cambridge Modern History, vol. I 532—584 (Bibliographie p. 779—781), London 1902; *R. Sabbadini*, le scoperte dei codici Latini e Greci ne' secoli XIV e XV, Florenz 1905 pp. 233; *J. E. Sandys*, Harvard Lectures on The Revival of Learning, Cambridge 1905, pp. 212. *E. Hübner*, Bibliographie d. class. Alt. (1889²), p. 67—75; *F. A. Eckstein*, Nomenclator philologorum, Lpz. 1871; *W. Pökel*, Philol. Schriftstellerlexicon, Lpz. 1882.

A. Die eingewanderten griechischen Gelehrten.

Vergl. *H. Hodius*, de Graecis illustr. linguae Graecae litterarumque humaniorum instauratoribus, eorum vitis, scriptis et elogiis, London 1742, daraus ein Auszug *C. F. Boerner*, de doctis hominibus Graecis Graecarum litterarum in Italia instauratoribus, Lpz. 1750; *Bernhardy*, Griech. Literat. I 745—752.

MANVEL CHRYSOLORAS, 1350—1415.

Wurde von Konstantinopel 1396 nach Florenz berufen, lehrte dann in Pavia 1402, in Venedig 1408, führte später ein Wanderleben und starb in Konstanz 1415. Er war der erste Lehrer des Griechischen in Italien seit 700 Jahren. Seine bedeutendsten Schüler waren: Guarino (in Konstantinopel), Niccolo Niccoli, Lionardo Bruni, Marsuppini und Traversari.

Ἐρωτήματα τῆc Ἑλληνικῆc: Die erste griech. Grammatik der Renaissance. Wörtliche latein. Übersetzung von *Platos* Republik.

Vergl. *Hodius*, p. 12–54; *Boerner*, p. 1–35; *Voigt*, 1 222–232; *Symonds*, op. cit. p. 108ff.; *Sabbadini*, op. cit. p. 43f. 51–54.

GEORGIOS GEMISTOS PLETHON, C. 1356—c. 1450.

Berühmter Platoniker. 1438 Lehrer des Griechischen in Ferrara und Florenz. Starb in der Peloponnes. Sein bedeutendster Schüler war Bessarion.

Vergl. *Fabricius*, Bibl. Gr. XII 85–102; *F. Schultze*, G. G. P., Jena 1874, pp. 320; *Voigt*, II 119–122; *Symonds*, p. 198–210.

BESSARION, 1403—1472.

Geboren in Trapezunt, 1437 Erzbischof von Nicaea, 1438 auf dem Konzil zu Ferrara und zu Florenz, 1451 Legat in Bologna, 1463 Patriarch von Konstantinopel, starb zu Ravenna. Übersetzte die Metaphysik des *Aristoteles* und *Xenophons* Memorabilia.

Er vermachte seine Sammlung von 900 griech. Hss, die reichste des Abendlandes, der Stadt Venedig, wo sie später den Kern der St. Marcus-Bibliothek bildete.

Vergl. *Hodius*, p. 136–177; *Boerner*, p. 36–104; *Ersch und Gruber*, Bd. 9 (1822) p. 295–299; *Voigt*, II 123–132; *Symonds*, p. 198–210; *H. Vast*, le Cardinal Bessarion, St. Petersburg 1883; *Krumbacher*, Byz. Lit., p. 117f.; *R. Rocholl*, Bessarion, Lpz. 1904, pp. 250.

THEODOROS GAZA, C. 1430—c. 1478.

Geboren in Saloniki. Lehrte 1447 in Florenz, 1448 in Ferrara, 1450 Professor der Philosophie in Rom, 1455 in Neapel, starb als Abt von San Giovanni a Piro in Calabrien.

Besonders berühmt waren seine latein. Übersetzungen, die aber eine rhetorische Eleganz auf Kosten der Treue er-strebten. Hohe Verdienste erwarb sich Gaza um die ersten römischen Drucke (besonders für Gellius und Plinius den Älteren).

Γραμματικὴ εἰcαγωγή, lange ein beliebtes Schulbuch, noch von Erasmus und Budaeus benutzt. Es enthielt zum ersten Male auch die Syntax.

Übersetzungen: *Aristoteles* hist. animalium, Problemata; *Theophrastos* de plantis; *Dionysios* de compositione verborum; Batrachomyomachia. *Ciceros* Cato u. Laelius ins Griechische.

Vergl. *Hodius*, p. 55—101; *Boerner*, p. 121—136; *Voigt*, II 143—146; *L. Stein*, Archiv f. Gesch. der Phil. II 3 p. 426—458.

DEMETRIOS CHALCONDYLES, 1424—1511.

Geboren zu Athen, lehrte in Perugia, Rom, Padua, Florenz, Mailand. Lehrer Reuchlins und Th. Linacre's.

Ἐρωτήματα. Herausgeber der editiones principes des Homer (1488), *Isokrates* (1493), *Suidas* (1499).

Vergl. *Hodius*, p. 211—226; *Boerner*, p. 181—191.

KONSTANTINOS LASKARIS, c. 1434—c. 1501.

Geboren in Konstantinopel, lehrte in Mailand, Neapel, Messina und lebte eine Zeitlang in Rom bei Bessarion.

Ἐρωτήματα (Mailand 1476). Das *erste* gedruckte grie-chische Buch.

Vergl. *Boerner*, p. 170—180; *Ch. Graux*, Œuvres II 531 ff.; *Sabbadini*, p. 67 f.

B. Die italienischen Humanisten.

FRANCESCO PETRARCA, 1304—1374.

'Primus ex lutulenta barbarie os caelo attollere ausus est' Iul. Caes. Scaliger.

Geboren den 20. Juli 1304 zu Arezzo, gebildet in Avignon, Montpellier, Bologna (1322), 1326 in Avignon, bereiste 1333

Frankreich, Deutschland und Holland, 1337 in Rom, poeta laureatus in Rom 8. April 1341, lebte seit 1353 in vielen Städten Italiens, starb in Arquà bei Padua 19. Juli 1374. Der Wiedererwecker des klassischen Altertums. Petrarca selbst entdeckte *Cicero* pro Archia poeta in Lüttich und 1345 in Verona *Ciceros Briefe* ad Att., ad Q. fr. und ad Brut.

Von den zahlreichen Arbeiten über Petrarca, den Dichter wie den Humanisten, vergl. *L. Geiger,* Petrarka, Lpz. 1874, pp. 267; *G. Körting,* P.'s Leben und Werke, Lpz. 1878, pp. 729; *Voigt,* I 20–156; *Symonds,* op. cit. p. 69–87; *P. de Nolhac,* de patrum et medii aevi scriptorum codd. in bibliotheca Petrarcae olim collectis, Paris 1892, Pétrarque et l'humanisme, Paris 1892, pp. 439; *Sabbadini,* op. cit. p. 23–28. 37–40; *Norden,* Antike Kunstprosa II p. 732–740.

GIOVANNI BOCCACCIO, 1313–1375.

Begeisterter Bewunderer und Freund des Petrarca. In Monte Cassino, dessen verwahrloste Bibliothek er uns schildert, scheint er eine Hs des bis dahin, wenige Spuren ausgenommen, gänzlich verschollenen *Tacitus* entdeckt zu haben. Aus dieser stammt der berühmte Mediceus II (Historiae I–V und Ann. XI–XVI enthaltend). Von seinem unsterblichen Decamerone und dem Dante-Kommentar abgesehen, kommt hier nur eine Reihe von Werken in Betracht, in denen er zwar ein ungeheures Material gelehrter Details zum ersten Male sammelte, aber ohne kritische Sichtung und Plan. Auch kennzeichnet ihn eine verhängnisvolle Sucht, die Mythologie à tout prix zu allegorisieren. Seine Zeitgenossen haben aber gerade darin sein besonderes Verdienst erblickt.

Genealogia deorum gentilium de casibus illustrium virorum de claris mulieribus de montibus, silvis, fontibus, lacubus, fluminibus.

Vergl. *G. B. Baldelli,* Vita di B., Florenz 1806; *Voigt,* I 162–164; *Symonds,* p. 87–97. 133; *M. Landau,* G. B., sein Leben und seine Werke, Stuttgart 1877; *G. Körting,* B.'s Leben und Werke, Lpz. 1880, pp. 742 (Hauptwerk); *Sandys,* Harvard Lectures, op. cit. p. 20–27; *O. Hecker,* Boccaccio-Funde, Braunschweig 1902, pp. 320; *Sabbadini,* p. 29–33.

COLVTIVS SALVTATVS (Coluccio di Piero de' Salutati), 1330—1406.

Nach einem wechselvollen Leben kam er nach Florenz, wo er 1375 als Nachfolger Niccolis Staatskanzler wurde, welches Amt er bis zu seinem Tode verwaltete. Er war ein fast fanatischer Sammler von neuen Hss und entdeckte *Ciceros* Briefe ad fam.[1]

Vergl. *Voigt*, I 190—211. II 191; *Symonds*, p. 103 ff.; *Sabbadini*, p. 34 f. *passim.*

NICCOLO DE NICCOLI, 1363—1437.

Berühmter Sammler von Hss, die er meistens selbst, aber nicht mechanisch, abschrieb, indem er offenbare Versehen korrigierte, andere Hss damit verglich, Kapiteleinteilungen und Inhaltsangaben hinzufügte. Bei seinem Tode zählte seine Bibliothek 800 Bände, die der *Laurentiana* in Florenz, das er während seines Lebens nur selten verließ, einverleibt wurden. Niccoli war gleichsam die Zentrale für alle Bestrebungen der Humanisten, soweit sie auf die Erlangung von neuen Hss zielten. Die Mittel erhielt er durch Cosimo von Medici.

Vergl. *Voigt,* I p. 295—306; *Sabbadini,* p. 85—92.

LIONARDO BRVNI (Aretino), 1369—1444.

Studierte in Florenz unter Chrysoloras und lebte bis 1404 als Schützling des Kanzlers Salutatus und Hauslehrer bei den Medici, 1405 wurde er unter Innozenz VII apostolischer Sekretär. Nach dem Konzil zu Konstanz (1415) nahm er seinen permanenten Wohnsitz in Florenz, wo er 1427 Staatskanzler wurde, zu welchem Amt er bereits früher (1410), aber unter ungünstigeren Bedingungen, erwählt worden war.

---

(1) Salutatus wollte die von Petrarca in Verona entdeckten Briefe Ciceros vollständig besitzen. Statt des cod. Veronensis schrieb man ihm aber versehentlich auch den cod. Vercellensis ab, der die bis dahin unbekannten *epist. ad. fam.* enthielt. Beide codices befanden sich damals in Mailand.

Sein Ruf beruht hauptsächlich auf seinen Übersetzungen: *Aristoteles* Oeconomica, Ethik, Politik, Metaphysik *Xenophon* Hiero *Plato* Phaidon, Gorgias, Phaidros, Kriton, Apologie, Briefe *Demosthenes* de corona und *Aischines* c. Ctesiph.

Vergl. *Ersch und Gruber*, XIII p. 228—230; *Voigt*, I 307—311. II 163—173.

GIOVANNI AVRISPA, 1370—1459.

Geboren zu Noto in Sizilien, lehrte er seit 1424 abwechselnd in Venedig, Bologna und Ferrara, 1441 in Rom als Sekretär des Papstes Eugen IV., wo Laurentius *Valla* sein Schüler war; er starb in Ferrara. In Basel, wo er sich während des Konzils aufhielt, fand er *Tertullian*, in Mainz entdeckte er 1433 die *Panegyrici* mit dem Panegyricus des Plinius (die einzige bekannt gewordene alte Hs) und den *Donat*-Kommentar des Terenz, in Köln die Rhetorik des *Fortunatianus*. Sein unsterblicher Ruhm gründet sich aber auf die *238* Bände *griechischer* Klassiker, die er von Konstantinopel im Jahre 1423 nach Italien brachte.

Unter seinen Schätzen befanden sich die berühmten Hss des *Aischylos, Sophokles* und *Apollonios* (siehe oben p. 144), *Pindar, Aristophanes,* der nicht minder berühmte *Venetus A* der *Ilias;* ferner *Demosthenes, Plato, Xenophon, Aristoteles, Strabo, Diodoros, Plutarch, Arrian, Lucian, Athenaios, Cassius Dio* usw.

Vergl. *Voigt*, I 263—265. 556—561. II 83 f.; *Sabbadini*, op. cit. p. 46 f. und Biografia documentata di G. A. 1890, pp. 208.

GVARINO von Verona, 1370—1460.

Studierte unter Chrysoloras in Konstantinopel, lehrte in Venedig, Trient, von 1410—1414 in Florenz, sodann in Padua, Verona (1420), Bologna, zuletzt in Ferrara, von 1429 bis zu seinem Tode. Guarino ist neben *Vittorino* wohl der hervorragendste Pädagoge der italienischen Renaissance. Er übersetzte zehn vitae des *Plutarch, Strabo* (B. I—X), einiges von *Isokrates* und *Lucian,* edierte *Plautus, Livius, Plinius'* Natur-

geschichte und vor allem *Catullus.* Zahlreiche Kommentare, die unter seinem Namen gingen, scheinen aber nur Nachschriften seiner Schüler gewesen zu sein, z. B. zu *Cic.* de off. Paradoxa, Laelius, Epist. Rhet. ad Her., Val. Max., Persius.
Vergl. *F. A. Eckstein,* Allg. Encycl. s. n.; *Voigt,* I 344 f. 547–556. II 177. 384. 390. 394; *R. Sabbadini,* la Scuola degli Studi di Guarino, Catina 1895; *Sandys,* op. cit. p. 75–80. 153 f.

VITTORINO DA FELTRE (Ramboldini), 1378–1446.

Sohn eines armen Schreibers, studierte in Padua, lehrte in Venedig 1414–1418, 1422 Lehrer der Beredsamkeit daselbst, 1425 nach Mantua berufen, wo er bis zu seinem Tode der Leiter einer berühmten Schule war.
Vergl. *Voigt,* I p. 533–544; *Symonds,* p. 289–297; *E. Benoit,* Victorin de Feltre ou de l'éducation en Italie à l'époque de la renaissance, 2 Bde., Paris 1853; *Schmid,* Gesch. der Erziehung, II 2, p. 14 ff.; *W. H. Woodward,* V. da F. and other humanist educators, Cambridge 1897 (Hauptwerk); *Sandys,* op. cit. 70–75.

FRANCESCO POGGIO BRACCIOLINI, 1380–1459.

Geboren in Terranuovo bei Arezzo. Er wuchs unter dem Protektorat der Medici, Salutatus und Niccoli in Florenz auf, war apostolischer Sekretär unter 8 Päpsten, von 1403–1453, und wurde in letzterem Jahre von Cosimo di Medici als Nachfolger des Staatskanzlers Marsuppini nach Florenz berufen. Er bereiste Deutschland, Frankreich und England auf der Suche nach Hss. Das Glück war ihm wie keinem zweiten Humanisten hold, und so ist denn sein Name unvergänglich mit diesen Entdeckungen, die er teils selbst, teils durch seine Emissäre machte, verbunden. Unter seinen Funden waren die bedeutendsten:

Plautus (20 Komödien, die letzten 12 bis dahin unbekannt), Teile des *Lucretius,* Zehn Reden des *Cicero* (davon unbekannt pro S. Rosc. Amer. und pro Murena), Aratea, Vitruvius, Columella, Manilius, Petronius (die Cena Trimalchionis wurde erst 1650 in Trau in Dalmatien gefunden), Valerius Flaccus (I–IV 317), ein vollständiger *Quintilian,* Frontinus, *Statius'*

Silvae, *Tacitus'* Annalen I—VI, Dialogus, Germania, *Sueton* de gramm. et rhet., *Silius Italicus, Ammianus Marcellinus,* und zahlreiche Grammatiker, z. B. *Nonius,* Priscian, Festus, Caper, Eutyches, Ps.-Probus.   Auch um die Sammlung von Inschriften hat sich Poggio die größten Verdienste erworben.

Vergl. *Voigt,* I 235—256. 327—339. II 7—16. 74—79; *Symonds,* p. 134 ff. 230—246; *Ch. Nisard,* les gladiateurs de la république des lettres aux XVe, XVIe, XVIIe siècles, Paris 1860, p. 117—194; *Sandys,* Harvard Lectures, p. 32—40; *Sabbadini,* p. 76—84 *passim.*

Flavio Biondo, 1388—1463.

Apostolischer Sekretär von 1433 bis zu seinem Tode. Unzweifelhaft der gelehrteste Archäologe der Renaissance. Seine drei Werke, *Roma instaurata* (1446), *Italia illustrata* (1453) und *Roma triumphans,* sind eine großartige Enzyklopädie der römischen Altertümer und italienischen Landeskunde, die Jahrhunderte lang die solide Grundlage dieses Wissenszweiges blieb und auch heute noch nicht ganz entbehrlich ist.

Vergl. *Voigt,* II 34—36. 85—88. 507; *A. Masius,* F. Biondo, sein Leben und seine Werke, Lpz. 1879, pp. 65.

Kyriakos (de' Pizzicolli) von Ancona, 1391—c. 1450.

Der Schliemann der Renaissance.   Einer Kaufmannsfamilie entsprossen, wurde er schon von seinem 9. Jahr an auf Reisen mitgenommen.   Nach einer langen Lehrzeit in Padua von 1405—1412 ging er wiederum zur See und bereiste dann wiederholt die Inseln des Mittelmeers, Ägypten, Griechenland, Byzanz, Kleinasien und ganz Italien, überall rastlos Inschriften sammelnd, Handschriften und Kunstwerke erwerbend.   Seine nicht geringen Kenntnisse in den alten Sprachen hat er mühsam in seinen Mußestunden sich selbst angeeignet. Sein berühmter Ausspruch *"Ich gehe, die Toten zu erwecken"*[1] kann als Motto für die Renaissance überhaupt gelten.   Auch

---

(1) *Biondo* Ital. illustr. 339 *qui monumenta investigando vetustissima mortuos, ut dicebat, vivorum memoriae restituebat.*

ist er wohl der erste gewesen, der sich des historischen Wertes epigraphischer Quellen voll und ganz bewußt wurde.[1] Seine großartigen Sammlungen ('antiquarum rerum commentaria') sind nie herausgegeben und daher bald verzettelt worden, so daß uns nur Bruchstücke erhalten sind. Seine bona fides, früher oft angezweifelt, ist von neueren Forschern mit überzeugenden Gründen nachgewiesen worden.[2]

Vergl. *Tiraboschi*, Storia della letteratura Italiana VI (1824²) p. 263–297; *Mommsen* in CORP. III p.XXIIff. 129ff.; *Voigt*, I 269–286; *B. de Rossi*, Inscript. Christ. II 356–387; *Symonds*, p. 155ff.; *O. Jahn*, Cyriacus von Ancona und Albrecht Dürer, in Populäre Aufsätze 333 –352; *E. Ziebarth*, N. Jahrb. f. Phil. V (1902) p. 214–226 (K. als Begründer der Inschriftenforschung); *Sandys*, p. 43–45.

Francesco Filelfo, 1398–1481.

Einer der gefeiertsten Wanderlehrer der Renaissance.[3]

Geboren zu Tolentino, gebildet in Padua, lehrte er in Venedig (1417), Bologna (1428–1429), Florenz (1429–1434), Siena, Mailand (1440–1474). 1453 wurde er in Neapel als poeta laureatus gekrönt, und in demselben Jahre verlieh ihm Papst Nikolaus V. die Würde eines apostolischen Sekretärs. Seine eminenten Kenntnisse im Griechischen erwarb sich F. unter Joh. Chrysoloras in Konstantinopel, wo er als Gesandter Venedigs und als Sekretär des Kaisers Johannes VIII von 1420–1427 weilte. Von 1474–1481 lebte er in Rom und starb in Florenz. Von seinen zahlreichen Schriften

(1) *"inscriptiones maiorem longe quam ipsi libri fidem et notitiam praebere."*

(2) *Boeckh,* in C. I. G. I p. IX *vir diligens et verus maleque tamquam falsarius notatus, Henzen* CORP. VI. 1 p. XL.

(3) Das in folgenden, kläglichen Versen enthaltene Selbstlob entspricht zum Teil den Tatsachen und spiegelt jedenfalls das Urteil seiner Zeitgenossen über den Wert seiner Leistungen wieder: *"Si me Vergilius superat carminibus ullis | Laudibus, orator illo ego sum melior ‖ Sin Tullii eloquio praestat facundia nostro | Versibus ille meis cedit ubique minor. ‖ Adde quod et lingua possum praestare Pelasga | Et Latia. Talem quem mihi des alium?"*

kommen hier nur seine Übersetzungen in Betracht: Eine
Rede des *Lysias, Xenophons* Cyrop., Ages., rep. Laced., Ps.-
Plut. Apophthegmata, *Arist.* Rhet. Von Konstantinopel brachte
er (1427) an 40 griech. Autoren nach Italien, darunter *Homer,*
Hesiod, Pindar, Herodot, Euripides, Thukydides, Xenophon,
Demosthenes, einige Werke des *Aristoteles, Theokrit* und
Polybios, eine Sammlung, die nur von der des *Aurispa* über-
troffen wurde.

Vergl. *C. de Rosmini,* Vita di F. F., 3 Bde., Mailand 1808; *G.Favre,*
Mélanges d'histoire littéraire, Genf Bd. I (1856) p. 9—146; *Nisard,*
op. cit. p.1—115; *Voigt,* I 348—366. 512—515. 524—530. II 50f 95—101;
Symonds, p. 267—289; *Benaducci,* Contributo alla biografia di F. F.,
Tolentino 1902; *Sabbadini,* p. 48.

Lᴀᴠʀᴇɴᴛɪᴠꜱ Vᴀʟʟᴀ (Lorenzo della Valle), 1407 — 1457.

Geboren zu Piacenza, in Rom unter Aurispa und Bruni
erzogen, 1431 Prof. der Rhetorik in Pavia, lehrte er von 1433
an in Mailand, Genua, Ferrara und Mantua. 1435 — 1448 Hof-
gelehrter Alfons' V. in Neapel, von 1448 in Rom als Prof.
und Sekretär Nikolaus' V. Valla ist der erste moderne Vertreter der historischen Kritik. Besonders berühmt ist sein
Nachweis, daß die sogenannte "Konstantinische Schenkung",
wie auch der Briefwechsel *Senecas* mit dem Apostel *Paulus,*
Fälschungen sind.

Vergleich zwischen Cicero und Quintilian, zu Ungunsten
des ersteren (1430), nicht gedruckt und jetzt verschollen.
Elegantiae Latini sermonis 1444 (59. Auflage 1536).
Von diesem noch jetzt nützlichen Meisterwerke hat man den
Gebrauch der lateinischen Sprache als einer "toten" datiert.[1]

Kommentar zu *Quintilian* (gedruckt 1494). Übersetzungen: *Aesop, Herodot, Thukydides, Homers* Ilias 1 — 16 (in
Prosa), *Demosthenes* de corona.

Vergl. *Joh. Vahlen,* Lorenzo Valla, Berlin 1870², pp. 71, L. V.
opuscula tria mit Exkursen, Wien 1869, pp. 205; *Voigt,* I 460—476.

---

(1) *"Ego pro lege accipio quidquid magnis auctoribus placuit"*
Valla.

160   V. Renaissance in Italien.

486—488. II 88—92. 148—152. 179. 184f. 192f. 209f. passim.; *Symonds,* p. 258—265; *Nisard,* op. cit. p. 195—304; *Mancini,* L. V., Florenz 1891, pp. 339; *M. Wolff,* L. V., sein Leben und seine Werke, Lpz. 1893, p. 142; *W. Schwahn,* L. V., Ein Beitrag zur Gesch. des Humanismus, Berl. Diss. 1897, pp.61.

MARSIGLIO FICINO, 1433—1499.

Aus Florenz. Von Cosimo di Medici erzogen, studierte er Medizin in Bologna, kehrte 1459 nach Florenz zurück, wo er sich hauptsächlich dem Studium der platonischen Philosophie widmete. Aus dieser Beschäftigung gingen die Übersetzungen des *Hermes Trismegistos, Iamblichos, Proklos, Porphyrios, Dionysios Areopagites, Plotinos* und vor allem die berühmte des *Plato* (1482 und seitdem öfter herausgegeben) hervor. Diese ist wohl, neben der Übersetzung der Anthologia Planudea von Hugo Grotius, die glänzendste Leistung auf dem Gebiete der lateinischen Übersetzungsliteratur überhaupt.

Vergl. *Creuzer,* Opusc. II 5 p. 10—21; *Baehr,* in Ersch und Gruber I Sekt. Bd. 44 p. 1—18; *Voigt,* II 322; *Symonds,* p. 324ff.; *R. Sieveking,* Gesch. der platon. Akademie zu Florenz, Göttingen 1812, pp. 62; *Sandys,* op. cit. p. 89—94.

ANGELVS POLITIANVS (Angiolo de' Ambrosini von Monte Pulciano), 1454—1494.

Gebildet in Florenz, 1477 Erzieher Lorenzos di Medici, seit 1480 Prof. der griech. und latein. Literatur in Florenz. P. ist nicht der bedeutendste Philologe, wohl aber das vielseitigste Genie der Humanistenzeit, ebenso hervorragend als Lehrer, wie als lateinischer und italienischer Dichter. Zu seinen Schülern zählte auch *Reuchlin.* Schon mit 16 Jahren übersetzte er *Homers* Ilias II—V (das erste Buch von Marsuppini) in latein. Hexameter, und als Achtzehnjähriger edierte er *Catullus.* Seine wichtigsten philologischen Arbeiten sind:

Miscellanea (1489)   Berühmte *Praelectiones* (Einl.
zu seinen Vorlesungen, manche in Versen[1]) zu *Homer, Hesiod, Vergil, Quintilian, Statius'* Silvae, *Suetonius* und *Persius.*
   Übersetzungen: *Kallimachos, Herodian* (der Historiker),
Epiktet, Platos Charmides, *Plutarchs* Eroticus, Teile des Hippokrates und *Galen.*   Seine wertvollste textkritische Leistung ist
die Ausgabe der *Pandekten.*
   Vergl. *Heeren,* op. cit. p. 247–269; *J. Maehly,* A. P., ein Cultur-
bild aus der Renaissance, Lpz. 1864; *J. Bernays,* Gesamm. Abhandl.,
II pp. 330 ff.; *Symonds,* p. 345–355; *Sandys,* Harvard Lectures p. 95–99;
R. Jebb, in Cambridge Modern Hist. I p. 555 f.; *Sabbadini,* op. cit.
p. 151–156.

PETRVS VICTORIVS (Pietro Vettori), 1499–1584.

   Der größte Philologe der humanistischen Periode Italiens.
Lehrte 1514 in Pisa, 1527 im diplomatischen Dienste seiner
Vaterstadt Florenz, 1534 Erzieher Alessandro Farneses in
Rom, seit 1538 Prof. der klass. Sprachen in Florenz.
   Textausgaben mit Kommentar: *Cicero* 1534 epochemachend   *Eurip.* Elekt. ed. princeps 1545   *Sophokles* mit
Kommentar und Scholien 1547   *Aischylos* 1557   *Aristot.*
Ethik (1547[1]), Rhetorik (1548. 1579), Poetik (1560. 1573), Politik
(1576), de partibus animalium (1548) mit vorzüglichen Übersetzungen.   *Xenophons* Memorabilia (1551); *Ps.-Demetrios*
περὶ ἑρμηνείας; *Dionys. Halik.,* Isaios, Deinarchos; *Hipparchos* in Arati et Eudoxi Phainomena; *Clemens Alexandrinus*
(1550), *Porphyrios,* de abstinentia (1548).   *Terenz* (1565);
Sallust (1576); Notae zu *Varro,* de re rust.   *Variae lectiones,* 38 B.
   Vergl. *Bandini,* P. V. vita, Florenz 1758; *Creuzer,* op. cit. p. 21
–36; *H. Kämmel,* Jahns Jahrb. XCV (1865) p. 545 ff. XCVI p. 133 ff.;
325–342, 421–438; *W. Rüdinger,* P. V. Halle 1896, pp. 150.

---

   (1) *Silvae* genannt, deren jede aber ihren eigenen Titel hatte:
Nutricia (Allgemeines Lob der Poesie) *Rusticus* (zu Hesiods, Opera
und Vergils Georgica) *Manto* (Panegyricus auf Vergil) *Ambra*
(Lob Homers).

Verzeichnis der wichtigsten Editiones principes.

1465 Cicero, de off. und Paradoxa, von Fust und Schoeffer in Mainz.

1469 Caesar, Vergil, Livius, Lucan, Apuleius, Gellius (Rom), Plinius der Ältere (Venedig).

1470 Persius, Juvenal, Martial, Quintilian, Suetonius (Rom) Terenz (Straßburg) Sallust, Horaz, Tacitus, Juvenal (Venedig) Guarinos Übersetzung des Strabo (Rom).

1471 Nepos (Venedig) Ovid (Rom, Bonn) Campanus' Übersetzung des Plutarch.

1472 Plautus (G. Merula, Venedig) Catullus, Tibullus, Propertius, Statius (Venedig) Übersetzung des Diodor I–V von Poggio und des Appian von Candidus.

1473 Lucretius (Ferrandus von Brescia) Perrottos Übersetzung des Polybius I–V (Rom, Sweynheym u. Pannartz).

1474 Valerius Flaccus (Bonn) Vallas Übersetzung der Ilias.

1475 Senecas Prosawerke (Neapel).

1481 (?) Hesiod, Opera et Dies, zusammen mit Theokrit (I–XVIII) in Mailand (?).

1484 Senecas Tragödien (Ferrara).

1485 Plinius' Epist. (Venedig).

1488 Homer [ed. Chalcondyles] (Florenz).

1495 Hesiods Opera omnia (Aldus).

1495–1498 Aristoteles (Aldus).

1496 Apollonios Rhodius (J. Laskaris), Lucian (Florenz).

1498 Ciceros Opera omnia (Mailand von Alexander Minutianus). Aristophanes [ohne Lysist. u. Thesmoph.] (Aldus).

1499 Aratos (Aldus in Astron. veteres).

1500 Kallimachos (Laskaris).

1502 Herodot, Thukydides, Sophokles (Aldi).

1503 Euripides [ohne Elektra, die erst Victorius 1545 veröffentlichte] (Aldus). Früher erschienen waren Med. Hipp. Alc. Andr., vermutlich von De Alopa in Florenz 1496 gedruckt und von J. Laskaris ediert. Datum und Ort, wie oft, fehlen.

1513 Pindar zusammen mit Kallimachos, Lykophron, Dionys. Perieg., Plato Orat. Attici (Aldus).

1514 Athenaios (Aldus).

1516 Xenophon [ohne Agesilaus, Apologia, Πόροι] (Junta) Strabo, Pausanias (Aldus).

1518 Aischylos (Aldus).

1520 Velleius (Beatus Rhenanus, Basel).

1525 Xenophons Opera omnia, mit Ausnahme der Apologie (Aldus).

1530 Polybios (ed. Opsopoeus, i. e. Koch, in Hagenau).
1532 Aristophanes' Opera omnia (Basel).
1533 Diogenes Laertius (Froben, Basel).
1539 Diodoros (XVI—XX) von Vinc. Opsopaeus, Basel; vollständig, soweit erhalten, von H. Stephanus 1559.
1544 Iosephos (Basel).
1548 Cassius Dio (R. Stephanus).
1551 Appian (C. Stephanus), vollständiger von H. Stephanus (1557).
1572 Plutarch (H. Stephanus).

Der erste *lateinische* Schriftsteller, der gedruckt wurde, war *Lactantius,* 1465 in Rom, und in demselben Jahre *Cicero* de officiis. Das erste *griechisch* gedruckte Buch überhaupt war die *Grammatik* des *Konstantinos Laskaris,* 1476 in Mailand. Das erste Buch in Oktavformat war ein *Sallust* aus dem Jahre 1475.

Vergl. *Chr. Saxe,* Onomasticon, 2 Bde, 1790; *S. F. G. Hoffmann,* Lexicon Bibliographicum, 3 Bde, 1832 (nur griech. Autoren); *F. A. Schweiger,* Handb. der class. Bibliographie, 2 Bde, 1834; *L. Hain,* Repertorium bibliographicum ab arte typographica inventa usque ad annum MD, 4 Bde, 1838, Register von C. Burger, Lpz. 1891 (das vollständigste Inkunabelnverzeichnis); *J. J. Brunet,* Manuel de Libraire etc., 8 Bde, 1880. *A. F. Didot,* Essai sur la Typographie, 1851; *Encyclop. Brittanica,* s. v. Typography; *J. W. Clark,* Libraries in the Mediaeval Renaissance Period, Oxford 1894; *G. H. Putnam,* Books and their Makers during the Middle Ages, 2 Bde, New York 1897. *B. Botfield,* Praefationes et epistulae editt. principibus auctorum veterum praepositae, Cambridge 1861. —

Über *Aldus Manutius*[1] (1459—1515), seine Söhne und die ersten Drucke (27 editt. principes): *A. A. Renouard,* Annales de l'imprimerie des Aldes, 3 Bde, Paris 1834³; *J. Schück,* A. M. u. seine Zeitgenossen in Italien und Deutschland, Berlin 1862; *A. F. Didot,* A. M. et l'hellénisme à Venice, Paris 1875, pp. 715 (Hauptwerk); *E. Goldsmidt,* The Aldine Press at Venice, Edinburgh 1877; *H. T. Brown,* The Venetian Printing Press, London 1890, pp. 480; *H. Omont,* Catalogues des livres grecs et latins imprimés par A. M. à Venice, reproduits en phototypie, Paris 1894.

Andere berühmte Drucker von Inkunabeln waren: *C. Sweynheym*

---

(1) Für die schönen Typen der *Aldinae* wurde als Muster die Handschrift des *Marcus Musurus* genommen.

11*

und *Arnold Pannartz* aus Mainz, 1464 in Subiaco, 1466—1476 in Rom
(23 Autoren innerhalb zweier Jahre). *Giunti* von 1499—1592 in Venedig, Florenz, Lyon (editt. Iuntinae).

VI. Frankreich.

Vergl. im allgemeinen: *H. Rigault,* Histoire de la querelle des
anciens et des modernes, Paris 1856, pp. 490; *E. Egger,* l'Hellénisme
en France, 2 Bde, Paris 1869, pp. 960; *A. Sicard,* les études classiques
avant la Revolution, Paris 1887; *A. Lefranc,* Histoire du Collège de
France, Paris 1893, pp. 446; *E. Hübner,* Bibliographie der class.
Alterthumsw. 1889², p. 80—87; Hauptwerk über die Gesch. der *Pariser*
Universität (gegründet zwischen 1160—1170) ist *H. T. Rashdall,* the
Univ. of Europe in the Middle Ages, Oxford Bd. I (1895) 271—557
mit reichhaltigen Literaturangaben. Füge hinzu: *G. H. Luquet,* Aristote
et l'université de Paris pendant le XIII^c siècle, Paris 1904.

Die Stephani (Étienne).

Berühmte Drucker- und Gelehrtenfamilie.   1. *Henri
Étienne* (1460—1520). 2. *Robert* (1503—1559) und 3. *Charles*
(1504—1564), Söhne von Henri.   4. *Henri II*, Sohn von Robert
(1528—1598).   5. Sein Sohn *Paul* (1566—1627). 6. *Anton,*
Sohn von Paul (1592—1674).   Von diesen waren die bedeutendsten, und auch als Philologen hervorragend, *Robert*
und vor allen *Henri II.*   Sie wirkten in Paris und Genf.

Hauptdrucke von *Robert Étienne:* Plautus, Terenz, Cicero,
Horaz, Dionysios Halik., Cassius Dio, Eusebios und der *Thesaurus linguae Latinae* (1531—1536), bis auf Forcellini (1771)
das vollständigste Lexikon der latein. Sprache.   *Henri II. Étienne:*
Xenophon, Thukydides, Platon, Theokrit, Diodor, Appian,
Anthologie und zahlreiche andere Ausgaben und Erläuterungsschriften.   Die meisten dieser Drucke wurden zur Vulgata[1],
und so wird noch heute bei vielen, z. B. Plato, nach der
Seitenzahl des Stephanus zitiert.   Sein Ruhm gründet sich
jetzt vor allem auf sein Lebenswerk, den *Thesaurus Grae-*

---

[1] Bis etwa auf I. Bekker.

cae linguae (1572)[1] in 5 Foliobdn, das in seiner wiederholt verbesserten und erweiterten Gestalt (zuletzt 1865) das
einzige große Lexikon der griech. Sprache geblieben ist.

Vergl. *Greswell, E.,* a View of the Early Parisian Press, with
Lives of the Stephani, 3 Bde, Oxford 1833; *J. A. Renouard,* Annales
de l'imprimerie des Étiennes, Paris 1848²; *L. Feugère,* Essai sur la
vie et les ouvrages de Henri Étienne, Paris 1853; *E. Egger,* op. cit.
p. 198–221; *M. Pattison,* Essays I 66–124; *Putnam,* Books and their
Makers etc. II 3–87.

GUILLAUME BUDÉ (Budæus), 1467–1540.

Geboren in Paris, studierte in Orléans, im diplomatischen
Dienst Louis XII. und Franz I., Bibliothekar und Requeten-
meister seit 1522. Das Collège de France wurde auf seine
Anregung hin gegründet.

Plut. de fortuna Roman., Alexander, de tranquillitate,
Ps.-Plut. Placita. *Annotationes in Pandecta* (1508) *Commentarii Linguae Graecae* (1519) *De asse et partibus eius* (1514). Mit diesem Werk wurde B. der Begründer
der wissenschaftlichen Metrologie.

Vergl. *D. Rebitté,* G. B. restaurateur des études grecques en
France, Paris 1846; *E. de Budé,* vie de G. B., Paris 1884, pp. 301;
Egger, op. cit. I 161–163. 171–173.

ADRIEN TURNÈBE (Turnebus), 1512–1565.

Aus Andely in der Normandie, studierte in Paris, 1533
Prof. in Toulouse, 1547 in Paris am Collège de France, wo
Scaliger kurze Zeit sein Schüler war, 1552–1556 Direktor
der königlichen Druckerei. Der erste hervorragende Textkritiker Frankreichs (bes. im *Plautus* und *Cicero*).

Druckte die editio princeps von Philo Judaeus, Synesios,
die Scholien des Triklinios zu Sophokles, mit wertvoller Einleitung. Herausgeber des *Aischylos,* der Ethik des *Aristot.,*
Appian, *Cicero* de legibus. Kommentar zu Horaz und *Varros*

---

(1) "*At Thesaurus me hic de divite reddit egenum | Et facit
ut iuvenem ruga senilis aret.*"

de lingua Latina. Seine textkritischen und exegetischen Aufsätze sind zum großen Teil gesammelt in den berühmten *Adversaria*, 30 B. (1564/5). Eine Monographie über sein
Leben und seine Werke fehlt.

DENIS LAMBIN (Lambinus), 1520 – 1572.

Aus Montreuil-sur-Mer in der Picardie, studierte zu Amiens,
lebte lange Jahre in Italien (1549 – 1560), meistens in Rom
und in der Begleitung des Kardinals Tourron, 1561 Prof. am
Collège de France, starb vor Schrecken über die Pariser
Bluthochzeit.

Ausgaben mit Kommentar von *Horaz, Cicero, Lucrez,
Plautus, Nepos*. Diese epochemachenden Arbeiten sind ebenso ausgezeichnet durch ihren musterhaften Stil, wie durch kritischen Scharfsinn und eminente Gelehrsamkeit. Sie sind
auch heute noch nicht entbehrlich, wie denn das in ihnen
gesammelte exegetische Material den Grundstock der heutigen
Kommentare zu jenen Autoren bildet.

Vergl. *P. Lazer* in Orellis Onomasticon Ciceronis, vol. I Appendix p. 478–491; *Horawitz* in Ersch und Gruber II 41 (1887)
p. 270–274.

MARCVS ANTONIVS MVRETVS, 1526 – 1585.

Berühmter lateinischer Stilist und Textkritiker, geb. zu
Muret bei Limoges, lehrte zu Poitiers, Bordeaux, Paris und
Toulouse, von 1554 an in Venedig, Padua und seit 1563 mit
großem Erfolge in Rom. 1576 wurde er Priester. Seine
Schriften sind ein Muster feinsinniger Exegese und metho-
discher Kritik.

Ausgaben meist mit Kommentar: *Catullus, Tibullus,
Propertius, Horaz, Terenz, Ciceros* Catilinariae und Philip-
picae, *Sallust, Seneca, Tacitus'* Annalen I–V   *Aristot.* Ethik,
Oecon. Topik, Rhet. I. II. und *Plato*, Republ. I. II.   *Variae
Lectiones* (1559), sehr oft gedruckt.

Vergl. *D. Ruhnken*, Mureti Opera omnia, 4 Bde, 1789 (vita in
Bd. IV 518–581); *C. Dejol*, M. A. Muret, Paris 1881, pp. 500; *M. Pattison*, Essays I 124–132; *Sandys*, Harvard Lect., p. 168–171.

Ioseph Ivstvs Scaliger (de la Scala), 1540—1609.

Einer der größten Philologen aller Zeiten.
"Aquila in nubibus, quod Graeci dicunt (Arist. Equit. 1013.
Aves 978), *vere tu es; vides, immo pervides omnia et quidquid ve-*
naris capis" Lipsius. *"Unus forte Joseph Scaliger, quem ex omni-*
bus qui post renatas litteras fuerunt, omni antiquitatis scientia con-
summatissimum fuisse constat, non multum ab hac perfectione ab-
fuit" Wyttenbach. *"The most richly stored intellect that ever spent*
itself in acquiring knowledge" Pattison. *"Melius morbos quam re-*
media novimus" Scaliger.

Sohn des Philologen Julius Cäsar Scaliger[1], geb. zu
Agen (an der Garonne), gebildet in Bordeaux unter Muret,
Buchanan und seinem Vater, studierte er kurze Zeit in Paris.
Von 1563—1593 lebte er in der Familie des Grafen de la
Rochepozay und begleitete ihn 1565 nach Rom, 1566 be-
suchte er England, begab sich 1570 nach Valence (Dauphiné),
um unter dem berühmten *Cuiacius* Jurisprudenz zu studieren.
1572—1574 Prof. in Genf, wohin er nach den Greueln der
Bartholomäusnacht geflüchtet war. Die nächsten 20 Jahre
verbrachte er auf Reisen in Süd-Frankreich oder auf den
Schlössern seines Protektors Rochepozay. 1593 nahm er
einen Ruf als Nachfolger von Lipsius nach Leiden an, der
Verpflichtung Vorlesungen zu halten enthoben. Er starb daselbst am 21. Jan. 1609. Seine bedeutendsten Werke waren:

Coniectanea in *Varronis* de ling. Lat. 1565. Metrische Übersetzung des *Lykophron* 1566. Catalecta Virgilii
et aliorum poetarum veterum 1572. *Festus* 1576 *"Das*
bisher unerreichte, ja in solchem Umfange einzige Muster
divinatorischer Kritik" Bernays. *Catullus, Tibullus, Pro-*
pertius 1577. *Manilius* 1579. *Publilius Syrus* 1598.
De emendatione Temporum 1583 und *Thesaurus*
Temporum 1606. Diese beiden monumentalen Werke sind
ebenso ausgezeichnet durch eine wohl nie wieder erreichte
Beherrschung der gesamten chronologischen Überlieferungen

---

(1) Über ihn *Ch. Nisard,* les gladiateurs etc. I p. 305—400;
Saintsbury, Hist. of Lit. Criticism II 69—80.

des Altertums wie durch divinatorisches Genie.[1]　　*24 In-dices* zu Gruters *Thesaurus* inscript. Latin. 1603. Mit diesen musterhaften, innerhalb zehn Monate verfertigten In-dices ist Scaliger der Begründer der wissenschaftlichen Epi-graphik geworden. Apuleius 1600 Caesar 1606 *de re nummaria* 1616.

Vergl. *J. Bernays*, J. J. Scaliger, Berlin 1855, pp. 319, vollstän-diges Schriftenverzeichnis, p. 267–305 (Hauptwerk); *L. Müller*, Gesch. der class. Philol. in den Niederlanden, Lpz. 1869, p. 267–305; *M. Pat-tison*, Essays I 196–244; *Ch. Nisard*, le triumvirat littéraire ⟨Lipsius, Scaliger, Casaubonus⟩ au XVI. siècle, Paris 1852, p. 149–308 (ein viel zitiertes, reichhaltiges und interessantes Buch, das aber von Scaliger ein tendenziös entstelltes Zerrbild bietet[2]); *M. Haupt*, Opusc. III p. 30–33 (Charakteristik Scaligers).

ISAAC CASAUBON (Casaubonus), 1559–1614.

"Est doctissimus omnium qui hodie vivunt" Scaligerana. Geboren·in Genf, studierte 1578 daselbst, 1583 Prof. der griech. Sprache ebenda, 1596 in Montpellier, 1598 in Lyon, 1599 in Paris, 1603 Bibliothekar Heinrichs IV., flüchtete nach dessen Ermordung 1610 nach England, wo er am 1. Juli 1614 starb und in der Westminsterabtei bestattet wurde.

De Satyrica Graecorum poesi et Romanorum Satira 1605 (ed. Rambach, Halle 1774 mit Vita Casauboni). Grundlegend. Ausgaben und Kommentare: *Strabo* 1587. *Polyainos* 1589 edit. princeps. *Aristoteles* 1591. *Theophrasts* Cha-raktere 1592. *Athenaios* 1598. 1840[8] (in Schweighäusers Ausgabe), sein Meisterwerk. *Polybios* 1609 (berühmte Ein-leitung über griech. Historiographie). *Sueton* 1595. *Scrip-tores Hist. Aug.* 1603. *Persius* 1605 (1833[4]), epoche-machend; der weitschweifige Kommentar ist noch heute un-

---

(1) Seine Rekonstruktion der Chronica des Eusebios fand eine glänzende Bestätigung durch die später entdeckte armenische Über-setzung.

(2) Vergl. auch denselben in *Les gladiateurs* (op. cit.) II pp. 1–206 über Scioppius, Scaligers Gegner.

entbehrlich.[1] *Apuleius* 1614. Daneben wertvolle kritische und exegetische Beiträge, z. B. zu *Aristophanes, Theokrit, Dionysios* Halicarnass., *Diogenes Laertius*, Plinius' Epist.

Vergl. *M. Pattison,* J. Casaubon, Oxford 1892² (Hauptwerk); *Nisard,* op. cit. p. 309–456; *J. J. Nazelle,* J. Casaubon, sa vie et son temps, Paris 1897, pp. 234; *Fr. Hoffmann* in Hist. Taschenbuch, Folge V Bd. X (1881), Lpz. p. 1–60; *Putnam,* Books and their makers II 87–101.

Claude de Saumaise (Salmasius), 1588–1653.

"Non homini, sed scientiae deest quod nescivit Salmasius" Balzac.

Geboren 15. April 1588 zu Sémur en Auxois, studierte 1604 in Paris, 1606 in Heidelberg Jurisprudenz, und hier entdeckte er die Anthologie des Kephalas (Anthol. Palatina) (s. oben p. 138). 1631 Prof. in Leiden, 1650 am Hof der Königin Christine von Schweden; 1651 nach Holland zurückgekehrt, starb er in Spaa 1653. Berühmt ist seine Fehde mit dem englischen Dichter Milton.

Ausgaben: *Florus* 1609 *Scriptores Historiae Augustae* 1620 *Tertullian* de pallio, Achilles Tatius 1640, Simplicius' Kommentar zu Epiktet 1640. Grundlegende antiquarische Abhandlungen sind *de lingua hellenistica* 1643, das erste Werk über diesen Gegenstand de annis climactericis et antiqua astrologia 1648, de re militari Romanorum 1657, de modo usurarum, de mutuo. Sein magnum opus ist aber *Plinianae exercitationes in Solini Polyhistorem* 1629, ein Werk von enzyklopädischer Gelehrsamkeit und eine unerschöpfliche Materialsammlung für alle Späteren.

Vergl. *Saxe,* Onomast. IV 188 ff.; *Fr. Creuzer,* opusc. II p. 65–75; *L. Müller,* p. 141. Eine Monographie fehlt.

Charles du Fresne sieur du Cange, 1610–1688.

"Einer der größten Gelehrten aller Zeiten" Krumbacher.

Aus Amiens, studierte Jura in Orléans, 1631 Parlamentsadvokat in Paris, 1645 Schatzmeister in Amiens, von 1668

---

(1) "La sauce valait mieux que le poisson" *Scaliger.*

an in Paris. Sein Ruhm gründet sich in erster Linie auf seine großartigen, noch immer ganz unentbehrlichen Lexika: *Glossarium ad scriptores mediae et infimae Latinitatis* 1678 und *Glossarium ad scriptores mediae et infimae Graecitatis* 1688, die ein ganz neues Forschungsgebiet erschlossen. Dasselbe gilt von seiner Ausgabe der *Byzantinischen Historiker* 1680.

Vergl. *Hardouin,* Essai sur la vie et les ouvrages de du Cange, Paris 1849; *L. Feugère,* la vie et les ouvrages de du Cange, Paris 1852; *Ersch u. Gruber,* I 28 p. 199 f.

Bernard de Montfaucon, 1655–1741.

Geboren auf dem Schlosse Soulage (Languedoc). Nach einer kurzen militärischen Laufbahn trat er 1676 in den Benediktiner-Orden ein, seit 1701 lebte er in Paris. Begründer der paläographischen und archäologischen Disziplinen. Zur Bestimmung einer festen Chronologie auf Grund des Schriftcharakters hat Montfaucon allein 11630 Hss untersucht.

Hauptwerke: *Palaeographia Graeca* 1708. *Bibliotheca bibliothecarum manuscriptorum nova* 1739, in 2 Foliobänden, Katalog und Beschreibung aller von ihm in einem Zeitraum von 40 Jahren untersuchten Hss, ein erst in der allerneuesten Zeit entbehrlich gewordenes Hilfsmittel. *L'Antiquité expliquée et représentée en figures,* 15 Bde, 1719–1724.

Vergl. *E. de Broglie,* la société de l'abbaye de Saint Germain, 2 Bde, 1891.

VII. Holland.

Vergl. *L. Müller,* Gesch. der class. Philol. in den Niederlanden, Lpz. 1869, pp. 249; *G. D. J. Schotel,* de Academie te Leiden in de 16ᵉ, 17ᵉ en 18ᵉ Eeuw, Haarlem 1875, pp. 410.

Universitätsgründungen: *Leiden* 1575, *Franeker* 1585, *Groningen* 1614, *Amsterdam* 1632, *Utrecht* 1636.

Desiderius Erasmus, 1467—1536.

Geboren zu Rotterdam 28. Oktober 1467, gebildet in Gouda, Utrecht und bes. Deventer. Von 1483—1496 lebte er als Mönch in Klöstern bei Gouda und Cambray, studierte scholastische Philosophie in Paris, begab sich 1498 nach England, wo er auch 1505 und 1509, diesmal als Prof. in Cambridge, sich aufhielt. Nach einem weiteren Wanderleben (1514 in Deutschland, 1516 in Brüssel, 1521 in Basel, 1529 in Freiburg) wollte er nach Holland zurückkehren, starb aber in Basel, 11. Juli 1536. E. ist der gefeiertste Gelehrte des Reformationszeitalters. Unter seinen überaus zahlreichen Schriften und Ausgaben, die hier in Betracht kommen, sind die berühmtesten:

Adagia, zuerst 1500 in Paris erschienen, über 800 Sprichwörter enthaltend und bis zur Mitte des 17. Jahrh. oft mit reichhaltigen Zusätzen wiederholt. *Plutarch* 1514, *Seneca* 1515, *Scriptores Hist. Aug. Sueton* 1517, Curtius Rufus 1518, *Cyprian* 1520, *Cic.* de off., Lael., Cato, Parad. 1520 *Aristoteles* 1531 *Ptolemaios* 1533 (edit. princeps)

Novum Testamentum 1516 (epochemachend) *Ciceronianus,* sive de optimo genere dicendi 1528. Dieser berühmte Dialog rief eine heftige Gelehrtenfehde hervor. Zu den leidenschaftlichsten Gegnern des Erasmus gehörte Jul. Caes. *Scaliger.*[1]

Von größerem Einfluß war der in demselben Jahre veröffentlichte Dialog *De recta Latini Graecique sermonis Pronuntiatione.* In dieser Schrift empfahl E., halb im Scherze, den bis dahin ausschließlich geltenden *Itacismus* in der Aussprache des Griech. zu Gunsten des *Etacismus* aufzugeben,

---

(1) Zur Geschichte des 'Ciceronianismus', vergl. *Bernhardy,* Grundr. der röm. Literat. 1872⁵, p. 115 ff.; *Ch. Nisard, les gladiateurs* etc. I 305—376 (Scaliger u. Erasmus); *Sabbadini,* Storia del Ciceronianismo, Turin 1886 (behandelt nur die Anfänge); *Zielinski,* Cicero im Wandel der Jahrhunderte 1897; *E. Norden,* Antike Kunstprosa II p. 773—779; *Sandys,* Harvard Lectures, p. 145—173.

ein Vorschlag, der trotz des Widerspruchs von *Reuchlin*[1], dem
Melanchthon sich anschloß, bald allgemein angenommen wurde.
Vergl. *F.C.Hoffmann,* Essai d'une liste d'ouvrages et disserta-
tions concernant la vie et les écrits d'Érasme, Bruxelles 1866;
H. Durand de Laur, Erasme, 2 Bde, pp. 1290, Paris 1872; *R. B. Drum-
mond,* E., his Life and Character, 2 Bde, pp. 790, London 1873; *H. A.
Erhard,* Gesch. des Wiederaufblühens wissensch. Bildung usw., Magde-
burg 1832, in Bd. II 461 ff. (wo auch die ältere Literatur verzeichnet
ist), *derselbe,* in Ersch u. Gruber, Allgem. Encycl. I Bd. 36, p. 155
—212 (mit chronolog. Schriftenverzeichnis); *G. Feugère,* Erasme, Étude
sur sa vie et ses ouvrages, Paris 1874; *Kämmel* in Allgem. deutsch.
Biogr. Bd. VI p. 160—180; *W.H. Woodward,* D. E. concerning the aim
and method of education, Cambridge 1904, pp. 261; *Fr. Paulsen,*
Gesch. des gelehrt. Unterr. in Deutschl. I² (1896) p. 63—66. 143—145.

IUSTUS LIPSIUS, 1547 — 1606.

"Perfectus litteris Latinis, Graecarum mediocriter peritus"
Ruhnken. *"Lipsius n'est Grec que pour sa provision"* Scaliger.

Einer der genialsten Textkritiker der Neuzeit.

Geboren 18. Okt. 1547 zu Issche bei Brüssel, gebildet
in Ath und in Köln, studierte 1563 Jurisprudenz und klassische
Philologie in Löwen (Louvain), 1567 in Rom, 1572 Prof. in
Jena, 1576 in Löwen, 1579 Prof. in Leiden, 1592 in Löwen
und Historiograph des Königs von Spanien.

Ausgaben: *Tacitus* 1574¹, epochemachendes Meisterwerk. *Seneca Velleius Valerius Maximus.* Kommentar
zu *Plinius'* Panegyricus. Dazu kommen zahlreiche textkritische
und bahnbrechende antiquarische Abhandlungen, z. B. *de gla-
diatoribus* 1582 *de amphitheatro* 1584 *de militia Romana*
1595 *Poliorcetica* 1596.

Vergl. *A. de Reiffenberg,* de J. L. vita et scriptis commentarius
1823; *Ch. Nisard,* le triumvirat etc. 1852, p. 1—148; *L. Müller,* op. cit.
p. 24—29. 33—35; *E. Amiel,* J. L. un publiciste du XVI. siècle, Paris
1884; *van der Haeghen,* Bibliographie Lipsienne, 3 Bde, Gent 1888.

(1) Daher spricht man auch von 'Reuchlinianern' und 'Eras-
mianern'. Der Streit ist in neuerer Zeit wieder entbrannt, sed adhuc
sub iudice lis est. Auf Seite der letzteren stehen z. B. Blass, Zacher,
Jebb, für erstere treten Rangabé, Hatzidakis und die Griechen überhaupt ein.

GERHARD JOHANNES VOSSIUS, 1577—1649.

Geboren bei Heidelberg, gebildet in Dordrecht und Leiden, 1600 Rektor in Dordrecht, 1615 in Leiden, seit 1622 Prof. daselbst, 1631 am Athenaeum in Amsterdam. Der größte holländische Polyhistor, eifriger Sammler von Hss ('codices Vossiani' in Leiden).

Hauptwerke: *Aristarchus* sive de arte grammatica 7 B., 1635. 1835 *De historicis Graecis* 1624. 1838 *de historicis Latinis* 1627. Die erste wissenschaftliche und auf lange Zeit grundlegende Darstellung der klass. Historiographie. Commentaria rhetoricarum sive oratoriarum institutionum in 7 B. 1606 und oft aufgelegt   de vitiis sermonis   ars rhetorum   de artis poeticae natura.

Vergl. *J. G. Crane,* de Vossiorum Iuniorumque familia, Franeker 1820; *Pökel,* s. v. (Schriften).

JOHANNES MEURSIUS (Jan de Meurs), 1579—1639.

Geboren zu Loogduynen (bei Haag), studierte in Leiden, 1610 Prof. daselbst, 1625 Prof. an der Akademie in Soroe (Dänemark).

Ausgaben: *Platons* Timaios   *Lykophron   Hesychios Milesius   Konstantinos Porphyrogennetos   Phlegon von Tralles   Theophrasts* Charactere   Catos de agricultura. Besonders berühmt sind seine zahlreichen Monographien, die auch heute noch eine reiche Fundgrube antiquarischen und literarhistorischen Wissens bilden. *Opera omnia,* 12 Folio-Bde von J. Lami, Florenz 1741—1763, die wichtigsten Arbeiten stehen auch in den *Thesauri antiquitatum* des *Gronovius* und des *Graevius.*

DANIEL HEINSIUS, 1580/81—1655.

'Parvus Scaliger' Casaubonus.

Geboren zu Gent, studierte in Franeker und Leiden unter Scaliger, Prof. und Bibliothekar in Leiden 1605. Herausgeber zahlreicher griech. und latein. Texte: *Hesiod* 1603   *Griech.*

Bukoliker mit Scholien　　Maximus Tyrius　　*Arist.* Poetik 1610
u. Politik 1621　　*Clemens Alexandr.* 1616　　*Paroemiographi*
1619.　　Silius Italicus 1600　　*H o r a z* 1610　　*Seneca* 1611
Terenz 1616　　*O v i d* 1629 (seine bedeutendste Leistung)
Livius 1634　　*Vergilius* 1636.

Vergl. *L. Müller,* op. cit. p. 38 f.; *Fr. Jacobs,* Ersch u. Gruber,
Allgem. Encycl. II Bd. 5, p. 14—17.

HUGO GROTIUS (Huig de Groot), 1583—1645.

"Aliter pueri Terentium legunt, aliter Grotius".

Geboren zu Delft 10. April 1583, studierte in Leiden
1594 unter Scaliger, 1601 Historiograph Hollands, 1607 General-
fiskal, 1613 Ratspensionär in Rotterdam.　Als Parteigenosse
Oldenbarneveldts (hingerichtet 1619) ins Gefängnis geworfen,
entkam er 1621 in einer Bücherkiste versteckt nach Ant-
werpen und Paris, 1631 in Holland, 1632 in Hamburg, 1634
im Dienst der Königin Christine von Schweden, starb auf
der Rückkehr in seine Heimat in Rostock, 28. Aug. 1645.
Grotius zeichnete sich als Theologe, Historiker, Philosoph,
Dichter und vor allem als Jurist und Philologe aus.　Durch sein
unsterbliches Werk *de iure belli et pacis* (1625) wurde er
der Begründer des Völkerrechts.　Er edierte *Lucan, Silius
Italicus, Martianus Capella.*　Besonders berühmt sind seine
glänzenden metrischen *Übersetzungen* von *Eurip.* Phoenissae,
Theokrit und vor allem der *A n t h o l o g i a P l a n u d e a.*

Vergl. *H. Luden,* H. G., Berlin 1806; *J. Hasemann,* Ersch und
Gruber I 94 p. 199—226; *Caumont,* Étude sur la vie et les travaux
de Grotius, Paris 1862; *Neumann,* H. G., Berlin 1884.

JOH. FR. GRONOVIUS, 1611—1671.

"Latinitatis scientia princeps" Wyttenbach.　*"Numquam
interitura est vera educatio, donec Gronovii opera legentur"*
Markland.

Geboren in Hamburg 8. Sept. 1611, studierte in Leipzig,
Jena, Altdorf, 1634 in Leiden und Groningen als Schüler
des G. J. Vossius und Salmasius, bereiste England, Frankreich

und Italien, 1642 Prof. in Deventer, 1659 als Nachfolger des
D. Heinsius in Leiden, wo er am 28. Dez. 1671 starb.

G. ist alles in allem der hervorragendste Latinist Hollands.
Viele seiner Ausgaben sind bis zum Anfang des 19. Jahrh.
die Vulgata gewesen.

Livius 1645 (sein Hauptwerk)   die beiden *Seneca* 1649
Gellius 1651   *Statius* 1653 (darin besonders berühmt
die Ausgabe mit Kommentar zu den *Silvae*)   *Martial* 1661
Plautus 1664 (vergl. *Ritschl,* Opusc. II 155 f.)   *Sallust*
1665   *Plin.* nat. 1669   *Phaedrus* 1669   *Tacitus* 1672.

Vergl. *L. Müller,* p. 42—44; *Wilkins, J. Fr. G.,* Hamburg 1723;
Anonyme vita (Westerhof?) in den *Lectiones* Plautinae, Amsterdam
1740; *Creuzer,* op. cit. p. 108 ff.; *Eckstein,* in Ersch und Gruber I
92 p. 193—200.

NICOLAUS HEINSIUS, 1620—1681.

"Sospitator poetarum Latinorum".

Aus Leiden, studierte unter seinem Vater Daniel Heinsius,
1641 in England, 1645 in Frankreich, 1646 in Italien, 1649
in Schweden, 1654 im Dienste der Königin Christine von
Schweden, 1656 Stadtschreiber in Amsterdam, 1659 wieder
in Schweden, 1671 in Moskau. Er lebte später als Privatgelehrter in Vianen und starb im Haag 1681. Genialer Textkritiker lateinischer Schriftsteller.

Claudian 1650   *Ovid* 1652 (sein Meisterwerk)
Vergil 1664   *Prudentius* 1667   *Velleius* 1678   *Valerius
Flaccus.* Zahlreiche wertvolle Beiträge zu Catullus, Propertius,
Silius, Phaedrus, Tacitus u. a. in seinen *Adversaria.*

Vergl. *L. Müller,* p. 51—54 und vita in Burmanns Ausgabe der
Adversaria; *Fr. Jacobs,* Ersch u. Gruber II 5, p. 19—22.

JOH. GEORG GRAEVIUS, 1632—1703.

Geboren zu Naumburg, 1645—1649 in Schulpforta, studierte seit 1650 in Leipzig, Deventer (unter Gronovius) und
Leiden, 1656 Prof. in Duisburg, 1658 am Athenaeum in Deventer, 1662 in Utrecht.

Ausgaben: *Hesiod* Justin Sueton *Cicero* in 11 Bdn, unvollendet (Hauptwerk, besonders wertvoll die Rezension der Briefe) *Kallimachos.* Berühmt als Herausgeber des *Thesaurus antiquitatum Romanarum* 1699 in 12 Bdn und *Thesaurus antiquitatum et historiarum Italiae* 9 Folio-Bde, fortgesetzt von Burmann, 15 Bde 1704.

Vergl. *L. Müller,* p. 44f. und *Frotscher,* Eloq. virorum narrationes de hominibus excell. I (1826) p. 134–196, Schriften 197–204.

JACOB GRONOVIUS, 1645–1716.

Aus Deventer, studierte daselbst und in Leiden unter seinem Vater Joh. Fr. Gronovius, bereiste England, Spanien und Italien, Prof. in Pisa und seit 1679 in Leiden.

Herausgeber des: *Polybius* 1670   *Macrobius* 1670 *Stephanus Byzantius* 1681   *Harpokration* 1682   *Mela* 1685 *Amm. Marcell.* 1693   *Phaedrus* 1703   *Arrian* 1704 *Herodot* 1715   *Tacitus* 1721 usw. und vor allem des *Thesaurus antiquitatum Graecarum,* 13 Folio-Bde, 1702.

Vergl. *Eckstein,* Ersch u. Gruber I 92, p. 200–203.

JACOB PERIZONIUS (VOORBROEK), 1652–1715.

Aus Dam, gebildet in Deventer, studierte seit 1661 in Utrecht und Leiden, 1681 Konrektor in Delft, 1682 Prof. in Franeker, 1693 in Leiden. Herausgeber des *Aelian, Curtius, Dictys* u. *Dares.* Sein Ruhm knüpft sich besonders an seine *Animadversiones historicae* 1685 (1771, mit vita), in denen er als erster die Glaubwürdigkeit der älteren römischen Geschichte in Zweifel zog. Auch in der Annahme altrömischer Heldenlieder ist Perizonius, neben dem späteren *Vico,* der bedeutendste Vorläufer *Niebuhrs.*

Vergl. *Hofman-Peerlkamp,* Bibl. crit. nova V p. 545–552; *F. A. Eckstein,* in Ersch u. Grubers Encycl. III 17, p. 108–113; *Schwegler,* Röm. Gesch. I 35. 135f., 427. II 526. III 198; *G. Kramer,* Elogium Perizonii, Berlin 1828, pp. 96 (eine von Niebuhr gestellte Bonner Preisaufgabe).

PETER BURMANN der Ältere, 1668–1741.

Geboren in Utrecht, studierte daselbst und in Leiden unter Graevius, 1696 Prof. in Utrecht, 1715 in Leiden. Seine zahlreichen Ausgaben erfreuten sich lange einer ungeheuren Beliebtheit, einige sind auch heute noch unentbehrlich: *Phaedrus* Horatius *Valerius Flaccus* *Petronius* 1709 *Claudian* 1714 *Velleius* *Quintilian* 1720 *Justin* *Poetae Latini minores* *Ovid* 1727 *Sueton* *Lucan* 1740 *Vergil.*

Vergl. *Saxe,* Onomasticon V 466–477; *L. Müller,* p. 45 f., 54–59.

TIBERIUS HEMSTERHUSIUS (Hemsterhuis), 1685–1766.

Geboren zu Groningen, studierte daselbst und in Leiden, 1704 Prof. der Philosophie und Mathematik am Athenaeum in Amsterdam, 1717 in Franeker, 1740 in Leiden. Lehrer Valckenaers und Ruhnkens. Begründer der holländischen Hellenistenschule.

Ausgaben des *Pollux* 1706 *Lucian* 1743 *Aristoph. Plutos,* mit Scholien 1744 (epochemachend).

Vergl. *D. Ruhnken,* Elogium H., pp. 33, mit Anm. von Bergmann 1824, p. 303–336; *Hand,* in Ersch u. Gruber II 5, p. 290–292; *L. Müller,* p. 74–82.

PETER BURMANN (Secundus), 1714–1778.

Geboren in Amsterdam, Neffe des Obigen, studierte in Utrecht, 1736 Prof. in Franeker, 1744 am Athenaeum in Amsterdam.

Herausgeber der *Anthologia Latina* (mit Kommentar) 1773 *Aristophanes* *Claudian* u. a.

Vergl. *G. C. Harless,* Vitae philol. nostra aetate clariss. I 95–170.

LUDWIG CASPAR VALCKENAER, 1715–1785.

Geboren zu Leeuwarden 7. Juni, studierte seit 1731 zu Franeker und Leiden, 1741 Prof. in Franeker, 1766 Nachfolger von Hemsterhusius in Leiden. *"Er übertraf an Wucht der Gelehrsamkeit alle Zeitgenossen"* Wilamowitz.

Hauptwerke: *Homers* Ilias 1747 *Eurip. Phoenissae* 1755, *Hipp.* acced. *Diatribe in Eurip. perditarum fabularum reliquias* 1768 (epochemachend) *Theokritos, Bion* und *Moschos* 1781 (grundlegend). *Callimachi fragm.* (ed. Luzac 1799). *Diatribe de Aristobulo* (ed. Luzac 1806), epochemachendes Meisterwerk, in welchem die literarischen Fälschungen dieses Alexandriners mit glänzendem Scharfsinn und tiefer Gelehrsamkeit aufgedeckt werden.

Vergl. *Wyttenbach,* in Vita Ruhnkenii, p. 175–181; *J. T. Bergman,* Memoria L. C. V. 1871; *L. Müller,* p. 82 f.; *Wilamowitz,* Eur. Heracl. I¹ 231 f.

DAVID RUHN(E)KEN, 1723 – 1798.

Geboren in Stolp (Hinterpommern) 2. Jan. 1723, gebildet in Schlawe und Königsberg, studierte 1741 in Wittenberg, 1743 in Leiden, 1757 Lektor, 1761 Prof. daselbst. Einer der bedeutendsten Kritiker und latein. Stilisten Hollands.

Timaei Lexicon vocum Platonicarum 1754. *Historia critica oratorum Graecorum* 1768, sein Meisterwerk und die erste wissenschaftliche Darstellung der griech. Beredsamkeit.

(P. J. Schardam) *de vita et scriptis Longini* Ausgaben der Hom. Hymnen an Demeter und Dionysos *Velleius* Hesychios Dictata in *Terentium,* in *Ovidii* Heroidas, in *Suetonium. Elogium Hemsterhusii,* eine stilistisch, wie inhaltlich meisterhafte Biographie.

Vergl. *D.Wyttenbach,* de vita Ruhnkenii, p. 67–300, mit Anmerk. von Bergmann, p. 353–464; *L. Müller,* p. 84–88. 101–103; *H. Petrich,* D. R., in Z. f. Gymn. XXXIV (1880) p. 81–111.

DANIEL ALBERT WYTTENBACH, 1746 – 1820.

Geboren in Bern, studierte seit 1760 in Marburg, Göttingen und Leiden (unter Ruhnken), 1771 Prof. in Amsterdam, 1799 – 1816 Nachfolger Ruhnkens in Leiden.

Hauptwerke: *Plutarchi Moralia* (Recensio, Animadversiones, letztere unvollendet, index), 14 Bde. Einleitungen wie Kommentar noch heute unentbehrlich. *Vita Ruhnkenii*

1799 vortreffliche Biographie *Platons* Phaidon. *Opuscula,*
2 Bde, 1821   Andere Werke bei *Pökel.*
Vergl. *G. L. Mahne,* Vita Wyttenbachii, Leiden 1823; *L. Müller,*
p. 91—96; *Creuzer,* op. cit. p. 189—194.

Peter Hofman-Peerlkamp, 1786—1865.

Geboren in Groningen, studierte daselbst und in Leiden,
1803 Gymnasiallehrer in Haarlem, 1804 Rektor in Dockum,
1816 in Haarlem, 1822—1848 Prof. in Leiden.   Hervorragender Kritiker und lateinischer Stilist.   Seine mit glänzendem Scharfsinn gehandhabte Methode, die lateinischen Dichter
an subjektiven Kriterien poetischer Vollkommenheit zu messen,
führte ihn zu zahlreichen Umstellungen und zur Annahme
weitgehender Interpolationen — so blieb von den Oden des
Horaz nur etwa ein Viertel als echt übrig.   Dieses Prinzip,
in welchem er in Scaliger und Guyet Vorgänger hatte, hat
lange einen verhängnisvollen Einfluß ausgeübt. (Gruppe, Lehrs,
M. Schmidt, Ribbeck, Baehrens.)

Hauptwerke: *Xenophon* Ephesius mit Kommentar 1818
Tacitus' Agricola 1827   *Horaz,* Oden 1834, Ars poet. 1845,
Sat. 1863 *Vergils* Aeneis 1843   *Properz* mit Kommentar 1865.
Vergl. *L. Müller,* p. 110 f.

C. Gabriel Cobet, 1813—1889.

Geboren zu Paris, studierte 1836 in Leiden, seit 1840
auf wissenschaftlichen Reisen, 1847 Prof. in Leiden.   Einer
der hervorragendsten griechischen Textkritiker und Paläo-
graphen der Neuzeit.

Prosopographia Xenophontea 1836   *de arte inter-
pretandi* usw. 1847   *Eur.* Phoen. 1847   *Diogenes Laertius*
1850   *Xenoph.* Anab. 1859, Hellen. 1862   *Lysias* 1863.
Besonders wertvoll: *Variae Lectiones,* 2 Bde, 1873[2]
Novae Lectiones, 2 Bde, 1853   *Miscellanea critica* 1876
Collectanea critica 1878.

12*

Vergl. *J. J. Hartman,* Biogr.' Jahrb. XII (1889), pp 53; *J. J. Cornelissen,* ad Cobeti memoriam 1889; *G. Rutherford,* Class. Review III (1890) p. 470–474; Schriftenverzeichnis in Mnemos. XXXIV (1906) p. 430–443.

VIII. England.

Im allgemeinen: *J. E. Sandys,* in Social England V 53–70. VI 297–313. Eine umfassende Darstellung der Gesch. philolog. Studien in England fehlt. Einiges bieten die vorzüglichen Werke von *J. B. Mullinger,* History of the Univ. of Cambridge, 2 Bde, Cambridge 1873 und *H. T. Rashdall,* the Universities of Europe in the Middle Ages, Bd. I, Oxford 1895. Chronologisches Personenverzeichnis bei *Hübner,* Bibliogr., p. 95–98. Charakteristik bei *G. Hermann,* Opusc. VI 91–102, *Wilamowitz,* Eur. Her. I¹ p. 227–230.

Gründungsjahre der ältesten und berühmtesten *Colleges:* In *Oxford:* Univ. College 1249, Balliol 1260, Merton c. 1264, Exeter 1314, Oriel 1326, Queen's College 1340, New College 1386, Lincoln 1427, All Souls 1437, Magdalen 1456, Corpus 1516, Christ Church 1532, Trinity 1554, St. Johns 1555, Jesus 1571. In *Cambridge:* Peterhouse 1257, Clare 1326, Caius 1347, Pembroke 1347, Corpus Christi 1352, King's College 1441, Queen's 1448, Catharine 1473, Jesus 1496, Christ 1505, St. John's 1511, Magdalene 1519, Trinity 1546, Emmanuel 1584. In *Schottland:* St. Andrews 1406, Glasgow 1453, Aberdeen 1494, Edinburgh 1582. In *Irland:* Trinity (Dublin) 1591.

Burney's Pleiade: *Bentley,* Dawes (1708–1766), Markland (1693 –1776), John Taylor (1704–1766), Toup (1715–1785), Tyrrwhitt (1730 –1786), *Porson.* Vergl. Dict. National Biogr. s. v.; zu Dawes, auch *Monk,* Life of Bentley II 367–371, *Wilamowitz,* op. cit.; zu Taylor: *Wolf,* Literar. Analecten I 500–502.

RICHARD BENTLEY, 1662–1742.

"Nobis et ratio et res ipsa centum codicibus potiores sunt" Bentley, zu Hor., Carm. 3, 27, 13 *"Apparet permultum interpretis interesse, iudicium simul adferat an solam eruditionem"* zu carm. saec. 68 *"An Größe des kritischen Talents ist ihm Niemand gleichgekommen"* Boeckh. *"Er ist der erste und größte Kritiker gewesen und geblieben"* Urlichs.

Geboren in Oulton bei Wakefield in Yorkshire am 27. Jan. 1662, studierte 1676 in St. John's College, Cambridge,

1683 Lehrer in Spalding (Lincolnshire), 1683 magister artium,
1684 Lehrer des Sohnes von Dr. Stillingfleet (Bischofs von
Worcester) in Oxford und später dessen Hauskaplan, 1694
Königlicher Bibliothekar, Master von Trinity College, Cam-
bridge 1700 – 1742, daneben Erzdiakonus von Ely 1701 und
Prof. der Theologie 1716.

Epistula ad Millium 1691. Darin besonders berühmt die Entdeckung der *Synapheia* in anapäst. Systemen,
die Wiederherstellung der ursprünglichen Gestalt des *Lexicon
des Hesychios* und die Monographie über *Ion von Chius*.
A Dissertation on the *Epistles of Phalaris,* Themi-
stocles, Socrates, Euripides and others and the Fables
of Aesop, zuerst 1697 und erweitert als Antwort auf Boyle's
Gegenschrift, der die Echtheit · der Briefe vertrat, 1699,
ed. W. Wagner 1883, deutsch von W. Ribbeck, Leipzig
1857. Unsterbliches Meisterwerk der höheren Kritik, das
auch heute kein Philologe ungelesen lassen sollte.[1]
Horaz 1711 (1869 ed. Zangemeister). Epochemachend und
auch jetzt noch für das Studium des Dichters unentbehrlich.
Terenz (zusammen mit *Publilius Syrus* und Phaedrus) 1726.
Grundlegende Recensio. Mit der kurzen Einleitung '*Schedi-
asma de metris Terentianis*' wurde B. der Begründer
der wissenschaftlichen lateinischen Metrik. Die jetzt übliche
Bezeichnung der Metra durch Akzente stammt von B.
Fragmente des *Kallimachos* (in der Ausgabe des Graevius) 1693. Vorbildlich für alle späteren Fragmentsammlungen.
"qua nihil in hoc genere praestantius prodiit aut magis ela-

---

(1) Hauptinhalt: Berühmte Einleitung über die Ursache des
Streites Zeit des Phalaris, des Pythagoras Therikleische Becher
Zankleer u. Messenier Ursprung und Geschichte der attischen Komödie und Tragödie Attischer Dialekt Sizilische Münzen. Daneben zahllose, glänzende Emendationen, metrische Beobachtungen
und lehrreiche Miscellanea auf fast allen Gebieten des griechischen
Altertums, z. B. Zeit des Suidas, Griech. Alphabet, Literarische Fälschungen, Charondas' und Zaleucus' Gesetze.

boratum" Valckenaer.   Entdeckung des *Digamma* im
Homer.[1]   Zuerst in einer Randbemerkung zu Collins On Free-
thinking 1713 und in seiner Ausgabe von Miltons Verlorenem
Paradies 1732.   *Manilius* 1739   Berühmte Emendationen
zu *Menander, Philemon* 1710 und *Lucan.*

Vergl. *J. H. Monk,* Life of R. B., 2 Bde, pp. 894, London 1833²
(Hauptwerk); *F. A. Wolf,* Literar. Analect. I 1–95. II 493–499 (= Klein.
Schrift. II 1030–1089); *Hand,* in Ersch und Gruber, IX p. 48–52;
G. Hermann, Opusc. II 263–268 (Charakteristik); *J. Mähly,* R. B.,
Lpz. 1868, pp. 179; *J. Bernays,* Rhein. Mus. VIII 1–24; *R. C. Jebb,*
R. B., London 1882, pp. 224 (deutsch von Wöhler, Berlin 1885), Dict.
National Biography IV 306–314; *Sandys,* in Social England IV 59–70.

Richard Porson, 1759–1808.

Nach Bentley der größte Textkritiker Englands.

Geboren zu East Ruston (Norfolk), studierte in Trinity
College, Cambridge 1778, Prof. daselbst 1792, Bibliothekar der
London Institution 1805.

Aischylos 1795.   *Eurip. Hecuba* mit Kommentar
und einem epochemachenden Appendix über den Bau des
griech. Trimeters *(Canon Porsonianus).   Eur. Orest.* 1798,
Phoen. 1799, *Medea* 1801.   Kritische Beiträge bes. zu Homer,
Herodot, Xenophon, *Aristoph., Pausanias, Suidas* (Tracts and
Miscellaneous Criticisms of R. P. ed. Kidd 1815, Adversaria 1812).

Vergl. *J. S. Watson,* Life of R. P., London 1861; *F. A. Wolf,* op.
cit. II 284–289; *G. Hermann,* Opusc. VI 92–95; *Dict. Nat. Biogr.*
XLVI 154–163.

Peter Elmsley, 1773–1825.

Studierte in Christ Church, Oxford, Geistlicher von 1798
–1825.   In Italien 1816–1820, Prof. der Gesch. in Oxford
1823–1825.   Hervorragender Kritiker.   Ausgaben: Thuky-

---

(1) Bentleys Handexemplar mit dem eingefügten Digamma
wurde an Heyne gesandt, der dessen Entdeckung zuerst allgemeiner
bekannt machte. Vergl. Praef. zur Ilias p. XV und vol. III p. XCIII
–XCVI.

dides 1804 *Eur.* Alc. Androm. Electra, Heraclid., Medea, Bakch. *Arist.* Acharn. *Soph.* Oed. R., mit Schol.

Vergl. *G. Hermann,* Opusc. VI 95 f.; *Dict. Nat. Biogr.,* XVII 310 f.

WILLIAM MARTIN LEAKE, 1777 — 1860.

Hervorragender Topograph und Numismatiker.

Geboren in Bristol, Artillerieoffizier 1794 — 1798 in Westindien, 1798 in Konstantinopel, 1800 in Kleinasien, 1801 — 1802 in Ägypten, 1804 in der Türkei. Bereiste 1805 — 1810 Griechenland, lebte später seinen wissenschaftlichen Studien in England, nachdem er 1823 in den Ruhestand getreten.

Researches in Greece 1814 *Topography of Athens and the demi* 1821, 1841 (deutsch von *Westermann,* Die Demen von Athen 1841, die Topographie von *Baiter* und *Sauppe* 1844). Grundlegendes Werk, wenn auch jetzt zum Teil veraltet. *Travels in the Morea,* 2 Bde, 1830 *Travels in Northern Greece,* 4 Bde, 1835 — 1841 *Numismata Hellenica,* 3 Bde, 1859.

Vergl. *Marsden,* Memoir of the Life and Writings of L., London 1864; *Dict. Nat. Biogr.* XXXII 323–325; *E. Curtius,* Alterthum und Gegenwart II 305–322 (W. M. L. u. die Wiederentdeckung der class. Länder).

THOMAS GAISFORD, 1779 — 1855.

Geboren in Iford (Wiltshire), studierte 1800 in Christ Church, Oxford, 1812 Prof. der griech. Lit. daselbst, Kanonikus 1823 — 1831, Dechant des Christ Church 1831 — 1855 und Kurator der Bodleiana. Der hervorragendste Gelehrte Englands auf dem Gebiete der spätgriechischen Literatur.

Cic. Tusc. 1805, de orat. 1809 *Eur.* Hec. Orest. Phoen. Suppl. *Hephaistion* und *Proklos* Chrestomathie 1810 Terentianus Maurus *Poetae Graec. minores,* 4 Bde, 1820 *Stobaios,* 4 Bde, 1822 *Herodot* 1824 *Suidas* 1834 *Paroemiographi Graeci* 1836 *Scriptores Latini rei metricae* 1837 *Eusebios,* 4 Bde, 1843 *Etymologicum Magnum* 1848, u. a.

Vergl. *Dict. Nat. Biogr.,* XX 370–372.

GEORGE GROTE, 1794—1871.

Geboren zu Clay Hill (Kent), seit 1810 im Bankgeschäft
seines Vaters, von 1832—1841 hervorragendes Parlaments-
mitglied. In den letzten dreißig Jahren widmete er sich
historischen und philosophischen Studien.
History of Greece, von den Anfängen bis auf
Alexander den Gr., 12 Bde, 1856. 6. Aufl., 10 Bde, 1888
(deutsch von Meißner, 6 Bde, Berlin 1883²). Dieses epochemachende, auf den Originalquellen, soweit sie Grote damals
zu Gebote standen, aufgebaute Meisterwerk gehört auch
heute noch zu den besten Darstellungen der griechischen
Geschichte. Besonders berühmt sind auch seine Erörterungen
über die homerische Frage (Bd. II p. 119—209), die Sophisten
und Sokrates (Bd. VIII p. 151—302). Hochbedeutend sind
ferner *Plato and the other companions of Socrates,* 3 Bde,
1865. 5. Aufl. 1888 und *Aristoteles* (unvollendet), 2 Bde,
1872. 2. Aufl., 1879.

Vergl. *W. Bentheim,* in Ersch und Gruber I 94 p. 171—184;
Doellinger, Münch. Akad. 1872, p. 230 f.; *A. Bain,* in Einl. zu Minor Works
1873; *Harriett Grote,* the personal life of G. G., 1873 (deutsch von
Seligmann, Lpz. 1874); *K. Lehrs,* Populäre Aufsätze, 1875², No. 16 (Georg
Grote und C. A. Lobeck); *Dict. Nat. Biogr.* XXIII 284—293; *Th. Gom-
perz,* Essays und Erinnerungen, Lpz. 1905, p. 184—196.

BENJAMIN JOWETT, 1817—1893.

Berühmter Schulmann, Theologe und Philologe. Geboren
in Camberwell, studierte in Oxford, seit 1838 am Balliol
College tätig, als Fellow, Lector und seit 1870 als Rektor, seit
1855 auch Prof. der griechischen Literatur in Oxford. Unter
seinen philologischen Arbeiten ragen hervor:
Übersetzung des *Plato,* mit meisterhaften Einleitungen
1871. 2. Aufl. in 5 Bdn 1892, neben Frères und Rogers
Aristophanes die bedeutendste englische Übersetzung eines
klassischen Autors. Übersetzung des *Thukydides* mit Kommentar, 2 Bde, 1881   Übersetzung der *Politik* des *Aristoteles* 1885.

Vergl. *E. Abbot* und *L. Campbell*, Life and Letters of B. J., London 1897; *Dict. Nat. Biogr. Suppl.* Bd. III 49ff.; *L. Campbell*, Class. Review 1894, p. 473–476.

HUGH ANDREW JOHNSTONE MUNRO, 1819 – 1885.

Geboren in Elgin (Schottland), 1843 Fellow von Trinity College, Cambridge. Einer der bedeutendsten lateinischen Textkritiker.

Lucretius, 3 Bde, 1873. 1886⁴ (Einleitungen, Rezension, Kommentar und Prosaübersetzung). Die 'standard'-Ausgabe dieses Dichters. *Aetna*, Text und Kommentar 1867   Horaz 1869 und *Criticisms and Elucidations of Catullus* 1878. 1905². Vergl. *J. D. Duff*, Biogr. Jahrb. VIII (1885) p. 111–118; *Dict. Nat. Biogr.* XXXIX 307–309; *W. H. Thompson*, Journ. of Philol. 1885, p. 107–112.

RICHARD CLAVERHOUSE JEBB, 1841 – 1905.

Einer der größten Gräzisten Englands.

Geboren in Dundee (Schottland), gebildet in Cambridge, lehrte daselbst von 1863 – 1874, 1875 Prof. des Griechischen in St. Andrews (Schottland), 1889 Prof. in Cambridge.

Theophrast's Characters 1870   Modern Greece 1873 *Richard Bentley* 1882   Erasmus 1890   *The Growth and Influence of Greek Poetry*, Boston 1893   *Attic Orators from Antiphon to Isaeus*, 2 Bde, 1876. 1893²   *Homer* 1886 (deutsch von Emma Schlesinger 1893)   *Sophokles*, mit Einleitungen, textkritischem und exegetischem Kommentar und Prosaübersetzung, 7 Bde, 1883 – 1896 und *Bakchylides* 1905 mit ausführlicher Einleitung (pp. 240), Kommentar und Prosaübersetzung. Letztere beiden Werke dürften auf lange Zeit die Hauptausgaben dieser Dichter bilden.

IX. Deutschland.[1]

Im allgemeinen vergl. *C. Bursian*, Geschichte der klass. Philologie in Deutschland von den Anfängen bis zur Gegenwart, München

---

(1) Einschließlich Österreichs und Dänemarks.

1883, pp. 1279 (Hauptwerk. Über 1600 Namen). *J. F. Schröder,* Das Wiederaufleben der klass. Studien in Deutschland im 15. Jahrh. und zu Anfang des 16. Jahrh. usw. Halle 1864; *F. Paulsen,* Gesch. des gelehrten Unterrichts in Deutschl., 2 Bde, Lpz. 1892² pp. 1339 (Bibliographie II 704–711); *E. Hübner,* Bibliographie, p. 99–121 (Chronologisches Gelehrtenverzeichnis. c. 450 Namen); *Wilamowitz* bei *Lexis,* Die deutschen Universitäten, Bd. I (1893), p. 457–475. *Freund, Eckstein, Pökel* (p. 10. 150).

Gründungsjahre der deutschen Universitäten: Prag 1348, Wien 1365, Heidelberg 1385, Köln 1388 (bis 1794), Erfurt 1392 (bis 1816), Leipzig 1409, Rostock 1419, Greifswald 1456, Freiburg i. B. 1457, Basel 1460, Ingolstadt 1472 (1802 nach Landshut und 1826 nach München verlegt), Trier 1473 (bis 1798), Mainz 1477 (bis 1798), Tübingen 1477, Wittenberg 1502 (1817 mit Halle vereinigt), Frankfurt a/O. 1506 (1811 mit Breslau vereinigt), Marburg 1527, Königsberg 1544, Dillingen 1549 (bis 1803), Jena 1558, Helmstädt 1576 (bis 1809), Würzburg 1582, Graz 1585, Gießen 1607, Paderborn 1614 (bis 1818), Rinteln 1621 (bis 1809), Altdorf 1622 (bis 1807), Bamberg 1648 (bis 1803), Duisburg 1655 (bis 1818), Kiel 1665, Innsbruck 1672, Halle 1694, Breslau 1702, Göttingen 1737, Erlangen 1743, Münster 1780, Berlin 1809, Bonn 1818, München 1826, Zürich 1832, Bern 1834, Straßburg 1621. Neugegründet 1872. Vergl. *G. Kaufmann,* Gesch. der deutschen Universitäten, 2 Bde, Berlin 1396; *Rashdall,* op. cit. II (1895) p. 211–275 (mit Literaturangaben); *Paulsen,* op. cit. I 25 ff. und bei *Lexis,* op. cit. I p. 1–114 (mit Literaturangaben).

1. Vor-Wolfische Periode.

RUDOLPHUS AGRICOLA (latinisiert aus Roelef Huysman), 1443–1485.

Der erste deutsche Humanist. *"Hoc vivo meruit Germania laudis | quidquid habet Latium, Graecia quidquid habet".* Aus der von Hermolaus Barbarus verfaßten Grabschrift.

Geboren in Laflo bei Groningen, studierte in Löwen, Paris, Ferrara (unter Theodorus Gaza) und Pavia, lebte von 1480 an abwechselnd in Worms und Heidelberg, wo er Vorlesungen hielt. Übersetzte *Ps. Plato* Axiochos, Teile Lucians und gab *Seneca* rhet. heraus.

Vergl. *L. Geiger,* in *Allg.* deutsche Biogr. I 151—156; *Bursian,* 101f.; *F. Raumer,* Gesch. der Päd. I 65—71; *Bezold,* Der Humanist R. Agricola, 1884; *Ihm,* Der Humanist R. Agricola, sein Leben und seine Schriften, Paderborn 1893.

JOHANNES REUCHLIN, 1455—1522.

Der Begründer der klassischen Studien in Deutschland. Geboren 22. Febr. 1455 zu Pforzheim, studierte 1470 in Freiburg, 1473 und 1477 in Paris, 1474 in Basel, 1478 in Orléans, 1482, 1490 und 1498 in Italien, wo Argyropolos und Politian seine Lehrer waren, 1484 und 1499 in Stuttgart als Advokat, 1496 nach Heidelberg berufen, 1502—1519 Bundesrichter in Schwaben, 1520 Prof. in Ingolstadt, 1521 in Tübingen, starb am 22. Juni 1522. Die berühmten *Epistolae obscurorum virorum,* verfaßt von *Crotus Rubianus* (Joh. Jäger) und *Ulrich von Hutten,* sind eine giftige Satire auf die Gegner Reuchlins und sind an ihn adressiert.

Vocabularius breviloquus synopsis grammaticae Graecae 1475/6 (25. Aufl. 1504), anonym erschienen. Ausgaben von *Xenoph.* Apol. Ages. Hiero; *Dem.* de corona u. *Aisch.* c. Ctesiph.

Latein. Übersetzung der Batrachomyomachia. Diese Werke haben jetzt nur ein historisches Interesse.

Vergl. *L. Geiger,* Allg. deutsche Biogr. 28 p. 784—799, R., sein Leben u. seine Werke, Lpz. 1871 (Hauptwerk); *Bursian,* p. 120—131.

PHILIPP MELANCHTHON (seit 1531 Melanthon, gräzisiert aus Schwarzert), 1497—1560.

'*Praeceptor Germaniae*'.

Geboren in Bretten (Baden) 16. Febr. 1497, studierte 1509 in Heidelberg, 1512 in Tübingen, lehrte daselbst von 1514—1518, Prof. in Wittenberg von 1518 bis zu seinem Tode. Seine philologischen Werke, die hauptsächlich pädagogischen Zwecken dienten, haben sich in der Schule bis ins 18. Jahrh. behauptet.

Institutiones Linguae Graecae 1518. 44. Aufl. 1622. *Grammatica Latina* 1525. 84. Aufl. 1757. Ausgaben mit

Kommentar: *Terenz* 1516, *Arist.* Wolken, Plutos   *Arati* Phai-
nomena   *Vergilius   Aristot.* Ethik, Politik   *Hesiod   Theo-
gnis   Demosth.* Olynth. I, in Aristog.   *Lykurgos* in Leocratem
Cicero de off., de orat., Lael., Orator, Topica, Epist. ad fam.,
Reden   *Ovids* Fasti   *Sallust   Quint.* inst. orat. X   *Tac.*
Germ.   Latein. Übersetzungen: *Pindar, Eurip.,* Reden im
Thukyd., Aisch. c. Ctesiph., einige Reden des *Demosth.* u. a.
Vergl. *Wagenmann,* Allg. deutsche Biogr. 21 p. 268–279;
Camerarius, de vita Ph. M., ediert von Th. Strobel, Halle 1877; *Klix,*
in Enzykl. der Päd. IV 653–678; *Raumer,* Gesch. der Päd. I 145–171;
G. Ellinger, Ph. M., Berlin 1902; *Paulsen,* op. cit. I 112–116. 185
–189. 203–209. 223–225. 258–260.   Hauptwerk: *K. Hartfelder,* Ph. M.
als praeceptor Germaniae, Berlin 1889 (in Monum. Germaniae paedag.
Bd. VII).   Vollständiges Schriftenverzeichnis in Corpus Reformatorum,
Halle 1831 ff. (philologische in Bd. XVI–XX).

JOACHIM CAMERARIUS (Kammermeister), 1500 – 1574.

Geboren zu Bamberg, studierte in Leipzig 1513 – 1518,
in Erfurt 1518 – 1521, lehrte in Wittenberg 1521, in Leipzig
1523 – 1524, in Nürnberg 1525, Prof. in Tübingen 1535, in
Leipzig 1541.   Der bedeutendste Philologe Deutschlands im
16. Jahrh.

Hauptwerke: *Theokrit* 1532   *Sophokles* mit Kommentar
1534   *Quintilian* 1534   *Macrobius* 1535   *Plautus* 1552
epochemachend   *Galen* 1538   *Thukydides* 1540   *Cicero*
1540   *Herodot* 1541   *Aristoteles* Ethik 1578   Historia rei
nummariae 1556.   Andere Schriften bei *Pökel* sub nom.
Vergl. *Horawitz,* Allg. deutsche Biogr. III 720–724; *Ritschl,*
Opusc. II 99–113. III 67–87 (über Camerarius' Plautusstudien); *Bursian,* op. cit. p. 185–190.

JOHANN ALBERT FABRICIUS, 1668 – 1736.

Geboren in Leipzig, studierte daselbst 1686, Prof. am
akademischen Gymnasium in Hamburg, 1708 – 1711 Rektor
des Hamburger Johanneums.

Bibliotheca Latina 1697. 1774. 1854, zuletzt in 6 Bdn,
Florenz 1858.   *Bibliotheca Graeca,* 14 Bde, 1728,

2. Aufl., 12 Foliobde, ed. Harless 1809 (unvollendet), Index 1838. Ein monumentales Repertorium der griech. Literaturgeschichte, einzig in seiner Art und auch heute noch durchaus unentbehrlich. *Bibliotheca Latina mediae et infimae Latinitatis,* 6 Bde, Hamburg 1734, zuletzt von Mansi, 6 Bde, Padua 1754.

Herausgeber des *Sextus Empiricus,* Leipzig 1718 *Hippolytus Dio Cassius* mit ausführlichem Kommentar, vollendet von Reimarus 1752 *Menologium* u. a.

Vergl. *H. S. Reimarus,* de vita et scriptis J. A. F., Hamburg 1737; *Creuzer,* Opusc. p. 201–205; *Baehr,* in Ersch und Gruber I 40 p. 66 –75; *Bursian,* p. 360–364.

JOHANN MATTHIAS GESNER, 1691 – 1761.

Reformator des klassischen Unterrichtswesens in Deutschland.

Geboren in Roth (bei Nürnberg), studierte 1710 in Jena, 1715 Konrektor und Bibliothekar in Weimar, 1729 Rektor in Ansbach, 1730 Rektor der Thomasschule in Leipzig, 1734 als Prof. an die neugegründete Universität Göttingen berufen. Von seinen zahlreichen pädagogischen Schriften und Klassiker-Schulausgaben (z. B. Chrestomathia Ciceroniana, Pliniana) abgesehen, sind seine bedeutendsten Arbeiten:

Scriptores rei rusticae 1734 *Quintilian* 1738 *Claudianus* mit Kommentar 1759 und *Thesaurus linguae Latinae* 1749, die hervorragendste Leistung auf dem Gebiete der latein. Lexikographie seit Robert Stephanus. Seine bereits 1714 erschienene Abhandlung über die Zeit und den Verfasser des unter Lucians Schriften erhaltenen *Philopatris* ist ein glänzendes, methodisches Muster der 'höheren Kritik'.

Vergl. *J. N. Niclas,* in Biogr. acad. Gotting. III 1–180. 287–496; *Eckstein,* in Ersch und Gruber I 64 p. 271–279 u. in Allg. deutsche Biogr. IX 97–103; *Raumer,* op. cit. II 141–150 u. passim; *Bursian,* p. 387–393; *F. Paulsen,* op. cit. II p. 15–28; *H. Sauppe,* Göttinger Professoren, Gotha 1872.

JOHANN JACOB REISKE, 1716–1774.

Der größte Gräzist Deutschlands vor G. Hermann und einer der hervorragendsten arabischen Gelehrten seiner Zeit.

Geboren zu Zörbig (Sachsen), studierte, ohne Kollegien zu hören, in Leipzig 1733 namentlich Arabisch, 1738 in Leiden, wo er 1746 den medizinischen Doktorgrad erwarb. Nach Leipzig zurückgekehrt, mußte er, wie bereits in Holland, unter den erschwerendsten Umständen und in bitterster Armut sein Leben durch Lohnarbeiten fristen, denn als a. o. Prof. des Arabischen (1748) erhielt er nur 100 Thlr., die ihm obendrein nur unregelmäßig ausbezahlt wurden. Aus dieser Drangsal wurde er erst 1758 durch seine Wahl zum Rektor des Nicolaigymnasiums befreit. In die nun folgende Zeit fallen seine berühmten Arbeiten. Von diesen sind einige der bedeutendsten erst von seiner Gattin nach seinem Tode herausgegeben worden.

Konstantinos Porphyrogennetos de caerimoniis aulae Byzantinae 1754, editio princeps, mit latein. Übersetzung und Kommentar *Theokrit* 1766 *Oratores Attici*, 12 Bde, 1770—1775 (Hauptwerk). Postume Werke: *Plutarch*, 12 Bde, 1774—1782 *Dionysios Halikarnassens.*, 6 Bde, 1774—1777 *Dio Chrysostomos*, 2 Bde, 1784 *Maximus Tyrius* 1775 *Libanius*, 4 Bde, 1791—1794 "sospitator Libanii". *Animadversiones ad auctores Graecos*, 5 Bde, 1766 Deutsche Übersetzung der Reden bei *Thukydides*, des *Demosthenes* und *Aischines*, für ihre Zeit sehr anerkennenswerte Leistungen.

Vergl. *Autobiographie*, Lpz. 1873; Briefe ed. R. Foerster, Lpz. 1897, pp. 944; *R. Foerster*, in Allg. deutsche Biogr. 28 p. 129—140 (über seine Frau p. 140—142); *Bursian*, p. 407—416; *Wilamowitz*, Eur. Heracl. I[1] p. 232; Schriftenverzeichnis bei *Frotscher*, Eloq. vir. narrat. I p. 72—77.

JOHANN JOACHIM WINCKELMANN, 1717—1768.

Begründer der antiken Kunstgeschichte und archäologischen Wissenschaft.

Geboren zu Stendal, studierte 1738 in Halle, 1742 Konrektor in Seehausen, 1748 Bibliothekar des Grafen von Bünau auf Nöthenitz (bei Dresden), trat 1754 zum Katholizismus über, ging 1755 nach Rom, wo er Bibliothekar der Kardinäle Archinto und Albani wurde, 1763 Präfekt der Altertümer und Scriptor an der Vaticana. Von einer Reise nach Deutschland zurückkehrend, wurde er in Triest am 8. Juni 1768 ermordet. Von kleineren Arbeiten abgesehen, war er Verfasser zweier grundlegender, epochemachender Werke: *Die Geschichte der Kunst des Altertums*, 2 Bde, 1764. 1870² *Monumenti antichi inediti*, 2 Bde, 1767/1768, bahnbrechend namentlich für die kunstgeschichtliche Hermeneutik. Opera omnia, 8 Bde, 1828².

Vergl. *W. v. Goethe*, W. u. sein Jahrhundert 1805; *J. Vogel*, in Allg. deutsche Biogr. 43 p. 343–362; *O. Jahn*, Biogr. Aufsätze, 1864, p. 1–88; *K. B. Stark*, W., sein Bildungsgang u. seine bleibende Bedeutung, Berlin 1867, pp. 48; *K. Justi*, W., sein Leben, seine Werke u. seine Zeitgenossen, 3 Bde, 1898² (Hauptwerk); *Bursian*, p. 426–436.

CHRISTIAN GOTTLOB HEYNE, 1729–1812.

Geboren zu Chemnitz am 25. Sept. 1729, studierte seit 1748 in Leipzig unter Ernesti und Christ, 1753 Kopist an der Bibliothek des Ministers Brühl in Dresden, 1757 Hauslehrer, 1759 in Wittenberg. Aus einem Leben voll drückender Armut und Entbehrungen wurde er, in Deutschland damals noch unbekannt, allein auf die warme Empfehlung D. Ruhnkens hin, über den Kopf von 39 Kandidaten als Nachfolger Gesners nach Göttingen berufen (1763). In einer fast 50 jährigen akademischen Tätigkeit hat er Göttingen zu der berühmtesten philologischen Hochschule Europas erhoben und durch eine staunenswerte Produktivität[1] auf fast allen Gebieten der Altertumswissenschaft sich einen Weltruf erworben. An den Leistungen der meisten seiner Vorgänger und Zeitgenossen gemessen, kommt seinen Arbeiten eine hervorragende Bedeutung zu. Er hat manchen philologischen Disziplinen, wie der Kunstgeschichte und Archäologie, das akademische Bürgerrecht verschafft und hat namentlich auf dem Gebiete der ästhetischen Exegese und der Mythologie bahnbrechend gewirkt; doch die epochemachenden Arbeiten

---

(1) Seine Rezensionen in den Göttinger Gelehrten Nachrichten allein beziffern sich auf fast 8000!

IX. Deutschland.

eines Wolf, Lachmann, Bekker, Hermann, Boeckh, Niebuhr und Savigny, die bald folgen sollten, haben die Verdienste Heynes lange Zeit verdunkelt.

Hauptwerke: *Tibullus* 1755 *Epiktet* 1756 *Vergil,* 4 Bde, 1775 (sein Meisterwerk), 4. Aufl. in 5 Bdn von Ph. Wagner, 1841 *Pindar,* 3 Bde, 1799[2] *Ps. Apollodori Bibliotheca,* mit vorzüglichem und noch immer unentbehrlichem Kommentar, 2 Bde, 1782. 1802[2] *Ilias,* 8 Bde, 1802. *Opusc. Acad.,* 6 Bde, 1785−1812 und *Commentationes Gottingenses,* 16 Bde, 1779−1800. Durch staunenswerte Reichhaltigkeit, vielseitige Gelehrsamkeit und originelle, methodische Forschung ausgezeichnet.

Vergl. *A. H. L. Heeren,* Chr. G. Heyne, Göttingen 1813, pp. 544; *Hand,* in Ersch und Gruber II 7 p. 369−375; *H. Sauppe,* Göttinger Professoren, 1872, p. 78 ff.; *Bursian,* in Allg. deutsche Biogr. XII 375−378, *derselbe,* op. cit. p. 476−500; *C. B. Stark,* Systematik und Geschichte der Archäologie der Kunst, Lpz. 1880, p. 212−215; *Paulsen,* op. cit. II[2] 34−42; *F. Leo,* Chr. G. Heyne, in Festschr. Gött. Gesellsch. d. Wissensch., Berlin 1901, p. 155−234 (speziell Heynes Verdienste um die Gött. Gesellsch. der Wiss. behandelnd, Charakteristik p. 230−234).

JOSEPH HILARIUS ECKHEL, 1737−1798.

Begründer der wissenschaftlichen Numismatik. Sein System der Anordnung antiker Münzen hat auch heute noch ausschließliche Geltung.

Geboren in Enzersfeld (Niederösterreich), lehrte an Wiener Gymnasien, 1772 Studien halber in Italien, 1773 Prof. an der Wiener Universität, 1774 Direktor des Kaiserlichen Münzkabinetts.

Doctrina nummorum veterum, 8 Bde, 1798. 1841[4]. Unsterbliches Meisterwerk. Bd. I enthält die grundlegenden Prolegomena über die Geschichte des antiken Münzwesens, Technik, Fälschungen, Bestimmung des Alters, das System der Anordnung, Literatur usw., dazu Bd. IV 183−501 über die geschichtlich wichtigen Aufschriften griechischer Münzen.

Bde V—VIII behandeln die *römischen* Münzen mit ebenfalls
erschöpfenden Prolegomena (Bd. V. VIII 321—526).

Vergl. *Bursian,* p. 496—499; *F. Kenner,* Allg. deutsche Biogr.
V 633—635, *derselbe,* J. H. E. ein Vortrag, Wien 1871.

2. Die neue Schule der Altertumswissenschaft.

Friedrich August Wolf, 1759—1824.

Geboren zu Haynrode (bei Nordhausen) 15. Febr. 1759.
Studierte in Göttingen, wo er, trotz des Widerstrebens des
Rektors und Heynes, es durchsetzte, als "studiosus philologiae"[1]
immatrikuliert zu werden (8. April 1777).   Lehrte seit 1780
in Ilfeld, 1782 Rektor in Osterode, von 1783—1807 Prof. in
Halle, 1810 nach Berlin berufen.   Mit Wolf beginnt eine neue
Ära in der Geschichte der klassischen Studien, die sich durch
eine *methodisch-historische* Erforschung des gesamten Altertums kennzeichnet (Wolfs 'Altertumswissenschaft').   Diese
Epoche knüpft direkt an die weltberühmten *Prolegomena ad
Homerum* an.   Die in denselben behandelten Fragen waren
nicht neu, Vico, R. Wood und zum Teil auch schon Heyne
hatten ähnliche Anschauungen, aber erst W. hat sie mit voll-
endeter stilistischer Kunst, eminenter Gelehrsamkeit und mit
exakter und zielbewußter Methode wissenschaftlich zu begründen
versucht.   Von seinen Hauptthesen hat sich aber keine einzige
als stichhaltig erwiesen, und andere Werke von wirklicher Bedeutung, etwa mit alleiniger Ausnahme der Einleitung zur *Leptinea*
des *Demosthenes,* die zum ersten Mal eine musterhafte Darstellung einiger wichtigen Punkte der attischen Staatsalter-
tümer gab, hat Wolf nicht verfaßt.   Seine geschichtliche Bedeutung liegt vor allem in dem unermeßlichen Einfluß, den
jene Prolegomena ausgeübt, in seiner zur allgemeinen Geltung

---

(1) Wolf war aber *nicht* der erste, wie gewöhnlich angenommen
wird, der sich mit dieser Bezeichnung einschreiben ließ, denn die Uni-
versitäts-Matrikeln von *Erlangen* weisen bereits 1749. 1751. 1764. 1770
u. 1774 vereinzelte Beispiele von "philologiae studiosi" auf.

gebrachten Anschauung der Altertumswissenschaft und in seiner großartigen akademischen Lehrtätigkeit auf dem Katheder und im Seminar (in Halle). Von den überaus zahlreichen Philologen, die er gebildet, sind die hervorragendsten: A. Boeckh, I. Bekker, Ph. Buttmann, G. Bernhardy und L. F. Heindorf.

Platos Symposium 1782   *Demosthenis* Leptinea 1789 *Herodian* 1792   *Homer* mit *Prolegomena* 1795 (zuletzt 1876) *Arist.* Wolken, griech. u. deutsch 1812 *Cic.* post red. in senat., ad Quirit., de domo, de harusp. resp., pro Marcell. Alle diese Reden erklärte W. für unecht, letztere nach dem Vorgang von Markland, und gab damit ein glänzendes Beispiel verunglückter Hyperkritik.   *Enzyklopädie der Philologie,* ed. Stockmann 1831 (aus Vorlesungen herausgegeben) *Literarische Analekten,* 2 Bde, 1820   *Kleine Schriften,* 2 Bde, 1869, pp. 1200 (darin Bd. 2, p. 803—895 Darstellung der Altertumswissenschaft).

Vergl. *W. Körte,* Leben und Studien F. A. W.'s des Philologen, 2 Bde, Essen 1833, pp. 677; *J. F. J. Arnoldt,* F. A. W. in seinem Verhältnis zum Schulwesen und zur Pädagogik, 2 Bde, 1861/62 (Biographie Bd. 1); *A. Baumeister,* Allg. deutsche Biogr. 43 p. 737—748; *Schmid,* Encycl. IX² 385—421; *Bursian,* op. cit. p. 517—548; *M. Pattison,* Essays I p. 337—415; *Paulsen,* op. cit. II 208—227; *M. Bernays,* Goethes Briefe an W., Berlin 1868; *W. Schrader,* Gesch. der Univ. Halle I (1894) p. 434—462; *A. Harnack,* Gesch. der preuß. Akad. der Wiss. II 565 ff. 660 f.; *S. Reiter,* F. A. W., in N. Jahrb. f. Altert. VII (1904) p. 89—111, F. A. W. u. D. Ruhnken, IX 2 (1906) p. 1—17, Wolfs Briefe an Goethe mit Anmerk., in Goethe-Jahrb. XXVII (1906) p. 3—96, (Vorarbeiten zu einer ausführlichen Biographie).

a) Grammatisch-kritische Richtung.

Über *Hermeneutik* und *Kritik* im allgemeinen vergl. *F. Schleiermacher,* Gesamm. Werke III 3 (1835) p. 344 ff., VII 1 (1838) p. XVIII u. 390; *G. Hermann,* Opusc. VII 97—128 (de officio interpretis); *A. Boeckh,* Kleine Schrift. I 100 ff., V 248 ff., VII 262 ff., Encyclopaedie usw. p. 79—263 (die älteren Arbeiten p. 79. 169); *G. Bernhardy,* Grundlinien zur Encycl. der Philol. 1832, p. 53 ff.; *H. Sauppe,* Epist. Crit. ad G. Hermannum 1841; *C. G. Cobet,* de arte interpretandi usw.

1847, pp. 163; *J. H. C. Schubart,* Bruchstücke zu einer Methodologie der diplomat. Kritik (speziell zu Pausanias) 1855, pp. 112; *J. N. Madvig,* Advers. Critica I (1871) p. 8–184 (meisterhaft); *E. Tournier,* Exercices critiques, Paris 1875, pp. 175; *H. Steinthal,* Arten und Formen der Interpretation, in Philol. Vers. Wiesbaden 1877, p. 25–35; *C. von Prantl,* Verstehen und Beurteilen, Münch. Akad. 1877, pp. 37; *F. Bücheler,* Philologische Kritik, Bonn 1878; *Fr. Blass,* Hermeneutik und Kritik, in I. Müllers Handb. I² 147–295; *J. Vahlen,* Der philologische Sinn 1886, pp. 22; *Wᵐ· M. Lindsay,* An Introduction to Latin Textual Criticism 1896, pp. 126 (mit speziellem Bezug auf Plautus); *Wilamowitz,* Eur. Heracl. I¹ p. 247–257; *A. Gercke,* Die Analyse als Grundlage der höheren Kritik (mit spezieller Rücksicht auf Homer) in N. Jahrb. 1901, p. 1–38. 81–112. 185–213; *R. Jebb,* in A Companion to Greek Studies, ed. Whibley, Cambridge 1905, p. 610–623.

GOTTFRIED HERMANN, 1772–1848.

Wahlspruch: Ἁπλοῦς ὁ μῦθος τῆς ἀληθείας ἔφυ (*Eur.* Phoen. 472). *"Est quaedam etiam nesciendi ars et scientia"* Hermann.

Einer der größten Gräzisten aller Zeiten. Langjähriger Gegner A. Boeckhs, der im schroffen Gegensatze zu H. mehr die histor.-antiquar. Seite der klass. Philologie betonte.

Geboren zu Leipzig 28. Nov. 1772, studierte daselbst bereits 1786, in Jena 1793, Privatdozent in Leipzig 1794, Prof. extraord. 1798, Ordinarius 1803. Starb am 31. Dez. 1848.

Seine bedeutendsten Schüler waren: L. Lange, Lobeck, Reisig, Thiersch, Meineke, Ritschl (nur kurze Zeit), Näke, Sauppe, C. F. Hermann, M. Haupt, L. Spengel, Trendelenburg, Classen, Bergk, Köchly, Bonitz, Hercher.

Elementa doctrinae metricae 1816, epochemachend.   Kritische Ausgaben: *Aristoph.* Wolken 1790 *Aischylos* (vollendet von M. Haupt) 1852   *Sophokles* 1825 *Eurip.* (Hecub. Herc. f. Suppl. Bakch. Alcest. Ion Iphig. Aul. u. Taur. Helen. Androm. Cycl. Phoen. Orest.)   *Aristot.* Poetik *Photios   Orphica   Homer* 1825   *Bion* u. *Moschos* (ed. M. Haupt) 1849   *Plauti* Trinum. 1800, Bakch. 1845 *Über Herrn Prof. Boeckhs Behandlung der griech. Inschriften*

1826   *Opuscula*, 8 Bde, 1827—1839 (Bd. VIII erst 1876).
Von den 132 Abhandl. sind besonders erwähnenswert: in
Bd. I: de poeseos generibus, de ellipsi et pleonasmo   Bd. II:
de Bentleio eiusque editione Terenti   Bd. III: de Rheso tra-
goedia   Bd. IV: de hyperbole   Bd. V: de interpolationibus
Homeri   Bd. VI: Rezension von Dissens Pindar, Über die Behandlung griech. Dichter in England, Rezension von K. O. Müllers
Eumeniden   Bd. VII: de quinque iudicibus poetarum, de officio
interpretis   Bd. VIII: de iteratis apud Homerum.
    Vergl. *O. Jahn*, Biogr. Aufsätze, Lpz. 1849, p. 91—132; *H. Köchly*,
G. H., Heidelberg 1874, pp. 330 und in Allg. deutsche Biogr. XII
174—180; *Bursian*, p. 575—579. 666—686; *F. Paulsen*, op. cit. II 404
—407; *Wilamowitz*, op. cit. I 235—239.

Christian August Lobeck, 1781—1860.

    *"Die Werke eines jeden Gelehrten sind verfrüht, nur
die postumen nicht"* Lobeck.   Hochverdient um die griech.
Grammatik, griech. Mythologie und Religion.

    Geboren zu Naumburg a/S., studierte seit 1797 in Jena
und Leipzig, 1802 Privatdozent in Wittenberg, 1810 außer-
ordentlicher Prof., 1814 ordentl. Prof. und Bibliothekar in
Königsberg.

    Soph. Aias 1809. 1866[3] (noch immer unentbehrlich)
Aglaophamus, 2 Bde, 1829, epochemachend und eine
Fundgrube für das griech. Mysterienwesen.   *Phrynichos* 1820
    Paralipomena grammaticae graecae, 2 Bde, 1837   *Patho-
logiae sermonis Graeci prolegomena* 1843   *Pathologiae
sermonis Graeci elementa*, 2 Bde, 1862.
    Vergl. *K. Lehrs*, Populäre Aufsätze, 1875[2], Nr. 16; *L. Friedländer*,
Allg. deutsche Biogr. XIX p. 29—35; *Bursian*, p. 572—575. 711—715;
A. Ludwich, Briefwechsel von und an C. A. Lobeck und K. Lehrs,
Lpz. 1894, p. 1050.

August Immanuel Bekker, 1785—1871.

    Einer der hervorragendsten Textkritiker der Neuzeit.
    Geboren in Berlin 21. Mai 1785, studierte von 1803
—1807 in Halle unter Wolf, 1810 außerordentl., 1811 ordentl.

Prof. in Berlin. Auf ausgedehnten Reisen (1810—1812. 1815.
1819 in Paris, 1817—1819 in Verona, Venedig, Mailand, Florenz,
Rom, Neapel, Ravenna, Turin, 1820 in London, Cambridge,
Oxford, 1839 abermals in Italien, in Heidelberg und Leiden)
kollationierte er über 400 Hss. Die von ihm besorgten Texte
füllen 141 Bde. Die meisten seiner Ausgaben sind lange
die Vulgata gewesen, und einige sind es heute noch.

Theognis 1815 *J. Tzetzes'* Antehomerica, Homerica,
Posthomerica 1816 *Plato,* 8 Bde, 1816—1823 *Thuky-
dides* 1821 *Oratt. Attici,* 4 Bde, 1823 *Photios,*
2 Bde, 1824 Scholia in Iliad., 2 Bde, 1825 *Pausanias,*
2 Bde, 1827 *Herodian* 1826 *Aristophanes,* 5 Bde, 1828
Aratus 1828 *Harpokration* 1833 *Aristoteles,*
4 Bde, 1831—1836 (Berl. Akad. Ausgabe) *Herodot* 1833
Sext. Empiricus 1842 *Homer* 1843 (mit Digamma im
Text) *Polybios,* 2 Bde, 1844 *Pollux* 1846 *Cassius
Dio* 1849 *Appian* 1853 *Lucian* 1853 *Suidas* 1854
Iosephus 1855 24 Bde des *Corpus scriptorum Byzan-
tinorum* Tacitus 1825 Livius 1830 u. a. *Homerische
Blätter,* 2 Bde, 1863—1872.

Vergl. *E. J. Bekker,* Preuß. Jahrb. XXIX (1872) p. 553—585. 641
—668; *H. Sauppe,* Zur Erinnerung an Meineke u. Bekker, Göttingen
1872; *M. Haupt,* Opusc. III 239—248; *C. Halm,* Allg. deutsche Biogr.
II p. 300—303; *Bursian,* p. 658—663; *M Hertz,* Deutsche Rundschau,
Nov. 1885 (A. Boeckh und I. Bekker) dazu *E. v. Leutsch,* Philol. Anz.
XVI (1886) p. 224—232; *A. Harnack,* Gesch. der preuß. Akad. der
Wissensch., Berlin, Bd. I (1900) p. 857 f.

AUGUST MEINEKE, 1790—1870.

Geboren zu Soest (in Westfalen) am 8. Dez. 1790, studierte in Leipzig, 1811 Prof. am Conradinum in Jenkau (bei
Danzig), 1815 Prof. und 1817 Direktor in Danzig, 1826—1857
Direktor des Joachimsthalschen Gymnasiums in Berlin, starb
am 13. Dez. 1870.

Theokrit, Bion u. Moschos 1826 *Horaz* 1834 (vier-
zeilige Strophentheorie) *Fragm. comicorum Grae-*

corum, mit grundlegender *Gesch. der attischen Ko-
mödie*, 5 Bde, 1841   *Analecta Alexandrina* (mit den
Fragm. des Euphorion, Rhianos, Alexander Aetolus, Parthenios),
1843. Bahnbrechend und noch unentbehrlich   *Dionysios
Periegetes* 1846   *Stephanus Byzantius*, Bd. I, 1849
Strabo 1853   *Alkiphron* 1853   *Stobaios* Floril. 1857, eclog.
phys. 1863   *Athenaios* 1858–1866   *Aristophanes* 1860
Kallimachos 1861.

   Vergl. *F. Ranke*, A. M., Lpz. 1871; *C. Halm*, in Münch. Akad.
1871, p. 266–270; *E. Foerstemann*, Allg. deutsche Biogr. XXI 220
–224; *M. Haupt*, Opusc. III p. 228–239; *Bursian*, p. 764–769; *H. Sauppe*,
Zur Erinnerung an Meineke und Bekker, Abh. Gött. Akad. 1872;
A. Harnack, op. cit. I p. 862 f.

KARL LACHMANN, 1793–1851.

   Einer der genialsten Textkritiker aller Zeiten.

   Geboren in Braunschweig 2. Dez. 1793, studierte seit
1809 in Leipzig und Göttingen (unter Heyne und Dissen),
1815 Privatdozent in Göttingen, 1816 Privatdozent in Berlin,
1818 außerordentl. Prof. in Königsberg, 1825 außerordentl.
und 1827 ordentl. Prof. in Berlin.

   Zur klassischen Philologie — denn auch als Germanist
war L. von großer Bedeutung — gehören:

   Properz 1816, bahnbrechend   *Catull, Tibull* 1829
Genesios (in Niebuhrs Corp. script. hist. Byzant.) 1834   Terentianus Maurus 1836   *Neues Testament* 1831, grundlegend,
namentlich für die Methodologie der wissenschaftlichen Textkritik   *Gaius* 1841   *Betrachtungen über die Ilias*
1837. 1843, mit Zusätzen von M. Haupt 1847 (Liedertheorie),
nach Wolf der zweite epochemachende Beitrag zur "Homerischen Frage". Doch sind auch Lachmanns Resultate, wie
die Wolfs, von der heutigen Wissenschaft abgelehnt worden.
   Babrius 1845   Avian 1845   *Gromatici veteres* 1848
–1852   *Lucrez* mit krit. Kommentar 1850. Unsterbliches
Meisterwerk.   *Lucilius* (ed. Vahlen) 1876   Kleine Schriften,

2 Bde, 1876 (die zur klass. Philologie in Bd. II von Vahlen ediert).

Vergl. *M. Hertz,* K. L., Berlin 1851, pp. 306 (Schriftenverzeichnis p. XXIV—XXXII); *J. Grimm,* Kleine Schrift. I 145—162; *Bursian,* p. 789 —800; *K. Zacher,* in Ersch und Gruber II 41 (1887) p. 105—126; *Scherer,* in Allg. deutsche Biogr. XVII 471—481; *F. Leo,* Zur Säkularfeier K. L.s, Göttingen 1893, pp. 18; *J. Vahlen,* Berl. Akad. Bericht. 1893, p. 615 ff., Briefe an M. Haupt (ed. Vahlen) 1893; *K. Weinhold,* Mitteil. über K. Lachmann, Berl. Akad. 1894, pp. 37; *A. Harnack,* op. cit. Bd. I p. 859—861.

KARL LEHRS, 1802—1878.

Geboren in Königsberg 14. Jan. 1802, studierte 1818 daselbst unter Lobeck, Gymnasiallehrer in Marienwerder 1824, in Königsberg 1825—1845, Privatdozent 1831, außerordentl. Prof. 1835, ordentl. 1845. *....*

De Aristarchi studiis Homericis 1833. 1882[3]. Epochemachendes Meisterwerk *Quaestiones epicae* 1837 (speziell über den Homerkritiker Apion) *Herodiani* scripta tria emendatiora, mit einer lehrreichen Abhandlung über die Bedeutung von φιλόλογος, γραμματικός, κριτικός 1848 *Populäre Aufsätze* aus dem Altertum 1856. 1875[2]. Stilistisch vollendete Abhandlungen, in denen in scharfsinniger, aber etwas einseitiger Weise der Versuch gemacht wird, der griechischen Religion eine ethische Grundlage, im Gegensatz zu einer natursymbolischen, zu vindizieren. Übersetzung von *Platos* Phaidros und Symposion, mit Vorwort 1869, wohl die beste Verdeutschung dieser Dialoge *Die Pindarscholien* 1873. Eine vorbildliche und meisterhafte Quellenuntersuchung. *Q. Horatius Flaccus,* mit vorzugsweiser Rücksicht auf die unechten Stellen und Gedichte 1869, darin (pp. CCXXII ff.) eine ähnliche Behandlung von *Ovids* Heroides, deren Mehrzahl er für unecht erklärt. Diese hyperkritischen Arbeiten, durch Hofman-Peerlkamp (siehe oben p. 179) angeregt, sind eine bedauernswerte Verirrung. *Kleine Schriften.* ed. A. Ludwich, 1902, pp. 582.

Vergl. *L. Friedländer,* in Allg. deutsche Biogr. XVIII 152–166;
E. Kammer, Biogr. Jahrb. I (1878) p. 15–28; *Bursian*, p. 718–724;
A. Ludwich, Briefwechsel (s. o. p. 196) p. 75 ff., Rede auf K. L., 1902,
Briefe Lehrs' an M. Haupt, 1892, pp. 264.

LEONARD SPENGEL, 1803–1880.

Geboren in München, studierte seit 1823 daselbst, später
unter G. Hermann in Leipzig, unter Boeckh und Buttmann in
Berlin, Gymnasiallehrer in München von 1826–1835, Privat-
dozent 1827–1841, ordentl. Prof. in Heidelberg 1842, in
München 1847. Bahnbrechend auf dem Gebiete der griech.
Rhetorik, das er gleichsam den Neueren wieder erschlossen hat.

Cuvαγωγή τεχνῶν sive artium scriptores, von den Anfängen bis auf Aristoteles, 1828. Noch unentbehrlich   *Rhetores Graeci,* 3 Bde, 1856. 2. Aufl. im Erscheinen   Rhetorik
des *Aristot.,* 2 Bde, 1867   *Varro* de lingua Latina 1826.
1885[2].   Zahlreiche wertvolle Aufsätze zur Rhetorik und zu
Aristoteles.

Vergl. *A. Spengel,* in Biogr. Jahrb. III (1880) p. 39–62; *W. Christ,*
Gedächtnisrede, München 1881; *Ch. Thurot,* Rev. de phil. V 181–190.

JOHANN NICOLAUS MADVIG, 1804–1886.

Einer der hervorragendsten lateinischen Textkritiker und
der bedeutendste Philologe Dänemarks.

Geboren zu Swaneke (auf der dänischen Insel Bornholm)
7. Aug. 1804, studierte in Kopenhagen von 1820–1825, daselbst 1826 Privatdozent, 1829–1879 Prof. der latein. Sprache
und Literatur, 1848 Unterrichtsinspektor der gelehrten Schulen,
1848–1851 Kultusminister. Seit 1848 Mitglied des dänischen
Rigsdag und wiederholt dessen Präsident. Trat erblindet 1874
in den Ruhestand und starb am 12. Dez. 1886. Seine hervorragendsten Schüler sind: J. L. Ussing, Gertz und Nutzhorn.

De Asconii Pediani in Cic. oratt. comment. 1828. Musterhafte und grundlegende Quellenuntersuchung. *Cicero* de
finibus 1839. 1876[3]. Unsterbliches Meisterwerk. *Emen-
dationes Livianae* 1860. 1877[2]. Ein glänzendes Muster

methodischer Textkritik. *Livius* (zusammen mit Ussing) 1866.
1879[3]. *Latein. Gramm.* 1843, *Griech. Syntax* 1847.
Berühmte und vorbildliche Schulbücher, in fünf Sprachen
übersetzt. *Opusc. Acad.*, 2 Bde, 1842. 1887, *Adversaria
Critica*, 3 Bde, 1884 (darin besonders wertvoll I p. 8—184
die Methodologie der Textkritik), *Kleine Schrift.*, Lpz. 1875
Verfassung und Verwaltung des röm. Staates, 2 Bde,
Lpz. 1882.

Vergl. *Bursian*, p. 946 f. 1191 f.; *J. L. Heiberg*, Biogr. Jahrb. IX
(1886) p. 202—221; *Autobiographie*, 1887; *C. M. Franken*, Mnemos. XV
(1887) p. 124—128; *Prantl*, Sitzungsber. Münch. Akad. 1887, p. 263
—271; *O. Siesbye*, J. N. M. in Tidskrift for Filologie VIII (1887) p. 81
—150; *H. Nettleship*, Essays II (1895) p. 1—23.

FRIEDRICH RITSCHL, 1806—1876.

Wahlspruch: *"Nil tam difficilest quin quaerendo investi-
gari possiet"* TER. Haut. 675. *"Sospitator Plauti".* R. hat
sich die hervorragendsten Verdienste um die Erforschung
des Plautus, des archaischen Latein, der Metrik und Epigraphik
erworben. Auch als akademischer Lehrer hat er, wie kein
anderer seit G. Hermann, gewirkt und die Universität Bonn
zu der bedeutendsten philologischen Hochschule seiner Zeit
erhoben.

Geboren zu Groß-Vargula (bei Erfurt) am 6. April 1806,
studierte 1825 zu Leipzig unter Hermann, 1826—1829 unter
Reisig in Halle, 1829 Privatdozent daselbst und 1832 außer-
ordentlicher Prof., 1833 in Breslau, ordentl. Prof. 1834,
1837—1838 in Italien, 1839 ordentl. Prof. in Bonn, 1854 Ober-
bibliothekar, 1865 in Leipzig. Starb am 9. Nov. 1876. Zu
seinen direkten Schülern gehörten unter anderen: J. Bernays,
F. Blaß, K. Brugmann, Fr. Bücheler, P. Cauer, O. Crusius,
G. Curtius, D. Detlefsen, K. Dziatzko, B. L. Gildersleeve, G. Goetz,
W. Helbig, W. Herbst, E. Hiller, E. Hübner, C. Hug, W. Ihne,
L. Jeep, H. Keil, O. Keller, A. Kießling, R. Klotz, G. Krüger,
G. Löwe, P. Marquardt, H. Peter, A. Reifferscheid, O. Ribbeck,

A. Riese, F. Rühl, R. und Fr. Schöll, J. M. Stahl, G. Uhlig, H. Usener, J. Vahlen, C. Wachsmuth, A. Wilmanns.

Plautus (Trinummus mit berühmten Prolegomena), von G. Löwe, G. Goetz, F. Schöll vollendet   *Aischylos* Septem 1853   *Priscae latinitatis monumenta epigraphica* 1862. *Parerga* zu Plautus u. Terenz 1845. Darin besonders bedeutend: De Plauti poetae nominibus, De aetate Plauti, Die Fabulae Varronianae des Plautus, Die Plautinischen Didascaliae, De veteribus Plauti interpretibus   *Opuscula,* 5 Bde. Darin besonders wertvoll: Bd. I: Die Alexandrin. Bibliotheken und die Sammlung der homer. Gedichte durch Peisistratos nach dem "Scholion Plautinum". Bd. II: Über die Kritik des Plautus, Über den Mailänder Palimpsest des Plautus.

Bd. III: Canticum u. Diverbium bei Plautus, Zu Camerarius' Plautusstudien, Suetons Vita Terenti, Die Schriftstellerei des Varro und andere Varroniana. Bd. IV: Epigraphica. Vollständiges Schriftenverzeichnis in Opusc. V p. 727—756.

Vergl. *L. Müller,* Fr. Ritschl, Berlin 1877, pp. 78; *O. Ribbeck,* F. W. R., Ein Beitrag zur Gesch. der Philologie, 2 Bde, pp. 754 (Hauptwerk); *Bursian,* p. 812—840; *E. Rohde,* Kleine Schrift. II 452 —462; *B. L. Gildersleeve,* Am. Journ. of Phil. V (1884), p. 339—355.

KARL HALM, 1809—1882.

Geboren in München, studierte daselbst 1826 unter Thiersch, Gymnasiallehrer in München 1833, in Speyer 1839, in Hadamar 1847, Rektor des Max-Gymnasiums in München 1849, Oberbibliothekar und ordentl. Prof. daselbst 1856, starb am 5. Okt. 1882.

Cicero (zusammen mit Orelli und Baiter)   Vorzügliche Schulkommentare zu sieben *Reden Ciceros*   Aesop 1852 Florus 1854   *Tacitus* 1854. 1883[4]   *Rhetores Latini minores* 1863   *Valerius Maximus* 1865   Sulpicius Severus 1866 *Minucius Felix* und *Firmicus Maternus* 1867 (im Wiener Corpus script. eccles.)   *Quintilian* 1868   *Nepos* 1871 Velleius Paterculus 1876   Salvianus 1877   *Catalogus codd. Latin. bibl. reg. Monac.* 1873 ff.

Vergl. *E.Woelfflin,* Gedächtnisrede auf Karl von Halm, München 1883 (Schriftenverzeichnis p. 33 ff.); *Bursian,* p. 853 f. 949–952, Biogr. Jahrb. V (1882) p. 1–6.

HERMANN SAUPPE, 1809–1893.

Geboren zu Wesenstein (bei Dresden) am 9. Dez. 1809, studierte 1827 unter Hermann in Leipzig, 1833 Gymnasiallehrer und Privatdozent in Zürich, 1838 außerordentl. Prof., 1845 Gymnasialdirektor in Weimar, 1856 ordentl. Prof. in Göttingen. Starb am 16. Sept. 1893.

Epistula critica ad G. Hermannum, 1841 (= Ausgewählte Schrift. p. 80 ff.), mustergültige Untersuchung zur Methodologie der Textkritik, in der in glänzender Beweisführung gezeigt wird, daß für die meisten Reden des Lysias ein cod. Palatin. die Grundlage bildet. *Oratores Attici* (mit Baiter), 9 Bde, 1839–1850   *Philodem* περὶ κακιῶν 1853 *Platons* Protagoras mit Einl. und Kommentar 1858 u. ö. *Eugippi* vita S. Severini 1877   *Die Quellen des Plutarch im Leben des Perikles* 1867. Musterhafte Untersuchung. *Ausgewählte Schriften,* Berlin 1895.

Vergl. *Wilamowitz,* Gött. Gelehrt. Nachr. 1894, p. 36–49; *Lothholz,* in N. Jahrb. 1894, p. 299–304.

GEORG CURTIUS, 1820–1885.

Geboren in Lübeck, studierte seit 1838 in Bonn und Berlin, 1842 Lehrer in Dresden, 1846 Privatdozent in Berlin, 1849 außerordentl. Prof. in Prag, 1851 ordentl., 1854 in Kiel, von 1861–1885 in Leipzig. Curtius hat der vergleichenden Sprachwissenschaft einen Ehrenplatz unter den philologischen Disziplinen verschafft.

Die Sprachvergleichung im Verhältnis zur class. Philologie 1845   *Tempora und Modi des Griech. und Latein.* 1846   *Grundzüge der griech. Etymologie* 1862. 1879[5]. Bahnbrechendes Werk und auch jetzt noch nicht ganz überholt. *Griech. Schulgrammatik* 1852. Lange die verbreitetste Grammatik in Deutschland und auch heute

noch vielfach benutzt (in der Bearbeitung von Hartel).
Das Verbum der griech. Sprache, 2 Bde, 1876.
1880² Philologie und Sprachwissenschaft 1862 *Kleine Schriften,* 2 Bde, 1886.

> Vergl. *Bursian,* p. 975—980; *Windisch,* Biogr. Jahrb. IX (1886) p. 75—129; *D. Pezzi,* la vita scientifica di G. Curtius, Turin 1888, pp. 47.

WILHELM CORSSEN, 1820—1875.

Geboren in Bremen, studierte 1840—1844 in Berlin, bis 1846 Gymnasiallehrer in Stettin, bis 1866 in Schulpforta, lebte seitdem als Privatgelehrter.

Über Aussprache, Vocalismus und Betonung der latein. Sprache, 2 Bde, 1859. 1870², pp. 1925. Bahnbrechendes Meisterwerk. C.s Resultate sind zwar zum Teil nicht mehr annehmbar, aber als Materialsammlung wird das Buch stets unentbehrlich bleiben. *Über die Sprache der Etrusker,* 2 Bde, 1875. Epochemachend. *Beiträge zur italischen Sprachkunde,* pp. 632 (ed. H. Weber).

> Vergl. *Allg. deutsche Biogr.* IV 504 f.

AUGUST NAUCK, 1822—1892.

Einer der hervorragendsten Gräzisten des 19. Jahrh.

Geboren zu Auerstädt (bei Merseburg) am 18. Sept. 1822, studierte 1841—1846 in Halle, 1846 Hauslehrer in Dünamünde (bei Riga), 1852 Gymnasiallehrer in Prenzlau, 1853 —1858 in Berlin, 1859 Akademiker in St. Petersburg, 1869 Prof. daselbst, trat 1883 in den Ruhestand, starb 3. Aug. 1892.

Aristophanis Byzantii fragm., Halle 1848, pp. 338. Musterhafte und grundlegende Monographie. *Euripides* 1851. 1871³. *Sophokles* 1867 (besorgte auch zahlreiche Neuauflagen des Schneidewinschen Kommentars) *Tragicorum Graecorum Fragmenta* 1856. 1889², mit index tragicae dictionis 1892 *"Das unerreichte Muster einer Fragmentsammlung"* Wilamowitz. *Homer,* Odyssee 1874, Ilias 1879, mit zahlreichen homerischen Abhandl. in Mélanges Gréco-

Romains vol. IV (1876) 90—151. VII 407—508. VIII 579—730.
In diesen Ausgaben ist sein antialexandrinischer Standpunkt
mit bewunderungswürdiger eiserner Konsequenz in der Re-
censio durchgeführt. *Porphyrius* 1860. 1886² *Lexicon
Vindobonense* 1867 *Iamblichi* de vita Pythagorica 1884.
Vergl. *Th. Zielinski*, A. N., Berlin 1893, pp. 67 (= Biogr. Jahrb.
XVI). Vollständiges Schriftenverzeichnis, ebenda, p. 59—65.

Otto Ribbeck, 1827—1898.

Geboren in Erfurt 23. Juli 1827, studierte seit 1845 in
Berlin, und in Bonn unter Ritschl, 1853 am Seminar für gelehrte Schulen in Berlin, 1854 Gymnasiallehrer in Elberfeld,
1859 außerordentl. Prof. in Bern, 1862 in Basel, 1862 ordentl.
Prof. in Kiel, 1872 in Heidelberg, 1877 an Ritschls Stelle in
Leipzig, starb in Baden-Baden 18. Juli 1898.
Scaenicae Romanorum poesis Fragmenta,
2 Bde, 1897/98³ *Vergilii* Opera, mit grundlegenden Prolegomena, 5 Bde, 1868. (1895² verkürzt) *Der echte und
der unechte Juvenal* 1865 und *Horaz'* Episteln 1869. Diese
beiden Werke zeichnen sich ebenso durch eminenten Scharfsinn, wie durch eine Peerlkampische Hyperkritik aus. *Die
römische Tragödie im Zeitalter der Republik* 1875. Geniale
und gelehrte, wenn auch oft etwas phantasievolle Rekonstruktion
der römischen Dramen nach den Fragmenten und der mythologischen Überlieferung. *Geschichte der römischen
Dichtung,* 3 Bde, 1892. 1894². Stilistisch wie inhaltlich wohl
die hervorragendste Leistung auf diesem Gebiete. *Alazon,* ein
Beitrag zur antiken Ethologie 1882, *Kolax* 1883, *Agroikos* 1885
F. W. Ritschl, 'Ein Beitrag zur Gesch. der Philologie',
2 Bde, 1881. Ein biographisches Meisterwerk. *Reden u.
Vorträge,* Lpz. 1899 (darin besonders erwähnenswert: Aufgabe und Ziele einer antiken Literaturgeschichte, Die Poesie
des Krieges im Epos der Griechen, Euripides und seine Zeit,
Theokrit, mit sehr gelungener Übersetzung der Adoniazusen).
Vergl. *A. Hausrath,* Deutsche Rundschau, Febr. 1902, pp. 22;

O. R., Ein Bild seines Lebens aus seinen Briefen, Stuttgart 1901,
pp. 312; *W. Dilthey*, O. R., in Deutsche Rundschau XXIV 12 (1898);
O. Crusius, Münch. Allg. Zeit. Beilage 1898, Nr. 180.

b) Historisch-antiquarische Richtung.

Hauptdisziplinen: Sprachgeschichte, Linguistik, Rhetorik, Metrik,
Literatur, Geschichte, Religion, Mythologie, Kulturgeschichte, Privat-,
Staats- u. Kriegsaltertümer, Geographie, Chronologie, Metrologie, Nu-
mismatik, Epigraphik, Kunstgeschichte, Archäologie. Vergl. *A.Boeckh,
E. Hübner, S. Reinach* (opp. citt. p. 8. 10) und *C. B. Stark,* Geschichte der
Archäologie der Kunst, Lpz. 1880, p. 80–348, Hauptwerk über den
Gegenstand, mit Einschluß außerdeutscher Länder.

BARTHOLD GEORG NIEBUHR, 1776–1831.

Geboren am 27. August 1776 in Kopenhagen, studierte
1793–1794 in Kiel, Göttingen und Edinburgh Jurisprudenz
und Philosophie, 1796 Privatsekretär des dänischen Finanz-
ministers Schimmelmann und Sekretär an der Kopenhagener
Bibliothek, 1799 in dänischem Staatsdienst, siedelte 1806 nach
Berlin über, wo er hohe Stellen im preuß. Finanzministerium
verwaltete, 1816 preuß. Gesandter am Vatikan, 1823 Prof.
in Bonn. Bereits 1810–1811 hatte er als preuß. Historiograph an der neugegründeten Berliner Universität Vorlesungen
über röm. Geschichte gehalten, aus denen sein unsterbliches
Werk hervorgegangen ist. Niebuhr ist auch der Entdecker
von wertvollen Palimpsesten: *Gaius* (in Verona), neue Bruchstücke der Ciceronianischen Reden pro M. Fonteio und C. Rabir.
perd. (in Rom) und umfängliche Reste des spanischen Rhe-
tors Merobaudes (in St. Gallen). Gründer des Rhein. Museums
und Herausgeber des Corpus script. hist. Byzantinae.

Röm. Geschichte, 3 Bde, 1811–1832. 1874[6]. Mit
diesem Meisterwerk ist Niebuhr der Begründer der philologisch-
kritischen Geschichtswissenschaft geworden. Darin besonders
berühmt der Nachweis des legendarischen Ursprungs der
älteren röm. Geschichte. Mit Ausnahme etwa seiner Hypothesen über eine nach Cato verschollene, umfangreiche Sagen-

poesie der Römer und über den Ursprung der plebs gelten seine Hauptresultate auch heute noch. *Über die Geographie des Herodot* 1812 Fronto 1816 Vorlesungen: *Über alte Geschichte,* 3 Bde, 1851 Über alte Länder- und Völkerkunde 1851 *Über röm. Geschichte,* 3 Bde (zuerst englisch 1843. 1873³) 1846 *Über röm. Altertümer* 1858 *Kleine Schriften,* 2 Bde, 1834.

Vergl. *K. G. Jacob,* Niebuhrs Brief an einen jungen Philologen (mit Biographie), Lpz. 1839, pp. 233; *S. Winkworth,* the Life and Letters of B. G. N., 3 Bde, London 1853; *H. Nissen,* in Allg. deutsche Biogr. XXIII 646–661; *J. Classen,* B. G. N., Gotha 1876, pp. 181; *Bursian,* p. 647–663; *F. Eyssenhardt,* B. G. N., Gotha 1886, pp.286; *W. Hesse,* B. G. N., Augsburg. Allg. Zeit. Beil. 1879, Nr. 301–303; *A. Harnack,* op. cit. I 624f., 670–674, passim, II 379–409.

FRIEDRICH GOTTLIEB WELCKER, 1784–1868.

Geboren am 4. Nov. 1784 in Grünberg (Hessen), studierte in Gießen, 1803 Lehrer daselbst, 1806–1808 Hauslehrer bei W. von Humboldt in Rom, 1809 Prof. in Gießen, nahm 1813 am Befreiungskriege teil, 1816 Prof. in Göttingen, 1819–1859 Prof. und Oberbibliothekar in Bonn, starb am 17. Dez. 1868 nach langjähriger Erblindung.

Die aeschyleische Trilogie Prometheus 1824, mit Nachtrag (gegen G. Hermann) nebst einer Abhandlung über das Satyrspiel 1826. Grundlegend. *Die griech. Tragödien,* 3 Bde, 1841, pp. 1614. Epochemachendes Meisterwerk. Geniale Rekonstruktion der attischen Tragödien, soweit sie uns aus Bruchstücken, aus Titeln und der mythologischen Überlieferung bekannt sind. *Der epische Cyklus,* 1.T. 1835. 2.T. 1849. 1882². *Alte Denkmäler,* 5 Bde, 1849–1864. Ein Muster feinsinniger Kunstexegese *Griech. Götterlehre,* 3 Bde, 1863. Epochemachend. *Theognis* 1826, mit ausführlichem, gelehrtem Kommentar. Die erste wissenschaftliche Recensio des Dichters. *Kleine Schriften,* 5 Bde, 1844–1867 (darin besonders wertvoll "Sappho von einem herrschenden Vor-

urteil befreit" und "Der Sophist Prodicus")   *Zoëgas Leben,*
2 Bde, 1819.

Vergl. *A. Baumeister,* in Allg. deutsche Biogr. XLI 653—660;
R. Kekulé, F. G. W.'s Leben, Lpz. 1880, pp. 591; *Bursian,* p. 1018f.,
1029—1046; Briefwechsel mit Boeckh bei *M. Hoffmann,* A. B., p. 153
—208; *Wilamowitz,* Eur. Heracl. I[1] 239f.

<h2 style="text-align:center">AUGUST BOECKH, 1785—1867.</h2>

Geboren in Karlsruhe am 24. Nov. 1785, studierte in
Halle von 1803—1806 unter F. A. Wolf und Schleiermacher,
1806 Mitglied des Seminars für gelehrte Schulen in Berlin,
1807 Privatdozent in Heidelberg, gleich darauf außerordentl.,
1809 ordentl. Prof., 1811 an die neugegründete Berliner
Universität berufen. Starb am 3. Aug. 1867. Eine gleich
allumfassende Kenntnis des *griech.* Altertums hat vor und
nach Boeckh wohl niemand wieder besessen. Von seinen
größeren Arbeiten ist keine, die nicht für alle Zeiten
grundlegend wäre. Mit dem *römischen* Altertum hat sich
B. nur gelegentlich in Vorlesungen näher beschäftigt (Plautus, Terenz, Horaz, Tacitus). Wie tiefgehend aber auch hier
sein Wissen war, beweist seine Enzyklopädie (s. u.). Zu
seinen hervorragendsten Schülern zählten: K. O. Müller, G. Bernhardy, L. Spengel, Fr. Haase, L. Preller, O. Jahn, H. Bonitz,
W. Henzen, G. Curtius, W. Corssen, H. Steinthal, M. Schmidt,
E. Curtius, W. Christ, A. Conze, U. Köhler, A. Kirchhoff.

*Graecae tragoediae principum ... num ... genuina omnia
sint* usw. 1808. Eine bahnbrechende, ungemein reichhaltige
Untersuchung, die heute öfter zitiert, aber, sehr mit Unrecht,
selten gelesen wird. *Pindar,* 2 Bde, 1811—1821. 1825[2].
Epochemachend und besonders für die Metrik und Kompositions-
kunst des Dichters von fundamentaler Bedeutung. *Corpus
Inscript. Graecarum,* 4 Bde (Bd. I. II von B. selbst).
Mit diesem Werk ist B. der Schöpfer der wissenschaftlichen
griech. Epigraphik geworden. *Die Staatshaushaltung
der Athener,* 2 Bde, 1817. 1886[3]. Unsterbliches Meisterwerk. *Philolaos,* mit Fragm. 1819 *Metrologische Unter-*

suchungen 1838 *Manetho* und die Hundssternperiode 1845
Über die kosmischen Systeme der Griechen 1852 *Zur Geschichte der Mondzyklen bei den Hellenen* 1855 — alles Abhandlungen, die Neues schufen und auch von der mathe-
matischen Begabung B.s ein glänzendes Zeugnis ablegen.
Die meisten seiner kleineren Untersuchungen, viele von ihnen
von bleibendem Wert, finden sich in den *Kleinen Schrift.*,
7 Bde, 1872. *Vorlesungen über Enzyklopädie und Methodologie der philologischen Wissenschaften* 1877 ed. Bratuschek,
1886² ed. Klussmann, pp. 879. Ungemein inhaltreich und das
einzige größere Werk dieser Art.

Vergl. *Stark*, in Allg. deutsche Biogr. II 770—783; *E. v. Leutsch*,
Philol. Anzeiger XVI (1886) p. 232—260; *Bursian*, p. 687—705; Briefwechsel zwischen A. B. und K. O. Müller, Lpz. 1883, pp. 442; *E. Curtius*, Altertum u. Gegenwart II² p. 261 ff.; *A. Harnack*, op. cit. I 853
—856, *passim; M. Hoffmann*, A. B., Lpz. 1901, pp. 483 (Hauptwerk.
Leben u. Schriften p. 1—152, Briefe p. 153 ff.); *S. Reiter*, A. B., in Neue
Jahrb. f. kl. Alt. V (1902) p. 436—458.

KARL OTFRIED MÜLLER, 1797—1840.

Einer der genialsten und vielseitigsten Philologen des
19. Jahrh., der während seines kurzen Lebens eine erstaunliche Reihe von grundlegenden Werken, namentlich auf dem
Gebiete der antiken Kulturgeschichte u. Mythologie, verfaßt hat.

Geboren zu Brieg (Schlesien) am 28. Aug. 1797, studierte
1814—1815/16 in Breslau, 1816—1817 in Berlin unter Boeckh,
1818 Gymnasiallehrer in Breslau, 1819 außerordentl. Prof. in
Göttingen, 1823 ordentl. Prof., reiste 1839 nach Griechenland.
Starb am 1. Aug. 1840 in Athen an einem Wechselfieber, das er
sich beim Kopieren von Inschriften in Delphi zugezogen hatte.

Aeginetica 1817. Die erste ebenso erschöpfende wie
vorbildliche Darstellung des gesamten Kulturlebens eines griech.
Einzelstaates. *Orchomenos* und die Minyer 1820. 1844².
Die Dorier 1824. 1844². Äußere Geschichte, Religion, My-
thus, Staat, Sitte, Kunst. *Prolegomena zu einer wissenschaftlichen Mythologie* 1825 *Die Etrusker*, 2 Bde,
1828. 1877 ed. Deecke. Epochemachendes und noch immer

nicht ganz überholtes Meisterwerk.   Handbuch der *Archäologie der Kunst* 1830. 1878[4]. Immer noch die einzige
wissenschaftliche Gesamtdarstellung, wenn auch im einzelnen
vielfach überholt.   *Denkmäler der alten Kunst,* 2 Bde, 1832,
vollendet von Wieseler   *Aischylos'* Eumeniden, mit Kommentar und metrischer Übersetzung. Dieses berühmte Werk
führte zu einer heftigen Fehde mit G. Hermann   *Varro* de
lingua Latina 1839   *Festus* 1839. 1868[2]. Eine bedeutende
Leistung und immer noch die einzige brauchbare Ausgabe
History of the Literature of Ancient Greece
1840, deutsch herausgegeben von E. Müller, fortgesetzt von
E. Heitz 1882—1884[4] pp. 1310, in 2 Bdn. Ein im besten
Sinne populäres Buch und auch heute noch sehr lesenswert.
Kleine deutsche Schriften, 2 Bde, 1848   Kunstarchäologische
Schriften, 5 Bde, 1873.

Vergl. *E. Müller,* Einl. zu "Kleine deutsche Schriften" Bd. I p. VII
—LXXVIII; *F. Ranke,* K. O. M., ein Lebensbild, Berlin 1870, pp. 17;
K. Dilthey, O. M., Göttingen 1898, pp. 40; *K. Hillebrand,* Einl. zur franz.
Übers. der griech. Literatur, Bd. I (1865) p. XVII—CCCLXXX (Étude
sur O. Müller et sur l'école historique de la philologie allemande);
A. Baumeister, in Allg. deutsche Biogr. XXII 656—667; *Bursian,* p. 1007
—1029; *M. Hertz,* Index lectionum, Breslau 1884, pp. 13; *E. Curtius,*
Altertum u. Gegenwart II[2] p. 247 ff.

GOTTFRIED BERNHARDY, 1800—1875.

Geboren in Landsberg a. d. W., studierte 1817 in Berlin
unter F. A. Wolf und Boeckh, 1820 Gymnasiallehrer in Berlin,
1823 Privatdozent daselbst, 1825 außerordentl. Prof., 1829
als ordentl. Prof. nach Halle an Reisigs Stelle berufen, 1844
auch Oberbibliothekar.

Wissenschaftliche Syntax der griech. Sprache 1829,
pp. 525, dazu die *Paralipomena* 1862. Der erste, bahnbrechende Versuch einer Entwicklungsgeschichte der griech.
Syntax, ein noch heute lehrreiches Werk, wenn auch vielfach
veraltet.   *Eratosthenica* 1822, pp. 288. Die erste, grundlegende Monographie über diesen Gelehrten, mit Fragmentsammlung.   *Dionysios Periegetes* 1828. Lange die maß-

gebende Ausgabe *Suidas,* mit ausführlichen Prolegomena
(Bd. I p. XXVII−XCVIII), 1834−1858. Ein großartiges Denk-
mal soliden Gelehrtenfleißes.   *Griech. Literaturgeschichte,* 3 Bde (unvollendet) 1836. 1892⁵   *Röm. Literaturgeschichte,* 2 Bde, 1830. 1872⁵, pp. 1040.   Beide
Werke auch heute noch unentbehrliche Hilfsmittel.   *Grundlinien zur Enzyklopädie der Philologie* 1832, pp. 431.
Vergl. *Eckstein,* in Allg. deutsche Biogr. II 462−465; *Prantl,*
Münch. Akad. 1876, p. 211−215; *R. Volckmann,* G. B., Halle 1887,
pp. 160; *Bursian,* p. 776−780.

JOHANN GUSTAV DROYSEN, 1808−1884.

Geboren in Treptow (Pommern), studierte 1826 in Berlin,
1829 Lehrer daselbst, 1833 Privatdozent, 1835 außerordentl.
Prof., 1840 ordentl. Prof. in Kiel, 1851 in Jena, 1859 in Berlin.
Geschichte Alexanders des Großen 1833. 1892⁴. Vorzügliche Biographie   *Geschichte des Hellenismus,*
3 Bde, 1878² (Bd. I Alexander, Bd. II Gesch. der Diadochen,
Bd. III Gesch. der Epigonen).   Epochemachendes Meisterwerk.
Übersetzungen des *Aischylos* 1884⁴ und *Aristophanes,*
mit vortrefflichen Einleitungen 1881³.   Letzteres Werk ist
wohl die genialste Übersetzung eines antiken Autors, die wir
überhaupt besitzen.   Unter seinen *Kleinen Schriften,* Lpz. 1893,
ist besonders die Abhandlung erwähnenswert, in der D. die Urkunden in der demosthenischen Kranzrede als unecht nachwies.
Vergl. *M. Duncker,* Biogr. Jahrb. VII (1884) p. 110−118; *W. v.
Giesebrecht,* Münch. Akad. 1885, p. 208−219.

HEINRICH LUDOLF AHRENS, 1809−1881.

Geboren in Helmstedt, studierte seit 1826 in Göttingen
unter O. Müller und Dissen, 1829 Privatdozent daselbst, 1831
Gymnasiallehrer in Ilfeld, 1845 Direktor in Linden, 1849 in
Hannover.   Begründer der griech. Dialektologie.
De Graecae linguae dialectis (Dorisch und Aio-
lisch), 2 Bde, 1839−1843.   *Bucolicorum Graecorum
reliquiae* c. scholiis, 2 Bde, 1855−1859. Epochemachende
und grundlegende Bearbeitung.   *Kleine Schriften,* besorgt

14*

von C. Haeberlin, mit Vorwort von O. Crusius 1891. Darin
besonders berühmt "Die Mischung der Dialekte in der griech.
Lyrik", p. 157—181.

Vergl. *Capelle,* Biogr. Jahrb. IV (1881) p. 89—104, mit Schriftenverzeichnis; *A. Müller,* Allg. deutsche Biogr. XLV p. 716—720 und
O. Crusius, l. c.

OTTO JAHN, 1813—1869.

Geboren in Kiel am 16. Juni 1813, studierte seit 1831
daselbst unter Nitzsch, in Leipzig unter Hermann und in Berlin
unter Boeckh und Lachmann, bereiste von 1836—1839 Frankreich, die Schweiz und Italien, 1839 Privatdozent in Kiel,
1842 außerordentl., 1845 ordentl. Prof. in Greifswald, 1847
in Leipzig, 1849 aus politischen Gründen seines Amtes ent-
setzt, 1855 an Welckers Stelle in Bonn. Starb in Göttingen
am 9. Sept. 1869, nachdem er kurz vorher als Nachfolger
Gerhardts nach Berlin berufen war.

Ausgaben: *Persius,* mit Einleit. und Kommentar 1843.
1868². Ein philologisches Meisterwerk   *Censorinus* 1845
Juvenal 1851. Grundlegende Recensio   *Cic.* Brut. 1849.
1877⁴, Orator mit Anmerk. 1851. 1869³   Florus   *Livii*
periochae 1853   *Jul. Obsequens* Prodigia 1853   *Apulei*
Amor et Psyche 1856. 1895⁴   *Pausaniae* descriptio arcis
Athen. 1860. 1901³   *Soph.* Elektra 1861. 1882³   *Platos*
Symposium 1864. 1875²   Περὶ ὕψους 1867. 1905³ ed. Vahlen.

Archäolog. Aufsätze 1845   *Archäolog. Beiträge* 1847
Beschreibung der *Vasensammlung* Ludwig I. von Bayern, mit
meisterhafter Einleitung 1845   *Griech. Bilderchroniken,* ed.
Michaelis 1873   *Biograph. Aufsätze* 1866. Vortrefflich.
Populäre Aufsätze 1868. Unter seinen anderen Abhandlungen
sind besonders erwähnenswert: *Der Aberglaube des bösen
Blicks* und *Subscriptiones* zu Latein. Hss.

Vergl. *A. Michaelis,* in Allg. deutsche Biogr. XIII 668—686;
J. Vahlen, O. J., 1870, pp. 24; *Bursian,* p. 1070—1080; *Mommsen,*
Reden und Aufsätze, p. 458—461; Denkschrift betreffs des CORP.
INSCR. LAT. bei *Harnack,* op. cit. II 505—517.

ERNST CURTIUS, 1814—1896.

Geboren zu Lübeck am 2. Sept. 1814, studierte seit 1833 in Bonn unter Welcker, in Göttingen unter O. Müller, in Berlin unter Boeckh, 1836—1840 in Griechenland, 1843 Privatdozent in Berlin, 1844 außerordentl. Prof., 1849 Erzieher des späteren Kaisers Friedrich III., 1856 ordentl. Prof. in Göttingen, 1868 in Berlin. Seiner Initiative wird die Ausgrabung von Olympia (1875—1881), deren Oberleitung er auch übernahm, verdankt.

Peloponnesos, 2 Bde, 1852, pp. 1134. Grundlegendes Meisterwerk *Griech. Geschichte* bis zur Schlacht von Chaironeia, 3 Bde, 1861. 1888[6]. Ein historisches Kunstwerk ersten Ranges, dessen wissenschaftlicher Wert aber zum Teil durch eine idealisierte Rekonstruktion hellenischer Kultur beeinträchtigt wird. In alle Kultursprachen übersetzt. *Sieben Karten zur Topographie von Athen* (zusammen mit Kaupert), mit erläuterndem Text 1886 *Die Stadtgeschichte von Athen* 1891 *Gesammelte Abhandlungen,* 2 Bde, 1894, *Altertum und Gegenwart,* Bd. I[3] pp. 395. Bd. II[3] (1903) pp. 346. Darin besonders erwähnenswert: Zur Gesch. des Wegebaues bei den Griechen; Die Ionier vor der ionischen Wanderung (die berühmte Hypothese der auf dem Seewege von Asien eingewanderten Ionier enthaltend); Die griech. Götterlehre vom geschichtlichen Standpunkte. Zusammen mit Fr. Adler, G. Hirschfeld, G. Treu u. W. Dörpfeld *Die Ausgrabungen zu Olympia,* 5 Bde, 1876 —1881 *Die Baudenkmäler von Olympia* 1892 Mit J. Franz und A. Kirchhoff, Fortsetzer des Boeckhschen *Corp. inscr. Graec.*

Vergl. *C. Broicher,* Preuß. Jahrb. 1896, p. 582—603; *L. Gurlitt,* Biogr. Jahrb. XXVIII (1901) pp. 113 (Schriftenverzeichnis, p. 139—144); *Bursian,* p. 1062 f. 1066 f. 1129 ff. 1146 f.; E. C. ein Lebensbild in Briefen ed. Fr. Curtius, Berlin 1903, pp. 725; *L. Cisorio,* E. C. e Teodoro Mommsen, Massa 1898, pp. 26; *Kekulé v. Stradonitz,* E. C. Rede, Berlin 1896, pp. 23; *A. Michaelis,* in Münch. Allg. Zeit. 1896, Nr. 182; *R. P. Keep,* Amer. Journ. of Phil. XIX (1898) p. 121—137.

THEODOR MOMMSEN, 1817—1903.

Obwohl an Universalität hinter Scaliger zurückbleibend, kann M., alles in allem, als *princeps philologorum* bezeichnet werden. Seine Forschungen galten ausschließlich dem *römischen* Altertum, wie die Boeckhs dem *griechischen*, aber er beherrschte es mit beispielloser, souveräner Meisterschaft, gleich groß als Historiker, Jurist, Metrologe, Numismatiker, Epigraphiker wie als Organisator wissenschaftlicher Arbeiten. Kein Philologe der Neuzeit hat eine auch nur annähernd so fruchtbare schriftstellerische Tätigkeit entfaltet[1] und dabei eine so staunenswerte Anzahl bahnbrechender und epochemachender Werke geschaffen.

Geboren in Garding (Schleswig) am 30. Nov. 1817, studierte seit 1838 Jurisprudenz und Philologie in Kiel, 1845 — 1847 auf wissenschaftlichen Reisen in Frankreich und Italien, 1848 außerordentl. Prof. der Rechte in Leipzig, 1850 wegen Beteiligung an der 1848 er Bewegung abgesetzt, 1852 ordentl. Prof. in Zürich, 1854 in Breslau, 1858 Prof. der alten Geschichte in Berlin, 1874—1895 Sekretär der Berl. Akad. starb am 1. Nov. 1903. Die hervorragendsten Werke sind:

Die unteritalischen Dialekte 1850, pp. 376. *Das röm. Münzwesen* 1850. 1860², pp. 932. *Inscriptiones regni Neapolitani Latinae* 1852, pp. 510. *Röm. Geschichte,* Bd. I—III, 1854—1856. 1903/4⁹. Unsterbliches Meisterwerk. Ins Engl., Franz., Ital., Dän., Span., Ungar., Poln., Russ. übersetzt, Bd. V *Die Provincen von Caesar bis Diocletian* 1885. 1894⁵. Ins Engl., Ital., Franz., Russ. übersetzt. *Die röm. Chronologie bis auf Caesar* 1858. 1859², pp. 335. *Chronik des Cassiodorus* 1861. *Corp. Inscr. Latin.* I (1863), I 1² (1893) II (1869), IV (1871), V 1 (1872) 2 (1877), III (1873), suppl. (1893), VIII 1 (1881) ex schedis Wilmannsii, IX (1883), X 1. 2 (1883), VI 3 (1886). *Röm. Forsch.* Bd. I (1863. 1864²) pp. 410, II (1879) pp. 556, grundlegende Untersuchungen. *Solinus* 1864. 1895² *Res gestae divi Aug.* (Monum. Ancyranum)

---

(1) Vollständiges Verzeichnis aller seiner Schriften, auch der nichtphilologischen, bei *Zangemeister-Jacobs,* Th. Mommsen als Schriftsteller, Berlin 1905², pp. 154.

1865. 1883[2]. *Digesta* I (1868), II (1870), 1905[9]. *Röm. Staatsrecht*, 3 Bde, 1871−1875. 1888−1889[3]. *Iordanes* 1882 *Chronica Minora*, 3 Bde (Monum. Germ. IX. XI. XIII) 1891−1898. *Cassiodori* Varia 1894. *Gesta pontificum* 1898 *Röm. Strafrecht* 1899. *Rufins* Übers. des *Eusebios* 1903 *Cod. Theodosianus* vol. I (1904). Von kleineren philologischen Arbeiten sind von spezieller Bedeutung: *Lebensgeschichte des jüngeren Plinius,* in Hermes III (1868) p. 397−430, (= Hist. Schrift. I p. 366−468), *Histor. Index* zu Keils *Plinius'* Epistulae, *Trimalchios' Heimat und Grabschrift* in Hermes XIII (1878) p. 106−121, *Remuslegende* in Hermes XVI (1881) p. 1−23 (= Hist. Schrift. I p. 1−22), *Örtlichkeit der Varusschlacht,* Berlin 1885, pp. 71 (= Hist. Schrift. I p. 200−246), *Die Rechtsfrage zwischen Caesar und dem Senat,* in Hist. Schrift. I p. 92−145. *Reden und Aufsätze* 1905, pp. 479. Gesammelte Schriften im Erscheinen: *Juristische Schriften,* Bd. I pp. 480. II pp. 459 (1905), *Hist. Schrift.* I (1906) pp. 566.

Vergl. *Bursian,* p. 832 f. 1180−1186, *passim; F. Jonas,* Deutsche Rundschau 1897, p. 399−416; *E. Pais,* Riv. di storia antica IV (1900) p. 510−523; *C. Bardt,* Th. M., Berlin 1903²; *A. Harnack,* in Gesch. d. preuß. Akad. II 522−540 (Handschriftl. Denkschrift betreffs des Corpus), Th. M. Rede, Lpz. 1903, pp. 14; *O Hirschfeld,* Zeitgeist 1903, Nr. 48; *Chr. Huelsen,* Mitteil. des deutsch. archäol. Instit. XVIII (1903) p. 193 −238; *C.Wachsmuth,* Sächs. Gesell. d. Wiss. 1903 p. 153−173; *A. Dove,* Beilage Münch. Allg. Zeit. 1904, Nr. 26 ff. (pp. 22); *H. Dressel,* Zeitschr. f. Numismatik XXIV (1904) p. 367−376; *O. Gradenwitz,* Zeitschr. der Savigny Stift. Rom. Abth. XXV (1904) p. 1−31; *K. J. Neumann,* Hist. Zeitschr. LVI (1904) p. 193−238; *E. Schwartz,* in Götting. Gelehrt. Nachr. 1904, pp. 16; *Th. Gomperz,* Essays u. Erinnerungen, Lpz. 1905, p. 133−143; *L. M. Hartmann,* Th. M., in Biogr. Jahrb. u. Deutscher Nekrolog vol. IX (1906) p. 441−515.

Heinrich Kiepert, 1818−1899.

Hervorragender Geograph. Auf dem Gebiete der antiken Kartographie hat niemand vor oder nach ihm gleich bedeutende Leistungen aufzuweisen.

Geboren in Berlin am 31. Juli 1818, studierte daselbst

unter Boeckh und Ritter, von 1841 auf Reisen in Klein-Asien,
1845 Direktor des geographischen Instituts in Weimar, siedelte
1852 nach Berlin über, wo er 1855 als Mitglied der Akademie Vorlesungen hielt, seit 1859 Prof. extraord. daselbst,
1874 ordentl. Prof. Starb am 21. April 1899.
Lehrbuch der alten Geographie 1878, pp. 560.
Ein durch Reichtum des Inhalts, wie durch Klarheit der Darstellung ausgezeichnetes Werk. *Atlas von Hellas und den
hellenischen Kolonien,* in 15 Blättern, 1872 *Atlas antiquus* 1859. 1885[8] und zahllose, umfängliche Atlanten und
kleinere Karten, die sowohl in der technischen Ausführung,
wie in der sorgfältigsten Benutzung der Resultate histor.-
geograph. Forschung unerreicht dastehen.
    Vergl. Selbstbiographie im 'Globus' 1899, Nr. 19; *Partsch,* H. K.,
in Hettners Geograph. Zeitschr. 1901; *S. Günther,* in Die Nation 1899,
Nr. 31.

HEINRICH SCHLIEMANN, 1822—1890.

    Geboren am 6. Jan. 1822 in Neu-Buckow (Mecklenburg-
Schwerin). Von 1836—1841 Verkäufer in einem kleinen
Spezereiladen in dem Dorfe Fürstenberg, 1841 Schiffsjunge,
1841—1844 Laufbursche in Amsterdam, während welcher
Zeit er Englisch, Französisch, Holländisch, Spanisch, Italienisch
und Portugiesisch sich aneignete, 1844—1847 in einem großen
Kaufhause in Amsterdam, Agent desselben in St. Petersburg,
wo er ein eigenes Geschäft gründete; 1850 wurde er in Kali-
fornien Bürger der Vereinigten Staaten, lernte 1858 Griechisch
und zog sich als reicher Mann definitiv von seinem Geschäft
zurück, um sich fortan, den Traum seiner Jugend verwirk-
lichend, der archäologischen Wissenschaft zu widmen. Er
starb am 26. Dez. 1890 in Neapel. Seine Ausgrabungen, von
beispiellosem Erfolge begleitet, haben uns die Kultur des prä-
historischen Hellas erschlossen und den mächtigsten Impuls zu der
archäologischen Durchforschung griechischer Länder gegeben.
    Ithaka, der Peloponnes und Troja 1869 *Trojanische
Altertümer* 1874, pp. 376 *Ilios,* Stadt und Land der Tro-

janer (mit 1800 Abbild.) 1880, pp. 462 *Troja,* Ergebnisse
meiner neuesten Ausgrabungen, 1884, pp. 462. Bericht über
die Ausgrabungen in Troja 1890 (1891). Über die durch
diese Werke hervorgerufene Literatur, siehe *Hübner,* Bibliogr.
p. 232 f. *Mykenae,* mit Vorrede von W. E. Gladstone,
1878, pp. 1213. *Orchomenos* 1881 *Tiryns* 1886,
pp. 546. Vorzügliche zusammenfassende, kritische Darstellung
von *C. Schuchardt,* Schliemanns Ausgrabungen ... im Lichte
der heutigen Wissenschaft, 1890, engl. Übersetzung mit Beiträgen von W. Leaf und W. Dörpfeld 1891, pp. 352.

Autobiographie (in *Ilios*); Biographie bei *Schuchardt,* op. cit.;
Joseph, H. S., Grundriß der Geschichte seines Lebens u. seiner Ausgrabungen, Berlin 1902²; *Bursian,* p. 1113–1119; *F. v. Duhn,* H. S.,
in N. Heidelberg. Jahrb. 1891, p. 145–164; *Brunn,* Kleine Schriften,
Bd. III, p. 279–282.

HEINRICH BRUNN, 1822–1894.

Einer der bedeutendsten Vertreter der klassischen Kunst-
archäologie.

Geboren zu Wörlitz (bei Dessau), studierte seit 1839 in
Bonn unter Welcker, Ritschl und O. Jahn, lebte 1843–1853
in Rom, 1854–1856 Privatdozent in Bonn, 1856–1865 zweiter
Sekretär des archäologischen Instituts in Rom, 1865 Prof. der
Archäologie in München.

Geschichte der griechischen Künstler, 2 Bde,
1859. 1889² (pp. 1411). Epochemachendes Meisterwerk.
Griech. Kunstgeschichte, Bd. I (1893) *Beschreibung der
Münchener Glyptothek* 1868. 1887⁵, pp. 298. Musterhaft
Denkmäler griech. und röm. Skulptur mit F. Bruckmann 1888.
Zahlreiche bahnbrechende Abhandlungen in *Kleine Schriften,*
3 Bde, 1898. 1905/6, mit Schriftenverzeichnis in Bd. III.

Vergl. *A. Emerson,* in Amer. Journ. of Archaeol. 1894, No. 3.

RUDOLPH WESTPHAL, 1826–1892.

Der bedeutendste Forscher auf dem Gebiete der antiken
Musik, Rhythmik und Metrik.

Geboren am 3. Juli 1826 in Oberkirchen (Schaumburg),

studierte seit 1845 in Marburg Mathematik, Chemie, klassische und orientalische Philologie, 1856 Privatdozent in Tübingen, 1858—1862 außerordentl. Prof. in Breslau, lebte bis 1868 als Privatgelehrter in Halle und Jena, 1873—1879 Lehrer in Livland, Kurland, Moskau, seitdem in Leipzig, Bückeburg und Stadthagen, wo er am 10. Juli 1892 starb.

Sein epochemachendes Meisterwerk, die erste systematische Behandlung des Gegenstandes, zuerst unter Mitwirkung von Roßbach, erschien 1887 in 3. Aufl. unter dem Titel: *Theorie der musischen Künste der Hellenen* 1885 —1887, Bd. I Griech. Rhythmik, pp. 345. II Griech. Harmonik und Melopöie, pp. 294. III 1 Allgemeine Theorie der griech. Metrik, pp. 414. III 2 Griech. Metrik von A. Roßbach, 1888.

Die Musik des griech. Altertums nach den alten Quellen, 1883, pp. 360.   Method. Grammat. der griech. Sprache, 2 Bde, 1872, pp. 1122.   *Verbalflexion der latein. Sprache* 1873, pp. 349.   Ausgaben: Scriptores metrici Graeci, vol. I *Hephaistion* usw. 1866, pp. 310   Ps. Plut. de musica 1866 Catullus 1884[2]   *Aristoxenus,* übersetzt und erläutert Bd. I (1883), Bd. II (1893).

Vergl. *Bursian,* p. 981—990; *H. Gleditsch,* Biogr. Jahrb. XVIII (1895) p. 40—85 (Schriftenverzeichnis p. 85—90); *A. Roßbach,* Allg. deutsche Biogr. XLII 205—216.

HERMANN USENER, 1834—1905.

Geboren in Weilburg a. d. Lahn 23. Okt. 1834, studierte in Heidelberg, München, Göttingen und Bonn, 1858—1861 Lehrer am Joachimsthaler Gymnasium in Berlin, 1861 außerord. Prof. in Bern, 1863 Ordinarius in Greifswald, 1866 in Bonn als Nachfolger Ritschls, starb am 21. Okt. 1905. Bahnbrechend besonders auf dem Gebiete der vergleichenden Religionswissenschaft.

Quaestiones Anaximeneae 1856   *Analecta Theophrastea* 1858   Commenta Bernensia 1869   *Anecdoton Holderi,* ein Beitrag zur Gesch. Roms in ostgotischer Zeit 1887   *Altgriech. Versbau* 1887   *Epicurea,* Lpz. 1887, pp. 512.   Grund-

legendes Meisterwerk. *Dionysii Halic. de imitatione* 1889
Unser Platotext, Gött. Gelehrte Nachr. 1892, p. 25–52.
181–215. *Dionys. Halic.*, opuscula rhet. (mit Radermacher) 1899–1904. *Legenden der heiligen Pelagia,*
Festschr. Philol. Versamml. Trier 1879 *Weihnachtsfest*
1889 *Der heil. Theodosios* 1890 *Götternamen* 1896
Sintflutsagen 1899 *Dreiheit* 1903
Vergl. *Fr. Bücheler,* N. Jahrb. f. klass. Altert. VIII (1905) p. 737
–742; *P. Wendland,* Preuß. Jahrb. CXXII (1905) p. 373–388; *A. Diete-*
rich, Archiv f. Religionswiss. VIII (1906) p. I–XI; *E. Schwartz,* Rede
auf H. U., Berlin 1906, pp. 12.

Erwin Rohde, 1845–1898.

Geboren in Hamburg am 9. Okt. 1845, studierte seit
1865 in Bonn, Leipzig und Kiel, 1870 Privatdozent in Kiel,
1872 außerordentl. Prof. daselbst, 1876 Ordinarius in Jena,
1878 in Tübingen, 1886 in Leipzig, in demselben Jahre in
Heidelberg, wo er am 11. Jan. 1898 starb.

Verfasser von zahlreichen musterhaften Abhandlungen
und Rezensionen zur griech. Literaturgeschichte, Chronologie,
Quellenkunde und Lexikographie (z. B. *Studien zur Chrono-*
logie der griech. Literatur, Nekya, Philon von Byblos und
Hesychios von Milet, *Quellen des Pollux,* des Iamblichos vita
Pythagorae, γέγονε *in den Biographica des Suidas,* Lucians
Λούκιος ἢ ὄνος) und vor allem von zwei bahnbrechenden
Meisterwerken, die durch tiefe Gelehrsamkeit, geniale Kom-
binationsgabe und stilistische Kunst gleich ausgezeichnet sind:
Der griech. Roman u. seine Vorläufer, Lpz. 1876.
1900² *Psyche,* Seelenkult und Unsterblichkeitsglaube
der Griechen, 2 Bde, 1891–1894. 1897² *Kleine Schriften,*
2 Bde, pp. 948, Lpz. 1901 herausgegeben von Fr. Schöll.
Vergl. *J. Meltzer,* Württemb. Korrespondenzbl. 1898, p. 205–210;
W. Christ, E. R., Münch. Akad. 1898, p. 328 ff.; *W. Schmid,* Biogr.
Jahrb. XXVI (1899) p. 87–110 (Schriftenverzeichnis p. 111–114); *O. Cru-*
sius, E. R., Tübingen 1902, pp. 302; *O. Immisch,* Neue Jahrb. V (1902)
p. 521 ff.

Index.

Corrigenda et Addenda.

p. 9 Z. 12 lies: 1906, pp. 166
p. 13: Streiche c)
p. 19 a. E.: ὀρχήcεωc statt ῥοχήcεωc
p. 24 Z. 9 lies: Neocorus (= L. Küster)
p. 29 Mitte lies: G. Knaack PW
p. 30 statt 'aber – 384' lies: 'Artikel von G. Knaack PW. VI 358–389.
p. 70 a. E. lies: Proleg. zu Der Anfang des Lexikons des Photios, Lpz. 1907, p. XXIX ff. (Phrynichos als Quelle des Photios).
p. 105 Z. 4 füge hinzu: M. Rabenhorst, Philol. LXV (1906) p. 567 –603 (Die Indices auctorum und die wirklichen Quellen der nat. hist. des Plinius).
p. 214: Zu Bd. II. IV. VI 3 des Corpus hat Mommsen nur wertvolle Beiträge geliefert.

www.ingramcontent.com/pod-product-compliance
Lightning Source LLC
Chambersburg PA
CBHW030809100426
42814CB00002B/62